CONFÉRENCES

DU RÉVÉREND PÈRE

DE RAVIGNAN

DE LA COMPAGNIE DE JÉSUS

PROPRIÉTÉ DE

V. Poussielgue-Rusand

LE R. P. DE RAVIGNAN.

CONFÉRENCES

DU RÉVÉREND PÈRE

DE RAVIGNAN

DE LA COMPAGNIE DE JÉSUS

CONFÉRENCES PRÊCHÉES A NOTRE-DAME DE PARIS

DE 1837 A 1846

TOME I

PARIS

LIBRAIRIE DE Mme Ve POUSSIELGUE-RUSAND
RUE SAINT-SULPICE, 23

1860

DROITS DE TRADUCTION ET DE REPRODUCTION RÉSERVÉS

illefois de votre aimable

à cevoir

à nous

en ami ?—

de Savigny

E. DESMAISONS
5 Rue des Grands Augustins
PARIS

Monsieur
Monsieur Soueppielque [illisible]

Merci mille fois de votre aimable
lettre et de votre reçu—
Je suis bien que nous
avons en vous un ami
Tout à vous

J. de Savigny

Lundi

AVERTISSEMENT

Le R. P. de Ravignan a été souvent sollicité, pendant les dix dernières années de sa vie, de publier les Conférences qu'il avait prêchées à Notre-Dame de Paris, de l'année 1837 à l'année 1846. Elles ont éclairé tant d'esprits, ramené tant de cœurs à la pratique de notre sainte religion, qu'on voulait en conserver la mémoire et surtout leur voir produire de nouveaux fruits de salut. Mais l'humilité profonde de l'homme de Dieu y répugnait toujours, il estimait trop peu son travail pour en attendre le bien qu'on lui promettait.

Cédant enfin aux désirs de ses supérieurs plutôt qu'aux instances de ses amis, il mit la main à l'œuvre quelque temps avant de mourir. Il classa ses Conférences dans un nouvel ordre, en détacha les trente-neuf premières, les corrigea et les destina seules à voir le jour. Mais il n'en avait pas encore commencé l'impression qu'il fut appelé à jouir de la récompense céleste due à ses vertus et à ses travaux apostoliques.

Moins sévères que le P. de Ravignan pour lui-même, nous donnons une édition plus complète de ses œuvres posthumes. Nous publions tous ses discours comme il les a rangés en dernier lieu. Ceux qu'il a retouchés composent les deux premiers volumes ; les autres forment le troisième.

Le public nous saura gré de ne pas avoir mutilé cette œuvre capitale. On retrouve dans chacune de ses parties le mérite supérieur de l'écrivain, et elles offrent dans leur ensemble son enseignement tout entier.

On ne goûtera pas moins le quatrième volume, nous en avons l'espérance. Les six premières Conférences sont inédites. Elles avaient été composées dans l'été de 1846 pour être prêchées pendant le carême suivant ; mais une maladie grave réduisit au silence le grand orateur. Il y entre sur le terrain de la morale, et en traite les principaux sujets avec une élévation et une chaleur remarquables.

— III —

Viennent ensuite douze discours que nous avons extraits des retraites prêchées à la fin des stations de carême. Six sont adressés aux hommes, et les six autres aux dames. Nous les devons à la sténographie, car le R. P. de Ravignan n'écrivait pas ces sortes d'instructions. Il se contentait de méditer son sujet aux pieds du crucifix pendant quelque temps. Ce sont les épanchements libres et chaleureux d'un cœur plein de la charité divine.

Le volume se complète par plusieurs Discours sur des matières diverses, qui montrent le génie de notre orateur sous ses différentes faces.

Il est superflu d'avertir le lecteur que les Discours qu'il a sous les yeux, quel que soit leur mérite, ne sauraient lui donner une idée exacte du P. de Ravignan comme orateur. La grande puissance de sa parole résidait en partie dans son action, dans sa personne tout entière. On sentait sortir de sa bouche, comme on l'a dit souvent, une parole souverainement vraie, prêchée par une personne profondément convaincue, et la raison se soumettait de bonne grâce à l'autorité de la foi, sans penser même à la possibilité de la résistance. Nous renvoyons, pour l'appréciation de la personne et des œuvres du R. P. de Ravignan, à l'historien qui l'a mieux connu, plus

— IV —

étudié¹, et nous terminerons, pour la satisfaction du lecteur, en indiquant l'ordre dans lequel les Conférences ont été prêchées.

Année 1837. L'État des esprits.
    La Lutte païenne ou l'Erreur avant Jésus-Christ.
    La Lutte mosaïque ou la Vérité avant Jésus-Christ.
    La Lutte évangélique ou l'Établissement du christianisme.
    La Lutte philosophique ou le sophisme et le martyre.
    La Lutte hérétique ou l'hérésie et l'unité.
    La Conciliation ou la Notion vraie du christianisme.

1838. La Notion de Dieu.
    Le Naturalisme et l'Action divine.
    Le Fatalisme.
    La Liberté de l'homme.
    Le Lien religieux.

---

[1] *Vie du Révérend Père Xavier de Ravignan, de la Compagnie de Jésus*, par le Père de Ponlevoy, de la même Compagnie, 2 vol. in-8º.

Année 1838. Les Caractères d'enseignement.
L'Immortalité.
1839. Les Préjugés illégitimes.
La Possession historique du fait divin.
Le Christianisme historique.
Le Miracle historique.
Le Caractère de Jésus-Christ.
La Doctrine de Jésus-Christ.
Les Caractères de divinité en Jésus-Christ.
1840. Les Droits de Dieu.
La Philosophie de la foi.
Le Christianisme raisonnable.
L'Efficacité de la foi.
Les Types du christianisme.
Les Garanties de la foi.
1841. Le Christianisme est l'Église ou Existence de l'Église.
L'Église est le Christianisme ou Institution divine de l'Église.
L'Autorité souveraine de l'Église.
L'Autorité infaillible de l'Église.
Les Motifs d'admettre l'autorité de l'Église.
Le Centre d'unité ou la Papauté.

Année **1841.** Hors de l'Église point de salut.
1842. Le Besoin de la foi (État des esprits).
La Nature de la foi.
La Certitude de la foi.
L'Obscurité de la foi.
La Trinité divine.
L'Incarnation du Verbe.
La Rédemption de Jésus-Christ.
1843. La Notion du surnaturel.
La Destination surnaturelle.
L'Économie de l'ordre surnaturel.
Le Péché originel.
La Grâce réparatrice.
La Dispensation de la grâce.
Le Synthèse de l'homme ou son union avec Dieu.
1844. Les Droits de la raison.
Les Devoirs de la raison.
La Philosophie en présence de l'autorité catholique.
Le Catholique ou la Vie soumise à l'Église.
La Religion du cœur ou les Préjugés légitimes.
La Gloire de Dieu.

— VII —

Année 1845. Les six premières Conférences de 1837 modifiées.

L'Esprit de la lutte.

1846. L'Immortalité.

La Permission du péché.

L'Éternité des peines.

La Prière.

La Pénitence.

L'Eucharistie.

La Religion pratique.

1847. Dieu législateur.

Le Sacrifice du dimanche.

Le Repos du dimanche.

L'Autorité paternelle.

La Charité.

La Chasteté.

CONFÉRENCES

SUR

LA RELIGION

PRONONCÉES A NOTRE-DAME DE PARIS

DANS LES STATIONS DE CARÊME

DE L'ANNÉE 1837 A L'ANNÉE 1847.

LA
LUTTE RELIGIEUSE

PREMIÈRE CONFÉRENCE

L'ÉTAT DES ESPRITS (1837)

PREMIÈRE CONFÉRENCE

L'ÉTAT DES ESPRITS (1837)

Monseigneur [1],

Quand on médite les graves leçons du temps et de l'expérience, quand on arrête un regard attentif sur le spectacle étrange que présente le monde intellectuel et moral de nos jours, on se demande avec un sentiment profond de tristesse et de crainte : Comment combler le vide immense de vérité et de foi qui s'est fait au sein de l'humanité ; comment ramener à la vie, rétablir, asseoir dans l'ordre toutes ces sociétés qui semblent aller se décomposant et tombant en ruines ?

[1] Mgr de Quélen, archevêque de Paris.

Messieurs, le sacerdoce catholique, dont la mission est bien certainement d'avertir les peuples qui s'égarent, comme de conserver intact le dépôt des éternels et divins enseignements; le sacerdoce qui n'eut jamais, depuis dix-huit cents ans, qu'un langage et une voix, ici encore a répondu comme un seul homme : A l'Église de Jésus-Christ il appartient surtout de faire régner la vérité, la paix, l'ordre dans les intelligences avec la foi ; à l'Église de Jésus-Christ et à sa foi il appartient de donner ou de rendre aux grands corps de nations l'âme et la vie.

Et telle fut aussi sans doute la haute et généreuse pensée qui fit un jour à vos plus loyales convictions ce noble appel si bien compris par vous, quand la sollicitude pastorale vous pressa de venir entourer cette chaire.

Heureux du moins dans son cœur magnanime le chef paternel de cette église, d'avoir trouvé cet adoucissement à ses travaux et à ses douleurs! Il a poursuivi sa glorieuse et pénible carrière en faisant le bien à l'exemple du divin Maître : comme lui doux et patient aux jours de l'adversité, mais toujours plus grand et plus fort que l'épreuve et ses atteintes.

Et vous, Messieurs, vous êtes accourus à la voix de votre évêque lui rendre par votre assiduité le prix de son zèle, et consoler l'Église que tant de maux faisaient gémir.

Mais alors aussi il vous fut donné, dans cette vaste basilique trop étroite pour votre empressement, de rencontrer un orateur[1] digne du choix pontifical, digne de vous. Vous vous plaisiez à retrouver, dans les libres épanchements de son âme, avec l'étonnante fécondité d'un rare talent, la vivante expression de son dévouement intime à vos plus chers intérêts. C'était un ami qui parlait éloquemment à vos cœurs ; et aux accents de cette conviction ardente vous ne pouviez refuser l'entraînement de vos religieuses sympathies.

Messieurs, cette place laissée vide pour un temps n'est point remplie, et il vous semblera sans doute comme à moi-même que la Providence, en vous ramenant dans cette enceinte pendant les jours de l'absence, a voulu vous laisser encore vos regrets et vos vœux. Du moins le langage des franches convictions et du dévouement le plus vrai vous sera-t-il encore apporté : daignez le croire.

Aujourd'hui donc, puisqu'il faut ouvrir la carrière pour préparer la voie aux instructions qui devront suivre, il est utile de considérer avant tout où nous en sommes par rapport au catholicisme,

---

[1] Le R. P. Lacordaire.

et d'examiner quel est, de nos jours, l'état religieux et moral des esprits.

Je ne viens faire ici, à Dieu ne plaise, ni une satire ni un éloge; non, je veux seulement vous dire la vérité sur le présent, telle au moins que je la conçois. Ainsi pourrons-nous mieux nous entendre, et saisir mieux le besoin auquel s'adresseront nos Conférences.

Il y a, dans le présent, certains éléments favorables, il y a des éléments contraires au catholicisme. En cet instant il s'agit de les apprécier sainement.

I. P. Ce fut, Messieurs, un moment bien marqué du cachet providentiel et bien digne d'attention que celui dont peu d'années encore nous séparent; ce moment où, à des irritations haineuses, à la lutte vive contre la foi et contre l'Église, sembla succéder le respect de la paix.

Après un long siècle de collisions cruelles, on parut poser les armes et respirer un peu. On sentit comme une impression de calme après la tempête et de trêve après le combat.

Serait-ce donc que l'un ou l'autre des terribles adversaires, ou bien tous les deux à la fois, auraient été abattus et vaincus? Non, ni l'un ni l'autre. Il faut le dire à présent : l'erreur et la foi sont restées en présence.

Mais la résistance et le choc mutuels furent moins aperçus et moins sentis. Mais on sembla tout à coup reconnaître qu'on sortait du xviiie siècle comme d'un rêve pénible ; et l'on convint de se réveiller au xixe. Une différence assez marquée tendit à s'établir entre l'une et l'autre époque.

La guerre du sarcasme, de la mauvaise foi, de l'ignorante et dégoûtante impiété fut répudiée, souvent avec de vives flétrissures parties du haut des sommités sociales et littéraires. La philosophie, la science, l'art, convenons-en, prirent à l'égard du christianisme un langage plus sérieux, plus vrai, plus reconnaissant. Rendons grâces à cet esprit meilleur.

Mais quel fut après tout ce mouvement ou ce retour qu'on a nommé religieux ?

Je crois, Messieurs, qu'en l'analysant avec justice, on y trouvera un besoin constaté, un doute avoué, une sorte d'alliance admise avec la langue de la foi : trois choses qu'on peut regarder comme autant d'éléments favorables au catholicisme.

Il y eut un besoin constaté de croire.

Puisque la foi catholique n'était plus, ouvertement au moins, stigmatisée comme l'ennemi à écraser et à détruire, l'attention ne fut plus fatiguée ni distraite par ce genre de préoccupations violentes. Elle put considérer à loisir l'état de la société et en sonder les plaies profondes.

Frappés sans doute des hautes leçons que la Providence sait donner quand il lui plaît, des esprits graves furent amenés à reconnaître et à craindre, dans des intérêts palpables, les fruits amers produits par l'irréligion au sein des peuples. On dut sentir, quoiqu'un peu tard, ce qu'étaient, ce que seraient encore des masses affranchies de tout joug de croyance et de sujétion religieuse, puissamment travaillées d'ailleurs par des ferments de désordre et d'indépendance.

Et l'on comprit que l'aliment nécessaire et réparateur manquait à l'incessante activité de générations neuves et ardentes.

Dans ce vide senti de croyances religieuses, le siècle un jour se fit chercheur : on se mit en quête d'un dogme ou d'un sentiment religieux qui pût satisfaire à ce besoin nouveau, semblait-il, pour plusieurs. L'œuvre de Jésus-Christ, œuvre de foi par excellence, revint à la mémoire d'un grand nombre, et apparut avec ses caractères ineffaçables de beauté et de grandeur divines. On lui fit l'honneur de ne plus tant la dédaigner, souvent celui de la louer.

Même en dehors du prosélytisme catholique, on

eut besoin de penser, de parler religion, foi, christianisme, de se créer ou tout au moins d'adopter quelques idées qui ressemblassent à des croyances ; et nous avons vu surgir autour de nous l'étrange essai d'un étrange mysticisme, qui renfermait au reste un symptôme indicateur des tendances présentes.

Quoi qu'il en fût de ce travail de la pensée religieuse, toujours est-il qu'on sentit le besoin de chercher une sorte d'abri dans la foi, c'est-à-dire, sous l'influence d'une parole qu'on pût nommer divine ; enfin on eut besoin de croire, au moins de chercher à croire. On le dit, on l'avoua, comme on avoue un besoin de fixité et de repos, un besoin de vie pour l'intelligence.

On le dit : c'était quelque chose.

Ainsi fatigués et haletants après mille détours dans les sentiers pénibles de l'erreur, les hommes sont-ils parfois ramenés en vue de la vérité par des voies dont le secret appartient aux conseils d'en haut.

Ainsi dut être vérifié l'oracle de saint Paul : « Pour s'approcher de Dieu, il faut croire, » *Credere enim oportet accedentem ad Deum*[1].

Ainsi fallut-il écrire au front de ce corps social

---

[1] Hebr., xi, 6.

travaillé et malade, comme la déclaration du mal et du remède : besoin de croire.

Ainsi, Messieurs, le besoin de foi fut-il constaté ; et vous lisez, j'en suis sûr, profondément imprimé dans vos consciences comme le sceau du présent, le besoin de la foi.

Il y eut aussi doute avoué.

Le doute, malaise pénible de l'âme, infidèle usage des lumières du ciel; ce doute qui n'est pas la vérité, qui n'est pas l'erreur, du moins pas encore l'erreur décidée, qui mène et ramène l'esprit flottant de l'une à l'autre, trop souvent pour ne leur demander que ce qui flatte et nourrit les illusions du cœur; ce doute qui se refuse à soi-même l'examen et le jugement, pour éluder ainsi la pensée du sacrifice à faire en se soumettant, qui consent à vivre dans une sombre nuit d'agitation et d'inquiétude, balancé entre oui et non.

Certes, Messieurs, ce doute est une plaie cruelle que je déplore amèrement ; mais pour le moment voici ce que j'en veux dire :

A une époque de négation amère succède une sorte de réserve et de pudeur publiques envers la foi. Les préventions haineuses s'étant apaisées, on voit rejaillir des sources historiques mieux connues des faits frappants de vérité et de lumière, faits tous catholiques. Une conviction pressante, gagnant de proche en proche, manifeste sous mille formes cette idée plus répandue, que, s'il y a au monde un asile contre les torrents d'incertitudes et d'erreurs, c'est dans le sein du catholicisme qu'il faut le chercher ; que s'il y a une vérité grande, sûre, tutélaire, parmi les orages de l'âme, du temps et des passions, c'est le catholicisme lui-même.

Et au milieu de ces dispositions, à la vue des ruines anciennes et nouvelles, en présence d'un mouvement providentiel de la science et de la pensée sociales, à la vue de l'Église, de son pontife, de l'unité catholique toujours debout, voilà que des hommes, types et organes de beaucoup d'autres, ont proféré le mot : Je doute. Voyageurs de l'un et de l'autre monde, à la recherche d'un repos et d'une vérité qu'ils ne veulent guère rencontrer, ils s'intitulent pèlerins du doute ; et ce que plusieurs ont dit, combien sans le dire l'ont pensé !

Alors, Messieurs, on est dans l'état de doute avoué : hommage forcé rendu à la vérité, à la foi du catholique, car c'est devant elle que chancellent et tombent les contradictions vieillies, tandis que les remparts de la cité sainte demeurent immobiles.

On doute, et on l'avoue ; ce n'est plus le combat, ce n'est plus l'attaque avec la fière assurance de la haine et du mépris.

Mais l'immuable vérité seule peut, restant toujours ce qu'elle est, faire changer et s'évanouir en doute des dénégations autrefois si positives, comme la digue arrête et brise les eaux en furie.

C'est quelque chose d'avoir dit ou d'avoir laissé entendre, en parlant du catholicisme, que les faits, les enseignements qui le constituent, pourraient être vrais, et de ne plus affirmer qu'ils sont faux ; c'est quelque chose que j'ai pu compter encore parmi les éléments favorables à la religion.

Si l'on daignait y réfléchir, si l'on s'interrogeait dans le secret du cœur, douter, qu'est-ce réellement, Messieurs, sinon le plus souvent désirer de ne pas croire, vouloir ne pas croire? Croire, soyez-en sûrs, c'est vouloir avec le secours de la grâce divine, qui ne manque jamais ; c'est le vouloir surtout d'une humble prière adressée à l'auteur de toute vérité.

Mais ce besoin et ce doute s'expriment encore, pour ainsi parler, par une alliance faite avec le langage et les choses de la foi.

Il y eut, Messieurs, toute une révolution glorieuse et favorable à la religion catholique, lorsque, secouant enfin la tyrannique tutelle du sophisme irréligieux, la science désormais plus libre et plus sincère s'élança vers de nouvelles conquêtes, dût-elle y recueillir comme trophée de sa victoire des témoignages et des faits vengeurs de nos vérités révélées.

Aux bords du Gange, au sein d'une société savante, une impartiale voix s'était fait entendre, qui l'avait déclaré hautement; et elle trouva un retentissement heureux dans notre Europe.

Parmi nous des hommes se lèvent sérieux comme la conscience, calmes comme la vérité; hommes éminents par le génie, infatigables dans la probité de leurs recherches; ils nous disent :

Tout ce qu'il y a de faits constatés par l'étude de la nature à l'appui des théories nouvelles, tout ce qu'il y a de mieux avéré dans les traditions des plus anciens peuples, tout conspire pour confirmer le récit des livres saints, rien pour l'ébranler ou le contredire.

Ainsi, pour citer quelques exemples, la science a rencontré sur son chemin et reproduit les développements gradués et successifs de la création, la fluidité primitive de la terre, l'existence de la lumière distincte et séparée de corps qui ne servent que d'occasion à ses ondulations ou transmissions successives. La science a reconnu l'identité des races humaines, la nouveauté du globe dans son état actuel, l'universelle et terrible action de la catastrophe diluvienne, enfin la dispensation providentielle des causes finales, soit qu'on admît ou non ce qu'on a voulu nommer l'unité organique : faits qui tous avaient été racontés, il y a longtemps, par la Divine Inspiration.

La science, par l'exploration réitérée et l'étude attentive des vastes ruines de ces villes fameuses de l'antique Orient, a semblé par-dessus tout établir l'exactitude littérale de nos prophètes.

Ces temples, ces palais, ces orgueilleuses demeures de peuples autrefois si puissants, ont été recherchés comme l'inconnu d'un problème, et trouvés enfin. Ce ne sont plus que d'affreuses solitudes, jonchées çà et là de gigantesques débris, déserts abandonnés, repaires d'animaux farouches, sol maudit que l'Arabe errant foule aux pieds, sans daigner même y poser sa tente d'un jour. Isaïe, Jérémie, longtemps à l'avance vous aviez dépeint ce tableau avec les plus vives couleurs [1].

L'ancien, le nouveau monde interrogés, scrutés dans leurs traditions, leurs mythes et leurs symboles, ont répondu : Nous voici ; et ils ont mis à découvert ces lambeaux déchirés et salis, il est vrai, toujours reconnaissables cependant, des dogmes principaux du catholicisme, monuments précieux des révélations primitives.

Et la littérature et l'art ont suivi, comme il

---

[1] Isaïe, XIII, 20 et seqq. ; Jerem., LI, 37.

arrive d'ordinaire, le mouvement de la science ; ils ont voulu entrer, ce semble, dans l'alliance catholique, en revêtant du moins quelques-unes de ses antiques et religieuses couleurs.

Et la philosophie, transplantant parmi nous des spéculations étrangères, si elle les laissa ce qu'elles étaient, étrangement ténébreuses parfois; du moins elle ne les fit pas non plus ce qu'elles n'avaient point été; elle ne les rendit pas directement antichrétiennes.

Et l'histoire, en prenant un caractère plus vrai des temps, des lieux et des hommes, parut aussi en prendre un plus religieux.

Surtout on salua avec une sorte de transport, comme une illustre conquête remportée sur des opinions faussées et sur d'aveugles préjugés, l'appréciation nouvelle d'une époque jusque-là tant dédaignée, si pleine cependant d'héroïsme, de science, d'art et de vie catholiques. Le moyen âge nous apparut grandi, et comme personnifié dans ces admirables conceptions du génie chrétien, dans ces antiques basiliques, monuments précieux, glorieux témoignages du dévouement et de la foi de nos pères.

Toutes ces choses, Messieurs, vous les saviez, et vous me pardonnerez d'en avoir trop imparfaitement ébauché le souvenir devant vous ; mais il fallait présenter, en commençant, quelques motifs de consolation et d'espérance ; ce besoin constaté, ce doute avoué, ce retour d'idées et de langage en faveur du christianisme.

Au moins dans ces quelques faits du présent, devons-nous reconnaître l'action providentielle qui toujours sait tirer la lumière des ténèbres et faire briller aux regards des générations les plus dévoyées le divin flambeau de la vérité. Heureuses si elles savent marcher après lui et le suivre.

Mais j'avais besoin aussi de rendre un sincère hommage à de catholiques et généreux efforts.

J'avais besoin de compter au premier rang parmi les éléments favorables au christianisme, ces hommes, jeunes pour la plupart, mais déjà mûrement et fortement dévoués à la religion de Jésus-Christ.

Bénis soient-ils au nom du Dieu des sciences et du Père des miséricordes, d'avoir compris le secours demandé par le sacerdoce à leur courage, à leur franchise, à leurs convictions éclairées. Ils se sont élancés vaillamment dans l'arène, l'étendard catholique à la main, et l'ont arboré à la tête de leurs entreprises et de leurs nobles travaux. Et certes, je le dis parce que je le pense, ni leurs efforts ni leurs talents n'ont manqué de fruits glorieux.

Fidèles à la haute mission que la vérité leur donna, ils sauront l'accomplir, j'en ai la ferme confiance ; et leur foi généreuse brillera au sein des populations comme une lumière bienfaisante, comme un fanal consolateur pour signaler à tous le port sûr et tranquille.

Surtout qu'ils resserrent à jamais les liens qui les unissent à la chaire indestructible de Pierre et à la divine autorité de l'épiscopat.

Grande sera leur récompense ; et ce n'est pas la renommée d'un jour.

Mais qu'ils se souviennent aussi que le combat demeure et demeurera toujours ; qu'au cœur des sociétés fermentent et luttent, contre l'action réparatrice du catholicisme, des éléments puissants de ruine et d'erreur.

Ce qu'il faut maintenant considérer.

II. P. En présence de cette manifestation nouvelle de l'élément catholique, et de ces faits consolants qu'un premier aspect de la société nous a offerts, une seconde vue plus sombre et plus triste vient de se dessiner fortement à nos yeux.

Rien au reste, Messieurs, qui doive étonner en cela ; c'est l'histoire continuée de l'humanité ; la lutte perpétuelle du mal contre le bien, du faux contre le vrai ; c'est le signe de contradiction prédit par le Vieillard sur le berceau de Jésus-Christ.

Dans le mouvement actuel du monde intellectuel et moral, qu'aperçoit donc encore l'observation attentive et impartiale?

A côté de certains symptômes de foi et de vie, un vague insaisissable, mais effrayant de doctrine; vague dans l'erreur, vague même pour plusieurs dans la détermination de la vérité.

Puis au-dessous, sans barrière et sans frein, le travail et le déchaînement des passions violentes et subversives.

Puisqu'il faut l'erreur, suivant l'énergique expression de saint Paul, que c'est là un des inévitables et constants abus de la liberté humaine, on avait droit d'attendre, ce semble, que l'erreur toujours se formulât elle-même, fît son système et posât son camp quelque part. Et bien que son génie, subtil et tortueux de sa nature, s'enveloppe et cherche sans cesse à s'échapper devant les investigations de la vérité, cependant on pouvait jusqu'ici le plus communément la saisir, presser son langage et en faire sortir une pensée conçue.

On connaît le sensualisme païen et le matérialisme moderne; on connaît le spiritualisme dans ses abus, le mysticisme dans ses excès, le rationalisme dans ses aberrations funestes. On peut apprécier les phases diverses de l'opinion fataliste;

nous savons ce que fut, il y a longtemps, ce qu'est encore ou voudrait être un certain genre de symbolisme appliqué aux croyances religieuses. Même on se rendra compte, suffisamment au moins, du panthéisme oriental, grec, juif ou allemand ; des théories de sentiment religieux, d'éclectisme ou de progrès. Toute hérésie enfin, quelque adroite, ou savante, ou fausse qu'elle fût, a été saisie apparemment, définie et condamnée par l'Église.

Mais concevez, Messieurs, et définissez, si vous le pouvez, une époque où vous trouvez flottants, pour ainsi dire, à la fois dans les pensées, le spiritualisme, le mysticisme et le matérialisme ; et le rationalisme se faisant tour à tour fataliste, éclectique, panthéiste, disciple du symbolisme, apôtre de la perfectibilité indéfinie et progressive : et la vague et molle indifférence planant sur tout le reste, louant, approuvant toute forme, toute expression ou affection religieuse, chrétienne ou autre, pour tout faire entrer dans une grande unité, il fallait dire dans une grande nullité de religion et de croyance.

Cette époque, la comprenez-vous bien ? Cependant c'est la nôtre. En vérité, quelque chose d'étrange se passe à nos yeux, et qui n'était jamais arrivé à aucun peuple, du moins dans un degré pareil, que je sache.

C'est que par ce travail d'intelligences ou plutôt d'imaginations malades, on voit surgir à la surface de la société à peu près la collection de toutes les erreurs connues à la fois; mille opinions incohérentes qui mêlent et confondent le vrai et le faux, qui demeurent ébauchées et semées çà et là comme au hasard dans les esprits: singulier symptôme qui ne donne aucun caractère d'erreur dominant et marqué, véritable chaos d'idées et de langage, sans énergie du reste, sans système fortement conçu ni dessiné. Il semble que nous assistons à une décomposition sociale et morale par lambeaux. Pas une main à puissante influence qui saisisse et qui plante un drapeau d'école, qu'on reconnaisse et qu'on défende; personne qui bâtisse la cité d'erreur. Non; et ce n'est pas tant parce que la vérité est vivante et forte, mais plutôt parce que l'erreur est faible et languissante. Toutes ces oscillations de la pensée représentent assez l'isolement des rêves de la nuit et leur fantastique existence.

D'ailleurs où planter et bâtir? Tout est mouvant et inconsistant autour de nous, et la terre fuit sous nos pas.

Ainsi que voulez-vous, Messieurs, dans le présent, définir et caractériser comme système d'erreur établi et régnant?

Serait-ce le fatalisme? Il est vrai, une certaine

philosophie de l'histoire en porte l'empreinte; un certain langage politique semble aussi quelquefois l'énoncer; on parle de je ne sais quel empire de la nécessité dans toutes les choses humaines, et vaguement, toujours en se plaçant dans la région des nuages. Car, je le demande, où trouvez-vous parmi nous des opinions assises et fermes de fatalisme? Chez les Arabes, à la bonne heure! Pour nous, c'est l'insaisissable et l'indéfini.

De même des idées faibles, incomplètes de panthéisme apparaissent parfois. Tendances trop funestes assurément, qui se répandent et se propagent. Mais encore ici où est un système conçu d'erreur? Que prétend-on? Pourquoi ces paroles incertaines, timides, et ces grands mots qui ont peur d'un sens? Puisqu'on faisait tant, certes, l'énergie d'une belle horreur était toute prête en ce point; car le panthéisme est une des plus vieilles fictions philosophiques du monde. L'antique Orient l'enfanta avec une cruelle fécondité, la Grèce le reçut et l'enseigna. Et de nos jours le panthéisme individuel, le panthéisme de l'idée et du moi, dernier terme peut-être de l'égoïsme d'erreur, a été péniblement élaboré par la rêveuse Allemagne. Mais nous, nous ne faisons qu'errer, en les effleurant, à travers ces obscures spéculations. Notre philosophie à cet égard, convenons-en, n'est qu'un pâle reflet des sombres lueurs de la philosophie ancienne et étrangère.

Ici, Messieurs, j'énonce seulement un fait, et je constate ce que je crois être une des maladies spéciales de l'époque, le vague même de l'erreur.

Ainsi donc quelques rêveries panthéistes se racontent çà et là, à l'état informe. Encore n'ont-elles pas, tant s'en faut, le mérite de la nouveauté. Au moins le progrès ici serait par trop étrange.

Le progrès : cette idée a travaillé certains esprits et les travaille encore d'une façon déplorable. Idée au reste qui sera tout ce qu'on voudra; car c'est le vague parfait et le type de l'indéfini, qui même sera tout à la fois et panthéisme et fatalisme, si l'on veut faire de la logique dans le faux : les éléments sont homogènes; l'Inde les assembla, il y a longtemps. Mais inutile assurément de tracer ici un système pour ceux qui n'en ont pas.

Qu'est-ce donc que cette loi prétendue de développement nécessaire et progressif de l'humanité, intelligence ou matière? où est-elle? qui l'a bien conçue, énoncée avec quelque précision du moins? Personne et nulle part.

On la salue cependant comme une ère nouvelle, cette théorie; on s'élance au-devant d'un dogme régénérateur et nouveau, sans savoir ce qu'il pourra être ; on se berce de rêves et de chimères, et l'on s'évanouit ainsi dans de folles et coupables pensées, sans tenir compte des faits les plus formels, sans daigner même faire attention à l'histoire attestée du gouvernement providentiel de l'univers durant soixante siècles.

Je ne discute pas ici ces doctrines, ce n'est pas de mon sujet; je les raconte.

Mais encore faut-il le demander, que veut-on dire et que dit-on? Le comprenez-vous bien? Quelle base a cette loi de perfectibilité indéfinie et de marche progressive, surtout pour la religion? Quelles raisons l'appuient? quels faits la constituent? Rien de saisissable ni de déterminé. On dit: Il y a progrès humanitaire, cela suffit; qu'on s'entende ou non, peu importe.

C'est toujours l'arbitraire témérité d'un songe, le vide du son qui frappe l'air et se dissipe; et vous le pensez tous comme moi.

Il y a cependant aussi de trop funestes conséquences.

Toutes ces opinions vagues et éphémères, fruits avortés de la faiblesse humaine, tuent par leur fluctuation même la vie de la vérité. L'esprit qui ne sait pas, qui ne veut pas se tenir à la hauteur fixée du vrai, s'en va cherchant quelque chose, car il faut une pâture à son activité; il prend, il essaie une erreur, la laisse; puis une autre, il la laisse encore; allant, venant, il s'approche de la vérité, s'en éloigne, inquiet, mécontent : c'est le flux et le reflux des vagues de la mer; et nulle part il ne rencontre où se poser tranquille.

De cette sorte les liens de l'intelligence sont relâchés et comme dissous; ils ne peuvent plus saisir la vérité, pas même l'erreur. Car c'est quelque chose au moins que de tenir à une erreur; et de nos jours on ne tient à aucune, pas plus qu'à la vérité.

Oui, vague insaisissable mais effrayant d'erreur.

Vague aussi dans la détermination de la vérité.

A Dieu ne plaise, Messieurs, que ma pensée s'adresse ici à ces hommes de science et de foi qui, fidèles alliés du sacerdoce, avec lui et comme lui attestent et défendent la vérité catholique.

A eux déjà s'est adressé mon sincère hommage.

Pour eux comme pour nous, il y a précision de croyance et de doctrine. Pour eux comme pour nous, être catholique, c'est croire aux enseignements de l'Église, obéir à ses lois. Et là, point de vague ni d'incertitude ; non, tout est défini.

Mais dans une certaine sphère d'idées, de sentiments et de langage, est-ce bien ainsi qu'on entend le christianisme, c'est-à-dire tel qu'il est?

Qui ne sait que, par la plus abusive alliance, on mêle souvent et qu'on associe à ses graves souvenirs et à ses mystères sacrés, la langue des passions qu'il réprouve et des égarements qu'il veut guérir?

Puis il y a dans le christianisme une poésie touchante et sublime, assurément; c'est une source abondante en conceptions élevées, en émotions douces et vives : oui.

Que fait-on? Avec ardeur on s'empare de la poésie, de l'art chrétien; c'est une forme heureuse du beau, une voie féconde ouverte au talent; c'est une région encore où l'on se plaît à promener de romantiques rêveries…. Et pour plusieurs rien de plus.

On le sent assez, sans que j'insiste davantage sur ce point, de là que d'arbitraire, que d'illusions funestes dans la langue et les choses de la foi!

Mais enfin sous toutes ces vagues influences, sous ces nuées sans eau, pour emprunter une expression de l'Écriture, en dehors des barrières divines de la foi, les esprits étrangement dévoyés livrent un vaste champ au déchaînement des passions. Car c'est l'intelligence éclairée et saisie d'une foi vive qui peut seule, on le sait bien, avec la grâce, opposer une digue à la fougue intime du cœur de l'homme.

Elle ne l'oppose pas; le torrent déborde, et déborde en tous sens.

Voyez ce peuple que semble posséder un inquiet besoin de créer toujours et d'agir toujours. Sans doute de généreux desseins et de nobles entreprises auront jailli de cette vive action; sans doute la main puissante de l'industrie aura subi d'utiles conquêtes; je n'en veux pas disconvenir.

Mais si vous étudiez, Messieurs, cette étonnante activité avec le recueillement de la sagesse, les yeux attachés sur la fin suprême de l'homme et de la société, qui est bien constamment le perfectionnement religieux et moral, alors que penserez-vous de cette lutte engagée, pour ainsi dire, entre l'homme, qu'elle absorbe, et tous les éléments de la nature auxquels il s'attaque?

Ne vous semble-t-il pas voir une domination ardente, universelle de la matière s'emparer, comme une sorte d'ivresse, de la pensée humaine et de la pensée sociale? Ne vous semble-t-il pas qu'un mouvement rapide vous transporte et vous entraîne, sans pouvoir ni replacer ni asseoir le paisible empire de la religion et des mœurs?

Et ces générations lancées ainsi sans relâche à la poursuite des triomphes actifs de l'industrie et d'une prospérité toute matérielle, savent-elles donc lever la tête en haut, appeler le secours, la vie et le bonheur d'où ils peuvent seulement venir?

Mais ensuite, au sein des masses, d'une population immense, là où ce vernis de christianisme lettré n'est pas descendu, ne descendra pas; là où il ne vient ni déguiser ni pallier de grossiers penchants, croyez-vous que l'impiété n'exerce plus ses cruels ravages, qu'elle ne se montre pas à nu, qu'elle ne sache plus joindre le cynisme au sarcasme? — Prêtre, je le dis avec douleur, là vous retrouvez encore le xviiie siècle qui s'est fait peuple, et ce n'était pas difficile à prévoir.

Enfin parmi tout ce chaos des opinions et des passions, au milieu du mouvement et du bruit, tandis qu'un grand nombre, affaissé et comme lassé, ne sort des préoccupations ordinaires des intérêts d'un jour que pour tomber dans l'apathie et la mollesse d'esprit et de cœur, d'autres sont travaillés de manies étranges et funestes.

Vides de foi, ébranlées dans toutes les bases de la raison, ouvertes seulement au tumulte des sens et au délire des passions, des âmes immortelles veulent mourir, des âmes libres veulent sceller par le sang leur liberté.

Vous entendez que je parle d'un double égarement, d'un double suicide, privé et social : plaie immense, symptôme d'un mal bien grand, quand il fait chaîne en quelque sorte et n'est plus l'acte isolé.

Mais quelle raison, après tout, de ces faits?

Car c'est là ce qu'il faut se demander. Et qu'est-ce donc que cette société où nous vivons? Serait-elle aliénée de la vie de Dieu, comme parlait saint Paul: *Alienati a vita Dei?*

Messieurs, n'en doutez pas, c'est une société que le besoin de foi travaille, que le vide senti de la foi vitale en Jésus-Christ tourmente providentiellement et agite en tous sens; une société que se disputent ainsi des éléments ennemis et contraires.

Des esprits et des cœurs malades demandent malgré eux à la société, qui les enfanta et qui les porte encore dans son sein, ils lui demandent sans le savoir, sans le vouloir, et par la nécessité première de leur être, une parole de vérité, de vie.

Pour eux la société ne fait plus entendre qu'une parole de mort, elle ne peut leur donner cet aliment qui lui manque; elle n'a pas, elle, les paroles de la vie; non: c'est ailleurs qu'il les faudrait chercher.

Et ces cœurs affamés, déçus, cherchent encore; au lieu des divines leçons de la Vérité incréée, ils dévorent avec avidité des leçons d'erreur et de désordre, ils se repaissent de vagues mais fatales théories. Inquiets, mécontents, brûlés d'ardents désirs, ne trouvant ni soulagement à leurs maux, ni base assise de repos, ils se remuent, s'agitent;

et ils remuent et agitent de leurs propres convulsions cette société infidèle à sa loi première, et qui, un jour, ne voulut plus s'appuyer sur la pierre angulaire, posée pour fondement en Jésus-Christ.

Ils lui ont déclaré la guerre, ils l'ont systématiquement constituée leur ennemie, cette société ; et il se fait alors un affreux conflit des intelligences, des volontés, et, trop souvent, de leurs plus énergiques efforts.

Qu'en arrivera-t-il? quel résultat amènera la divine Providence? Je l'ignore, et vous l'ignorez avec moi.

Mais ce que je sais pour cette partie de nos maux, c'est que vous en êtes, Messieurs, dans les desseins de Dieu, un puissant remède. Je tâcherai de vous dire comment par l'étude des grands faits du catholicisme, par les faits opposés au vague des théories et des opinions.

Dans ce besoin de croire ou au moins de chercher une croyance, dans cette lassitude indéfinissable de l'erreur, au milieu de ce travail de la pensée et des passions qui nous environnent, parmi ces efforts d'une société malade pour ressaisir quelque ordre et quelque vérité, que pourrions-nous mieux placer en présence que la puissance et la fixité des faits?

Les temps où nous sommes nous invitent,

Messieurs, plus que jamais à étudier dans l'histoire de l'esprit humain ces grandes époques de la lutte entre l'erreur et la vérité, entre la foi et le doute. Nous les étudierons ensemble dans le cours de ces Conférences, nous rechercherons les phases diverses et les causes de ce combat intellectuel et moral qui sans cesse agita l'humanité.

Appuyés sur la vérité palpable des faits, nous en interrogerons soigneusement l'esprit et la vie, cette raison providentielle, qui toujours en fit jaillir plus brillante et plus pure la lumière catholique, pour nous servir de guide et de refuge dans le triste pèlerinage d'ici-bas.

Puisse-t-il être donné à ma faiblesse de répondre au besoin et à l'amour de la vérité qui remplissent vos âmes! Alors je vous aurai montré au sommet des âges et les dominant tous comme la cité bâtie sur la montagne, cette Église de Jésus-Christ, toujours vivante et toujours forte, quand tout a croulé autour d'elle, toujours marquée du sceau de l'autorité et des bienfaits divins; en sorte que toujours il lui faut rendre notre reconnaissance, notre soumission et nos hommages. Et quand vous aurez bien connu l'Église, vous aimerez son autorité; vous embrasserez sa loi, toute sa loi; alors en vous reposeront nos consolations et nos espérances les plus chères.

DEUXIÈME CONFÉRENCE

LA LUTTE PAÏENNE

ou

L'ERREUR AVANT JÉSUS-CHRIST

DEUXIÈME CONFÉRENCE

LA LUTTE PAÏENNE

OU L'ERREUR AVANT JÉSUS-CHRIST

Monseigneur,

Aux yeux de l'observateur attentif, le monde et son histoire, la suite des âges et leurs transformations offrent un caractère qui commande les méditations les plus profondes.

Parmi les hautes leçons du gouvernement de la Providence, au milieu des agitations des peuples, et dans les phases diverses des révolutions des États, une pensée ressort et domine, la pensée de la lutte, de la lutte entre des éléments opposés ; combat surtout des idées et des opinions, duel immense et permanent qui divise l'humanité en deux camps, et qui témoigne à la fois de notre liberté et de nos malheurs.

Si l'on veut, Messieurs, sincèrement y réfléchir, on nommera comme objet principal de cette grande querelle, la religion, c'est-à-dire ce qu'il y a de plus nécessaire, de plus beau, de plus doux et de plus disputé ici-bas. En sorte que l'histoire des nations vient aisément se résumer dans la lutte des idées religieuses, auxquelles tout le reste peut se rapporter.

Il en est une raison : elle est même la seule que l'on puisse donner de cette étonnante loi. La foi du chrétien la lui révèle, en lui révélant le mot d'une inexplicable énigme ; et toute l'économie de la religion s'y trouve comprise.

Cette raison de la lutte, motif souverain qui régit le monde et le partage, n'est autre que la réhabilitation de l'homme déchu, et le travail qu'elle opère.

C'est de ce point de vue divin et du centre même des conseils éternels, qu'il faut considérer le torrent des siècles, qui se déroule à nos regards avec une si effrayante rapidité et parmi de si cruels ravages.

Des profondeurs de son éternité Dieu a vu, sur cette petite et pourtant si noble terre, sa créature, intelligente et libre, abuser de la force des dons reçus, et soulever contre leur auteur cette pensée, ce cœur créés seulement pour la louange, le respect et l'amour, pour une entière et glorieuse dépendance.

Dans la longue chaîne des générations, dont nous sommes un des imperceptibles anneaux, tous, suivant l'expression de saint Paul, nous naissons enfants de colère, héritiers de la révolte première : ainsi l'avait prononcé le juste juge. Tous nous portons au dedans de nous-mêmes un germe vivant de division et de guerre ; et Satan le féconde fidèlement.

Voilà, Messieurs, pourquoi subsista toujours la loi du combat, comme parle encore saint Paul, loi du combat de l'homme avec lui-même, de l'homme avec les autres hommes et avec tout ce qui l'entoure, loi de combat contre Dieu même, subversion native de l'ordre, à jamais incompréhensible sans la révolte originelle et transmise.

Mais en même temps à côté de cette loi continue de déchirement et de combat, fut déposé dans le monde, dans l'homme, un principe vainqueur, principe de résistance, de justice et de paix : la grâce du Christ, réparateur et sauveur.

Ainsi la lutte s'établit-elle entre la liberté pervertie mais non détruite des volontés humaines, et l'action réparatrice des enseignements et des secours divins ; lutte constante de l'élément de dégradation et de ruine contre l'élément de grâce et de salut.

L'histoire providentielle et philosophique du

monde est donc surtout l'histoire de la lutte entre ces deux esprits opposés, souvent cachés et méconnus, mais vivant réellement pour combattre au plus intime de l'homme et des sociétés : c'est l'histoire des assauts livrés par l'erreur et les passions aux bénignes influences de la réparation divine.

Car voilà tout l'homme, à vrai dire : non pas l'homme des vaines et vagues théories, mais l'homme de la révélation et des faits. Tout le reste dans l'histoire n'est qu'un vaste accessoire et une immense conséquence.

Oui, Messieurs, l'on sent partout, dans le cours des âges, avec l'action supérieure d'un pouvoir secourable et ami, l'action d'une puissance ennemie, implacable génie du mal qui incessamment pousse au désordre avec fureur.

Et si une chose a droit d'étonner dans la logique de l'erreur et des passions, car elles en ont une, c'est que, en dehors de la foi, le dualisme ou la doctrine du double principe n'ait pas été la religion et la philosophie les plus communes; puisqu'un double principe contradictoire semble apparaître de toutes parts aux yeux d'une raison abandonnée à elle-même.

En deux mots, l'homme déchu, et qui ne veut pas l'être, prétend se déclarer indépendant des lois de la réparation divine; et Dieu, dont la bonté s'épanche avec amour sur toute créature, oppose ou plutôt offre sans cesse à l'homme, avec la foi, la lumière et la force qui épurent, qui réparent, qui sauvent mais combattent la liberté dans ses écarts.

Telle est la lutte.

Elle dure encore et remplit le monde : elle durera jusqu'à la fin. A certaines époques on la voit se ranimer et renouveler son ardeur.

Mon dessein, Messieurs, est de vous entretenir de cette lutte des intelligences. Je demande à Dieu la grâce de pouvoir vous être utile en vous signalant les dangers de la guerre, en vous proposant les conditions véritables de la paix.

Mais cette lutte, vous le concevez, doit être surtout étudiée dans l'histoire. L'histoire instruit, et ne blesse pas; le passé raconte le présent : car l'homme se retrouve toujours assez semblable à lui-même, quand il s'abandonne sans frein à ses penchants mauvais. Nous parcourrons donc ensemble l'histoire des grandes luttes religieuses qui ont agité l'humanité, pour arriver à mieux saisir la lutte des temps modernes; et nous commencerons aujourd'hui par la lutte païenne.

L'histoire de cette lutte s'applique, Messieurs, encore au présent et l'éclaire. L'humanité consent trop souvent encore à subir le joug des tendances païennes. Le sens et l'esprit du paganisme ancien nous révèleront l'existence d'un paganisme nouveau luttant contre les tutélaires influences de l'Évangile.

Le monde ancien lutta : il protesta cruellement contre la vérité primitive et pure ; il fit ainsi le long apprentissage et l'expérience de toutes les erreurs et de toutes les faiblesses. Ce genre de combat doit être bien saisi dans sa nature, sainement jugé dans sa signification réelle, courageusement appliqué aux contradictions présentes, qu'on pourrait appeler du même nom.

Ainsi comprendrons-nous mieux, je l'espère, cette lamentable déviation des intelligences, que la foi catholique peut seule guérir.

La nature vraie, l'interprétation saine, l'application présente des erreurs de l'ancien monde : tel sera l'objet de cette Conférence sur la lutte païenne.

I. P. Donc, Messieurs, sous l'empire d'une inévitable loi de contradiction et de combat, le monde intelligent et libre va marquant sa double voie : et la philosophie catholique de l'histoire est celle-là surtout qui, à l'exemple de saint Augustin, retrouve dans le genre humain, pendant tout le cours des siècles, l'histoire des deux peuples ou des deux cités, c'est-à-dire la lutte perpétuelle du mal contre le bien, du faux contre le vrai, de l'homme et de l'ange rebelles contre le Dieu réparateur.

Suivant cet esprit et prenant les livres saints[1] pour appui, étudions le paganisme à son origine, pour mieux reconnaître sa nature véritable.

Dans ces terres toujours habitées de l'Orient, d'où l'on voit tout venir et auxquelles tout nous ramène, la connaissance du vrai Dieu, la mémoire de la création, du déluge et des révélations originelles, avaient dû se conserver assez longtemps par les traditions suivies d'âge en âge.

Mais peu à peu ces traditions et ces croyances antiques s'altérèrent : et voici, Messieurs, ce qu'il faut savoir lire dans l'histoire à la clarté du flambeau sacré de la foi. Bossuet l'indique fortement dans son *Discours sur l'histoire universelle :* permettez-moi de le développer un peu. Peut-être connaîtrez-vous mieux ensuite la nature du paganisme.

Les innombrables populations si rapidement formées des enfants de Noé, lancées au loin sur des terres une seconde fois vierges et neuves, avaient tout à créer sous leurs pas pour se constituer et s'établir : et l'on conçoit cette ardeur immodérée qui se pousse et se précipite dans les développements premiers de l'industrie, des arts,

---

[1] Sap., XIII et XIV; Deut., IV, 17, 19; Rom., I, 23 ; Act., XIV, 17.

de la civilisation, au milieu d'un mouvement continuel de migrations nouvelles et d'établissements nouveaux.

Les hommes, si aisément entraînés et fascinés par la puissance des intérêts matériels et sensibles, devinrent peu capables de nourrir dans leur âme les doctrines spirituelles et pures du monothéisme et de la religion primitive. Ils s'éloignaient d'ailleurs de plus en plus de la source même des traditions.

Ils s'ensevelirent dans la chair et dans le sang, pour me servir d'une expression révélée. Alors commença le paganisme : il se répandit, comme une plaie honteuse gagne de proche en proche un corps malade, infecte et corrompt tous les organes de la vie.

L'idée de la Divinité toutefois, l'idée d'une puissance et d'une force supérieures à l'homme ne pouvait s'effacer de son esprit. Non, la notion de Dieu résiste, et se défend par sa propre vertu au dedans de nous. Mais brouillée avec les images venues du dehors, avec les impressions de la matière et des sens, la connaissance de Dieu s'altéra profondément ; et les peuples, abâtardis, en vinrent à regarder comme divin tout ce qui pouvait les frapper et les émouvoir soit par la grandeur des apparences, soit par la force et la puissance des effets produits. Prenez garde, Messieurs; c'est encore au fond notre histoire et la raison du paganisme nouveau, sous d'autres noms et d'autres formes.

Telle est la double origine, tel est le sens qu'ont assignés à l'idolâtrie nos Écritures dans de précieuses pages. Je voudrais bien les voir méditer par certains hommes : elles sont au livre de la Sagesse, chapitre treizième : *Si specie delectati.... Si virtutem et opera eorum mirati sunt*[1]....

Les forces et les beautés de la nature, éloquent et mystérieux langage de la puissance première et infinie, servirent comme d'appât à des imaginations abusées. L'homme en vint à méconnaître la cause suprême et créatrice, ou du moins il en travestit de mille extravagantes manières la notion traditionnelle à la fois et raisonnable.

Le culte de la force, le culte aussi de la forme et de la vie sensible, voilà donc la première religion d'erreur et la source de toutes les déviations religieuses.

Et c'est, Messieurs, de cette force, de cette vie universelle de la nature que plus tard les philosophes, quand il y eut une philosophie, firent sortir les divers systèmes panthéistes auxquels le paganisme parut avoir abouti comme à son apogée.

Ici l'observation catholique reconnaît, avec la

---

[1] Sap., XIII, 3, 4.

réalité des faits, l'élément déchaîné de dégradation et de ruine ; la lutte contre l'unité de Dieu et contre son autorité.

L'homme livré au sensualisme originel et asservi par ses penchants, craint, révère, adore l'être dont il croit avoir quelque mal à redouter ou quelque bien à espérer, et il ne peut que devenir alors le jouet des plus tristes folies.

Ainsi le soleil, les astres, le feu, l'air, les grandes eaux, la terre, qui paraissaient exercer des influences si puissantes et renfermer la force et la vie universelles, furent les premiers dieux du paganisme et remplacèrent le monothéisme primitif.

Vint ensuite l'apothéose, qu'on ne peut pas nier· toute l'antiquité en est pleine.

Les grands hommes, les conquérants fameux, les inventeurs des arts utiles, ceux qui semblaient pouvoir tout dans le monde, obtinrent aussi les honneurs divins de la reconnaissance ou de la frayeur des peuples.

Dans la suite des temps, et surtout après la naissance du christianisme, veuillez, Messieurs, le remarquer, le symbolisme prétendit cacher, sous le nom de ces personnages et sous le récit de leurs actions, le culte des opérations ou des parties diverses de la nature.

Mais, sans aucun doute, il y eut le culte réel de la forme et spécialement de la forme humaine.

Ce n'est pas tout · et voici une grande raison du polythéisme.

Point de puissance ni de force plus inévitable et plus impérieuse que les passions.

L'homme crut aisément, esclave volontaire, que cette force était placée hors de lui, qu'elle était souveraine et invincible, qu'il fallait en subir le joug et le culte, liés d'ailleurs à toutes les brutales jouissances.

C'est par là que la passion de toutes la plus tyrannique eut tant d'autels; que sous mille noms et mille formes diverses, elle devint, à vrai dire, le Dieu universel, mal expliqué, mal déguisé par de prétendus sages sous d'infâmes symboles; et que des choses inexprimables furent mêlées aux sacrifices, aux fêtes et au culte publics. Je ne veux salir de leur récit ni ma bouche ni vos oreilles.

A l'effrayante clarté de l'austère et véridique histoire, il semble, dans cette épaisse nuit des erreurs païennes, voir tous ces grands troupeaux de l'espèce humaine, saisis et transportés d'une fureur frénétique, se jetant et se vautrant au milieu d'une fange impure au-dessous des plus vils animaux : oui, au-dessous; car la brute s'arrête, l'intelligence abrutie ne s'arrête pas.

Aussi les mœurs païennes nous apparaissent-elles d'autant plus horribles qu'elles étaient consacrées par le culte lui-même ; il n'y avait nul contre-poids, nul remède. Tibère à Caprée devenait de la sorte un type religieux.

Sous l'empire de ces dégoûtantes aberrations du sens humain, qui, pour honorer les dieux, se prostituait logiquement à tous les vices, la cruauté dut se ruer parmi les masses armées de toutes ses fureurs et de ses plus féroces joies : la cruauté, compagne trop naturelle des excès de la débauche.

L'homme bourrelé, malgré son délire, par un intime remords de ses crimes, et se sentant comme poursuivi par une puissance vengeresse, dut croire à des divinités cruelles et sanguinaires.

Il pensa ne pouvoir ni les apaiser ni les honorer dignement par les victimes ordinaires ; il fallut verser le sang humain. L'on sait que chez tous les peuples de l'antiquité, sans en excepter un seul, on immola des victimes humaines. On peut voir en particulier dans César ce qu'il raconte des sacrifices druidiques des Gaulois nos aïeux.

Il n'y eut pas de lieu sur la terre où l'on ne servît de ces divinités implacables qui avaient soif de l'homicide.

Quel immense progrès, Messieurs, dans la carrière de l'impiété, de la dégradation et du crime !

Certes l'esprit ennemi de l'homme était alors le grand docteur des peuples et le plus insolent triomphateur.

Enfin le sens perverti ne connaissant plus ni raison ni dignité humaines, les bêtes et des idoles de pierre ou de bois reçurent les honneurs divins. Pourquoi pas? Ce furent au reste de purs symboles pour quelques-uns ; c'étaient des dieux réels pour l'innombrable et stupide vulgaire, qui croyait à la présence de je ne sais quel être divin dans l'animal ou dans l'idole.

Un instinct aveugle et brutal courbait ainsi l'homme devant l'image même ou la représentation la plus vile d'une force, objet de terreur bien plus que d'amour.

Telles furent, Messieurs, dans la réalité des faits, les religions enfantées par l'esprit d'erreur, durant une période de près de vingt siècles avant la naissance du christianisme. Il n'est pas inutile de l'avoir rappelé.

Cependant flottaient encore, comme les débris d'un grand naufrage épars çà et là à la surface de l'océan des nations, quelques lambeaux lacérés des traditions antiques. Mais reconnaissables aujourd'hui à la clarté brillante de la foi, ces restes des vérités primordiales et ces quelques lueurs conservées se perdaient alors parmi les rêves confus d'une théogonie poétique et fabuleuse, et d'une philosophie qui s'en faisait complice.

Avons-nous assez réfléchi, Messieurs, sur ces aberrations déplorables? en avons-nous sondé la profondeur et saisi la notion véritable? Cette grave étude nous eût rendus peut-être plus circonspects, plus humbles, plus justes, envers nous-mêmes et dans notre appréciation de la dignité et de la raison humaines.

Grand Dieu! qu'est-ce que l'homme sans la foi? Contemplez, je vous prie, l'ancien monde; voyez ce vaste théâtre où tous les peuples sont les acteurs d'un drame horrible.

Des générations en délire s'agitent, se pressent; elles luttent à l'envi, ce semble, pour détruire tout ce qui reste de raison, de respect et de vertu au sein de l'humanité. Elles amoncellent, pour parler ainsi, toutes les turpitudes, toutes les ignominies, toutes les superstitions et toutes les folies, afin d'écraser de leur poids la croyance et le culte du vrai Dieu, et d'étouffer sous leurs clameurs cet élan d'adoration et d'hommage qui lui est dû. La force brute est leur divinité.

Et nous que les bienfaits du christianisme ont inondés de lumière et remplis de vérité, nous qui ne devrions pas avoir assez de larmes pour pleurer sur ces cruels égarements, nous pour qui chaque jour, chaque heure de notre vie devrait être l'hymne de la reconnaissance et de l'amour fidèle envers le Dieu régénérateur de l'Évangile, nous dont l'admiration, la foi ne devraient jamais tarir en hommages et en éloges pour honorer cette puissance toute divine qui produisit, qui maintient encore miraculeusement l'œuvre du Christ au milieu des combats et des penchants toujours païens de l'homme ; nous racontons, nous lisons sans effroi les dégradantes théories qui nous ramènent en arrière de dix-huit siècles · théories qui ne savent plus flétrir le vice ni couronner la vertu, qui ne reconnaissent plus l'erreur et n'en distinguent plus la vérité ; mais nivellent sous nos yeux avec une froide audace, et placent au même rang toutes les infamies et tous les biens, que peut rencontrer l'humanité dans le cours de ses luttes religieuses.

Il faut, Messieurs, restituer hardiment au paganisme son redoutable caractère, et en tirer d'utiles leçons. Ce que je vais tâcher de faire en peu de mots.

II. P. Ce serait, Messieurs, une grande chose, soyez-en sûrs, que de croire fortement à l'existence et à la réalité du paganisme.

Mais il arrive, par une certaine disposition d'âme et à un certain âge des civilisations avancées, que l'on n'a plus la force d'accepter les faits de l'erreur dans leur hideuse nudité. Parce qu'on n'est pas établi dans la vérité vive et tranchée, on admet volontiers qu'il n'y eut jamais, au sein de l'humanité, de ces longs égarements qu'il faille juger pour les flétrir ou du moins pour les déplorer profondément. Ce ne sont plus que des évolutions diverses de la pensée, des phases diverses de l'affection religieuse : et au fond il n'y a plus d'erreur dans le monde.

Au lieu d'imprimer le sceau historique d'ignominie, on se répand en éloges sur les religions de l'antiquité. On ne recule devant aucune des plus obscènes et des plus infâmes représentations du culte idolâtrique : tout est beau, grand, digne du génie philosophique le plus élevé. Jamais le cri qui réprouve ou compatit ne sort de la conscience. On veut à tout prix réhabiliter tous les passés quelconques de l'esprit humain, qui n'aurait jamais fait, dit-on, que suivre une voie progressive et ascendante en religion et en civilisation. Il semble que ce soit une chose convenue de laver de toutes les flétrissures païennes l'humanité, qui ne devrait plus par conséquent à la seule religion de notre Seigneur Jésus-Christ d'avoir été retirée d'un gouffre d'erreurs et d'infamies cruelles.

Et le christianisme ne serait ainsi lui-même qu'une simple phase un peu meilleure peut-être du symbolisme religieux, en attendant mieux encore, comme on veut bien nous l'annoncer souvent.

Il y a, Messieurs, dans ces désastreux systèmes, plus de mollesse encore que d'ignorance et d'impiété, je le sais ; mais il y a de tout cela dans une mesure qui ne pourrait s'exprimer.

Tâchons de nous fixer sur les points que nous avons encore à considérer dans la lutte païenne. Je dois en ce moment restituer devant vous l'interprétation vraie et la réalité du paganisme. Je dois l'appliquer au présent.

Moïse avait été élevé au milieu de tous les trésors de la science antique de l'Égypte, de cette terre où le polythéisme, selon toute probabilité, avait pris naissance.

Moïse avait sans doute pénétré le sens de ces combats livrés par l'esprit de haine et de mensonge à l'unité du Dieu vivant et véritable.

Moïse descendant du Sinaï dicta des lois aux enfants d'Israël.

Il leur défendit d'adorer ce que le Seigneur a créé : *Ne... adores ea et colas quæ creavit Dominus.* Il leur défendit d'adorer des dieux d'or et d'argent. Il proscrivit dans les termes les plus énergiques l'adoration décernée aux dieux des nations, et le culte des astres et celui des idoles. Les livres de l'Exode, du Lévitique et du Deutéronome en témoignent dans une foule d'endroits[1].

Josué mourant redisait aux Hébreux établis dans leur conquête le testament du législateur. Il leur léguait, comme héritage divin, avec la religion et la victoire, les lois si solennellement portées contre le culte des faux dieux[2].

Il y avait donc une idolâtrie réelle, un polythéisme réel parmi les nations.

Depuis, tous les prophètes avaient, au nom du Seigneur et en présence des prévarications d'Israël, renouvelé mille fois l'anathème et la définition expresse de l'idolâtrie. Nos livres saints en sont remplis de preuves, et il suffit de les entr'ouvrir pour s'en convaincre[3].

Enfin saint Paul, prophète et apôtre de la loi nouvelle, jugea ainsi dans son épître aux Romains; et marqua d'un sceau mérité de réprobation ces sages tant vantés du paganisme « qui changèrent, « dit-il, la vérité de Dieu en mensonge.... qui « adorèrent et servirent la créature plutôt que « le Créateur.... c'est pourquoi Dieu les avait « abandonnés aux passions d'ignominie[4]. »

---

[1] Exod., xx, 3, 4, 23 ; Levit., xxvi, 1 ; Deut., iv, 15, seqq. ; v, 7, seqq. ; vii, 4. 5 ; xvii, 3.

[2] Jos., xxiv, 14.

[3] Psalm. cxiii, 4, etc. ; Sap., xiii, 2 ; xiv, 21 ; xv, 15 ; Is., xliv, 17 ; Jerem., ii, 27, etc.

[4] Rom., i, 25, 26.

C'est assez clair, je pense.

Messieurs, j'insiste encore : plus que vous ne le sentez peut-être, vous avez besoin de croire à la réalité du paganisme.

Saint Justin avait été philosophe païen, il devint philosophe chrétien; et mourut martyr de ces faits évangéliques, auxquels l'idolâtrie opposait tous ses sophismes et toutes ses fureurs.

Saint Justin, dans sa première apologie publiée vers l'an 139, au cœur même du paganisme, disait à ceux qu'il avait quittés pour la foi de l'Église et dont la rage le poursuivait : « Non, il est vrai,
« nous n'honorons point par le sang des victimes
« et par les couronnes de fleurs ceux que les
« hommes ont appelés des dieux et placés dans
« leurs temples après les avoir façonnés de leurs
« mains[1]. »

Arnobe, sorti aussi des rangs du paganisme, et l'un de nos anciens apologistes, parlait le même langage, et déplorait amèrement la réalité et la folie de ses anciennes erreurs[2].

Tertullien, vers le même temps et au milieu

---

[1] S. Justin. *Apolog. I. circa ann.* X^{ti} 139, c. ix, p. 417. Galland, *Biblioth. vet. PP.*, t. I. Venetiis, 1765.

[2] Arnob. *Adv. gent.*, lib. I, c. xxxix. — Migne, *Patrolog.*, t. V. col. 767.

« Venerabar, o cæcitas, nuper simulacra.... Deos... ex malleis
« fabricatos... »

des mêmes circonstances, dans son livre premier contre Marcion[1]; Théodoret, dans son Traité contre les Gentils, livre troisième ; saint Augustin, dans tout le cours de sa *Cité de Dieu* et ailleurs ; tous les Pères, en un mot, sans en excepter un seul, donnent le même sens à l'idolâtrie ; et ils en étaient les témoins, même les contemporains.

Elle fut, elle est encore aujourd'hui dans d'immenses régions, l'adoration décernée à la créature au lieu du Créateur : elle prostitua les honneurs divins à la pierre, au bois, à la bête, à l'homme, aux démons, au crime et à la matière. Seulement la philosophie crut sauver sa dignité en faisant son Dieu particulier de la nature entière, et en donnant à ses spéculations les plus élevées les tristes proportions du panthéisme.

Messieurs, tel est le paganisme : hors de ces appréciations franchement catholiques et réellement historiques, il n'y a que de vaines théories et de coupables systèmes.

Et vraiment j'admire comment des hommes qui ne sont assurément pas dépourvus de savoir et de génie, s'enveloppent de nuages volontaires, se bercent nonchalamment dans les charmes de l'erreur, et semblent fuir comme un odieux réveil ou

---

1 Cap. 13. Vid. optimam notam P. Nicolai in *Summ.* S. Thom.
2 2æ q. 94, art. 4.

bien comme un honteux courage, la mâle précision de l'austère et véridique histoire. Bien caractériser et condamner l'erreur est une grande part de la profession du vrai, et la noble expression d'une intelligence, d'un savoir et d'un cœur élevés et généreux.

Mais quoi donc! est-ce que l'autorité de l'Écriture, des Pères et de l'Église, la série palpable des monuments, la succession des génies chrétiens, ne valent pas l'autorité d'un ou deux rêveurs de l'Allemagne moderne? Est-ce que Bossuet dans son immortel chef-d'œuvre, le *Discours sur l'histoire universelle,* affecta le paradoxe et ne sut pas ce qu'il disait, quand il imprima si énergiquement la flétrissure idolâtrique au front de l'ancien monde. Bossuet, ah! Messieurs, il plane encore comme l'aigle vigoureux des combats au-dessus des molles générations que le temps nous a faites.

Oui, le monde fut idolâtre, il fut païen, entendez-vous? Oui, il se prosterna devant la force brute qu'il adora. Que voulez-vous? c'était le genre humain de ce temps-là : et voilà l'homme sans le christianisme.

Ne point prononcer hautement que l'homme a été païen, c'est vouloir qu'il le soit encore.

Otez donc, Messieurs, de devant vos yeux, ôtez ces temples, ces idoles, ces noms de divinités impures et tous les sombres voiles de l'antiquité ; percez à travers les nuées amoncelées d'erreurs, pénétrez au cœur même de l'homme idolâtre : qu'y trouvez-vous? Ce que vous trouvez encore dans le présent : l'homme semblable à lui-même, païen quand il n'a plus la foi.

Voyez, en effet, l'effroyable corruption de mœurs qui nous déborde : on adore encore la force aveugle et brutale des sens, on lui décerne un culte, elle domine, elle est reine du monde, on lui obéit comme à la puissance suprême et irrésistible.

De là, Messieurs, cette haine du bien moral, auquel on ne croit plus, et de la foi qui le consacre, et de l'Église qui le commande en le protégeant contre les illusions et les attaques intéressées. La vertu admet aisément la vérité, le vice aime l'erreur.

Le cœur est païen, l'esprit est faux, la conscience est étouffée sous des sophismes.

Alors, pour mieux s'étourdir, on se crée une agitation factice à la surface des choses, elle suffit pour la lutte; on mêle et on confond tout, on ne s'entend plus, on ne sait plus où aboutir.

Au fond des sociétés et des âmes, Dieu cependant vit et réclame; il suscite la constance chrétienne, les protestations généreuses, les exemples magnanimes. Dans le présent, la foi est à ce prix ;

elle se soutient par une énergie courageuse et par une science épurée : vous le prouvez, Messieurs.

Que trouvons-nous encore parmi nous?

Je ne crains pas de le dire, la grande guerre païenne de l'ignorance que stigmatise admirablement la parole du livre de la Sagesse : *In magno viventes inscientiæ bello*[1].

Ils sont vains encore de nos jours, tous les hommes en qui ne réside pas la science de Dieu : *vani autem sunt omnes homines in quibus non subest scientia Dei*[2]. Et si le Sage, il y a trois mille ans, a désigné en ces termes l'homme païen, ces mêmes termes s'appliquent encore à certains hommes du présent.

Demandez à l'enfant du catéchisme : Qu'est-ce que Dieu? Ah! il vous répondra dans le plus simple et le plus sublime langage.

Demandez-le au philosophe incrédule de nos jours; j'ai honte de le dire, il ne répondra pas. Lisez plutôt ses tristes livres, cherchez-y la notion de Dieu; vous ne l'y trouverez pas. L'orgueil de l'esprit règne avec ses caprices et son délire; le moi est l'idole adorée; Dieu a disparu.

Que reconnaîtrez-vous encore? Un mal immense qui dévore nos sociétés.

---

[1] Sap., xiv, 22.
[2] Sap., xiii, 1.

Si j'étudie les grandes époques et les grands hommes de l'histoire religieuse, je vois la lutte énergiquement soutenue, et d'indomptables courages s'opposant aux envahissements de l'esprit d'erreur et à l'entraînement des opinions d'un siècle malade.

Moïse et les prophètes de l'ancienne loi, Socrate même au sein du paganisme; mais plus tard et bien mieux, après le Dieu apôtre, les hommes apôtres, les pontifes veillant à la garde de l'Église, la noble milice des génies qui ont le plus honoré l'humanité, qu'ont-ils fait? Qu'ont-ils été? Ils ont rempli une auguste mission; ils ont tous glorieusement combattu pour la vérité contre les lâches condescendances, pour la foi et la saine raison contre les vertiges et la décadence de leur temps.

Messieurs, le païen cédait au temps: ce fut là son caractère. L'incrédule y cède toujours : Luther, Henri VIII, Voltaire, Joseph II, les défenseurs si bruyants, à toutes les époques, de l'irréligion et de l'erreur, que sont-ils dans la réalité? Les tristes et serviles jouets des opinions, des préventions, des haines, des influences de leur siècle.

Qu'on cède au temps, ou plutôt qu'on le seconde; qu'on loue même et qu'on célèbre les progrès du présent dans les arts, dans les sciences d'observation, dans des institutions utiles, dans une utile extension de l'industrie ; je le conçois.

Mais Dieu, Messieurs, ne change ni ne s'améliore, je pense ; la vérité, la religion révélée ne changent pas davantage ; et prétendre les enchaîner au char de l'opinion pour leur frayer des voies nouvelles, c'est tout simplement imposer et subir l'esclavage.

Devant la force et les clameurs rebelles de l'erreur, devant la puissance des sens, devant un hautain mépris des traditions et de la simplicité antiques, le paganisme ancien se courbe en esclave.

Un paganisme nouveau subit aussi le poids de ces tristes influences, car il ne résiste pas, il ne lutte pas contre la pente rapide qui l'entraîne. Mais il lutte contre la foi, ou plutôt il rejette avec le dédain de la mollesse les mâles exigences et la vigueur native des traditions catholiques.

S'abandonner aux flots tumultueux, au cours fougueux du torrent qui s'égare, ce n'est pas là, je crois, une grande gloire ; ce n'est point un triomphe qui mérite les applaudissements et les couronnes.

Remonter le cours rebelle, s'avancer contre l'emportement d'une force désordonnée, aller ressaisir à la source les eaux vives et pures, pour en retrouver la puissance, la liberté et la fécondité véritables, voilà ce que je nomme grandeur d'âme et progrès courageux.

Mais se vouer au culte et au service d'une aveugle force d'entraînement et d'opinions, c'est dans tous les temps ce qu'on doit nommer paganisme, déplorable faiblesse. Le bruit et la clameur sont donc aussi les dieux du monde.

J'ai pu le dire, et je me résume : il y a un paganisme moderne. Comme l'ancien, il est le culte de la force aveugle, force de corruption et d'orgueil, qui méconnaît Dieu et qui l'outrage, qui impose le joug des opinions et des passions, brise les traditions antiques, élève au milieu des ruines le temple et l'idole du moi en délire, type funeste à la fois de jouissance matérielle et d'agonie intellectuelle et morale.

Messieurs, telle est la leçon que nous donne le paganisme ; je ne devais pas la taire.

Il y a autour de nous une société malade, malade par le besoin de foi qui la travaille, par le vide cruellement senti de la foi vitale en Jésus-Christ, par le chagrin secret de n'avoir point la foi. Puisse-t-il être donné à ma faiblesse d'apporter quelque secours à ces maux, en répondant à l'amour de la vérité qui remplit vos âmes ! Puissent des esprits et des cœurs, plus dignes encore de compassion que de blâme, savoir entendre les graves enseignements, qui s'élèvent pour eux du sein des générations d'erreur et de délire, durant les longs siècles de l'attente!

Ils comprendront alors ce que saint Paul a voulu dire par ce mot redoutable : « Dieu laissa « les nations entrer dans leurs voies. » **Dimisit omnes gentes ingredi vias suas**[1].

Il fallait donc que le genre humain arrivât ainsi laborieusement à découvrir son immense besoin, et à sentir, au milieu de ses aveugles fureurs, le joug ignominieux et la cruelle tyrannie qui pesaient sur les enfants d'Adam. N'avons-nous pas à le reconnaître et à le sentir encore nous-mêmes?

Il fallait que l'humanité, humiliée, abreuvée de forfaiture et d'infamie, relevât enfin la tête en secouant sa fange, et tournât ses regards vers les rayons consolateurs de la révélation divine, seule ressource, seule mais toute-puissante espérance dans ce chaos d'infortunes et d'erreurs.

L'expérience resterait-elle encore à faire pour nous?

Il fallait qu'on reconnût, si l'on voulait seulement ouvrir les yeux, que la présence de la vérité dans le monde, le grand fait d'une religion sainte, d'une foi pure, d'une vertu parfaite sur la terre,

---

[1] Act., xiv, 15.

sont l'œuvre la plus incontestablement divine, le plus éclatant miracle de l'action même immédiate de Dieu.

Il fallait apprendre à ceux qui auraient conservé l'intelligence, qu'à ces époques d'anarchie morale, religieuse et politique qui devaient encore épouvanter les nations rebelles à la loi première, une seule colonne demeurerait inébranlable et toujours debout pour soutenir l'édifice social, la foi catholique et son autorité. La puissance qui seule a régénéré le monde, seule doit le maintenir et le sauver.

Enfin il fallait faire comprendre à tous qu'une lutte ardente fut ouverte dès l'origine du monde, pour ne plus cesser, entre les éléments opposés d'orgueil, de licence, de haine, et ceux de justice, de vérité, d'ordre et de vertu; lutte entre le Dieu réparateur et son irréconciliable ennemi, entre Jésus-Christ et Satan :

Jusqu'à ce que le Seigneur Jésus vienne, d'un souffle de sa bouche, dissiper et abattre tout ce qui s'élève contre la science de Dieu, et puis s'asseoir et régner seul à jamais.

TROISIÈME CONFÉRENCE

LA LUTTE MOSAÏQUE

ou

LA VÉRITÉ AVANT JÉSUS-CHRIST

TROISIÈME CONFÉRENCE

LA LUTTE MOSAÏQUE

OU LA VÉRITÉ AVANT JÉSUS-CHRIST

Monseigneur,

L'homme est fait pour la vérité : telle est sa nature et le besoin premier de son intelligence et de son cœur. L'homme ne vit, ne respire à l'aise, qu'au sein de la vérité, sa plus douce jouissance ici-bas est de l'avoir trouvée après l'avoir cherchée longtemps ; et alors même qu'entraîné par de funestes illusions, il s'est précipité dans les voies de l'erreur, s'il s'interroge sincèrement lui-même au moment du calme et du silence, il sent qu'il ne veut pas le faux. Le faux envisagé de près le froisse et lui répugne ; il sent qu'il veut, au moins qu'il voudrait la vérité, parce qu'elle seule peut mettre un terme à son trouble et à son malaise intimes.

Cependant, Messieurs, telle est la condition de la vérité sur cette terre, qu'elle ne saurait être la possession assurée de l'intelligence sans un généreux combat.

Dans tous les temps l'entraînement des opinions, les lâches condescendances des passions, ont servi puissamment les intérêts de l'erreur et propagé au loin son empire. Et il a bien fallu donner le nom de lutte à cette triste assistance prodiguée par l'homme aux fausses doctrines, puisqu'il fait ainsi la guerre à la vérité. Mais il n'est pas moins juste de le dire, la résistance aux traditions antiques du vrai, la révolte contre la conscience, contre la raison et l'autorité qui défendent l'intégrité du dogme religieux, sont bien plutôt l'effet de la mollesse s'abandonnant aux influences impérieuses et désordonnées d'une époque, qu'elles ne sont l'attaque de l'audace et de la conviction ardente. C'est pourquoi la lutte contre la vérité et la foi présente toujours dans les masses égarées et dans leurs chefs cet inévitable caractère de faiblesse et de lâcheté. On combat alors parce que l'on cède; on cède à la force aveugle de l'opinion, du préjugé, de la haine, de la passion ; on est vaincu, et néanmoins on croira souvent pouvoir se poser en vainqueur des anciennes entraves et en libérateur nouveau de l'humanité, tandis qu'on subit un déplorable joug.

Messieurs, il en est tout autrement de la vérité, de la foi, de leurs intérêts et de leurs défenseurs. Ceux-ci sont les lutteurs courageux, les vaillants soldats, les conquérants infatigables. Il en coûte assurément beaucoup pour rester inébranlable dans la vérité comme dans la vertu, ou pour s'y replacer après l'avoir abandonnée.

L'histoire bien lue expose clairement ces résultats aux regards de l'âme attentive.

Déjà l'histoire de l'erreur et de ses affreux déportements dans l'ancien monde a été rapidement ébauchée devant vous. Nous avons contemplé l'effrayant spectacle des libres déviations de l'homme loin de l'œuvre de sa réhabilitation.

Et vous avez pu constater le principe le plus fécond d'égarement pour l'esprit humain : la puissance aveugle des sens, qui se résume en définitive et aboutit au culte pusillanime de la force sous toutes ses manifestations. Car ce fut là le paganisme à sa plus haute expression, le culte des forces dans la nature : le panthéisme lui-même n'est pas autre chose. La lutte païenne vous est ainsi apparue avec son redoutable caractère.

Vous avez pu en même temps reconnaître, Messieurs, que les tendances et les penchants païens avaient survécu dans l'homme aux erreurs de l'ancien monde, malgré la victoire du christianisme. Un paganisme moderne adore et sert encore une force aveugle, dont le nom révèle le mobile du combat pour un trop grand nombre d'esprits. L'entraînement orgueilleux de l'opinion, telle est la puissance qui lutte encore contre la foi.

Aujourd'hui il faut de toute nécessité passer dans l'autre camp, considérer l'autre parti de la lutte, le parti de la vérité. Car après l'histoire et les combats de l'erreur, je vous dois bien certainement, Messieurs, l'histoire de la résistance et de la conservation de la vérité dans l'ancien monde. Désormais et dans les prochaines Conférences, nous nous placerons au sein des luttes qui marquèrent les divers âges chrétiens.

J'ai donc à vous rappeler, Messieurs, en ce moment, l'histoire la plus avérée de l'action et de l'intervention divines pendant les longs siècles de l'attente, pour défendre le dépôt antique des vérités, des lois et des promesses révélées.

Je ne tiens aucun compte, parce que je n'en fais aucun cas, des lueurs éphémères et trompeuses de la philosophie païenne. Elle fut infidèle à sa mission, prostitua l'honneur du génie au pouvoir honteux de l'opinion ; elle se fit la complice de toutes les ignominies, et retint captives dans l'injustice, suivant l'expression de saint Paul, les vérités qu'elle avait entrevues. Vous le savez, la doctrine ésotérique ou secrète fut l'un des grands crimes de la philosophie.

Vous voulez sans aucun doute, Messieurs, que pour vous raconter la résistance et la conservation de la vérité antique, je m'appuie sur nos origines bibliques; et bien qu'elles vous soient déjà connues, j'ose croire qu'un exposé fidèle de leur ensemble doit encore exciter votre intérêt. Je vous parlerai la langue de la foi, vous êtes dignes de l'entendre.

Je réduis le tableau que j'ai à vous présenter à trois faits principaux : la religion primitive ou patriarcale, la théocratie mosaïque, et l'étonnante succession du ministère prophétique. Car ce fut là, pour ainsi parler, la triple garde que Dieu avait posée autour de sa parole dans l'ancien monde; ce fut l'élément conservateur et l'ordre divin de résistance dans la lutte.

Quelques mots sur chacun de ces faits et sur la raison de ces faits.

I. P. Il est naturel de demander d'abord quels furent ces enseignements augustes donnés aux premiers hommes, où se trouve le code sacré des dogmes et des préceptes primitifs.

Messieurs, Dieu avait voulu rapprocher doublement l'homme de son type divin, par la nature et par la grâce : « Il avait voulu le revêtir de la vertu d'en haut, » je traduis ici le livre sacré de l'Ecclésiastique.

« Dieu avait rempli cette âme neuve des dons de conseil et d'intelligence, et créé en elle la science de l'esprit. Il lui donna une volonté droite et lui montra les biens et les maux. Dieu manifesta aux hommes la magnificence de ses œuvres, pour qu'ils apprissent à louer son saint nom. Il ajouta ses commandements, la loi de vie; il dit : Prenez garde de commettre l'injustice, et recommanda dès lors d'avoir soin de son frère.

« Et l'homme, suivant l'expression inspirée, eut l'insigne honneur d'entendre la voix de Dieu qui lui parlait: *Et honorem vocis audierunt aures illorum, et dixit illis*[1]. »

Ainsi s'exprime l'écrivain sacré, ainsi raconte-t-il cette communication primitive du Créateur avec l'homme, communication du reste dont la mémoire s'est conservée dans les traditions religieuses de tous les peuples de la terre sans exception.

Une étude consciencieuse suffit bientôt pour s'en convaincre.

Toutefois, autant il est certain que Dieu par sa

---

[1] Eccles., xvii, 11.

parole avait lui-même enseigné l'homme dès le commencement, après comme avant la chute ; autant il est peu facile d'assigner précisément en quoi consistèrent ces premières révélations.

Nul doute assurément que les religions mosaïque et chrétienne n'aient eu pour objet de recueillir et de confirmer les traditions patriarcales ; mais il n'est point douteux non plus que l'une et l'autre n'aient successivement accru et développé les croyances et les institutions primitives ; toutes deux ne formant toujours qu'une seule et même religion par l'identité d'origine, de fin, de lien et de foi dans une seule et même médiation divine.

Cependant il y a certains points qu'il est impossible de ne pas regarder comme révélés dès le principe ; et c'est un bien-être pour l'âme, une méditation douce et précieuse que le souvenir de ces vérités divines, les premières auxquelles se soit ouverte une intelligence humaine.

Dieu s'était manifesté lui-même ; il avait manifesté la grandeur de ses œuvres : c'est dire que le monothéisme ou l'unité divine, et le grand dogme de la création furent crus et enseignés avant tous les autres.

L'homme connaissait ainsi son principe et son auteur.

TROISIÈME CONFÉRENCE

Mais à l'âme intelligente et libre il ne suffit pas de savoir d'où elle vient, si elle ne sait où elle va. Il lui faut encore, Messieurs, une fin montrée, imposée, un but dernier auquel doivent tendre ses pensées, ses efforts et ses insatiables désirs.

Dieu se donna lui-même pour fin à l'homme.

Et il n'en pouvait être autrement par la nécessité de la nature divine, qui doit tout ramener à elle-même, comme au centre unique et infini de vérité, de perfection et de bonheur.

L'âme sut qu'elle était destinée à aller dans l'union divine jouir éternellement de la béatitude souveraine, récompense promise à ses travaux.

Aussi saint Paul nous dit-il dans son admirable Épître aux Hébreux, que les saints et les justes des anciens jours appelaient de tous leurs vœux cette cité, qui seule est bâtie sur des fondements durables. Ils mouraient tous dans la foi, contemplant et saluant de loin les promesses, et confessant qu'ils étaient des hôtes étrangers et voyageurs sur la terre. Parler ainsi, ajoute l'Apôtre, c'était assurément signifier qu'ils cherchaient la patrie : *Qui enim hæc dicunt, significant se patriam inquirere*[1].

L'immortelle destination révélée, restait à con-

---

[1] Hebr., xi, 13, 14.

naître la voie pour y parvenir. La chute originelle et transmise avait été trop souvent racontée par le père infortuné du genre humain à ses enfants, pour qu'on pût ignorer l'obstacle inné, le mur d'airain opposé par la nature déchue à la divine béatification de l'âme.

Mais aussitôt apparaissait, pour aplanir les voies et rendre droits les sentiers de l'éternelle vie, cette promesse contemporaine de la chute, l'âme du monde patriarcal, la grande et divine image du Fils libérateur.

La foi au Rédempteur futur était donc, par une grâce préparée pour tous, le signe et le moyen du salut. Cependant un symbole consolant à la fois et terrible, avait été choisi pour exprimer l'alliance entre le ciel et la terre : symbole d'expiation et de réconciliation non moins que de culte suprême, type essentiel de religion; et qui profondément inoculé dans les mœurs de la grande famille, se retrouve partout, depuis le juste Abel jusqu'aux derniers descendants de ceux-là mêmes qui marchèrent par la voie de Caïn ; symbole qui est à lui seul toute une preuve du grand œuvre, toute une tradition vivante et universelle de la régénération du monde dans le sang d'un homme Dieu : c'est le sacrifice.

Que si vous joignez encore la grande règle

morale des actions humaines, gravée dans les cœurs en caractères ineffaçables par l'auteur de la nature, vous aurez à peu près, Messieurs, ce qu'on peut affirmer avec le plus de fondement avoir été la religion primitive. Le reste rentrerait dans un ordre de conjectures plus ou moins incertaines.

Mais déjà tout l'homme était expliqué : son origine, sa fin, sa voie ou le moyen de salut, son culte, ses devoirs. Quelle différence entre ces connaissances premières de la révélation et les complications ténébreuses des doctrines humaines!

Ces enseignements si sublimes dans leur simplicité étaient le dépôt confié aux traditions domestiques et paternelles. S'ils furent étrangement altérés au sein de longues générations d'erreur et de délire; du moins ils trouvèrent aussi des sanctuaires fidèles et de sûrs gardiens dans ces âmes grandes et généreuses, dans ces croyants inébranlables, qui, même au sein de la gentilité adultère, conservèrent au Seigneur la foi antique avec un inviolable dévouement.

Qu'on aimerait, Messieurs, à reposer sa pensée et son cœur, trop souvent fatigués du présent, sur ces hommes révérés des temps anciens! A les contempler sous le beau ciel de la Chaldée, nous donnant le type majestueux de ces rois pasteurs célébrés dans les légendes homériques ou égyptiennes, mais bien auparavant et bien mieux dans nos chants bibliques! Touchante dignité des mœurs antiques! Quel cœur religieux ne s'émeut au souvenir d'Abraham, d'Isaac, de Jacob et de Joseph, de Sara et de Rachel! Quels noms, quand on sait croire avec une âme simple et pure! Quelle foi, quelle piété tendre et courageuse, quelle fidélité à toute épreuve, quel amour paternel, filial et fraternel!

Et ces contemplations solitaires du soir dans la vallée, où l'âme venait prendre le repos de la conversation divine!

Et ces longues veilles de la vie pastorale passées à observer les magnificences de la création dans le spectacle d'une paisible et brillante nuit, qui léguaient aux âges suivants les premiers fondements de la science avec l'amour de son divin auteur!

Heureux, s'écrie-t-on volontiers à cette vue, heureux celui qui, fatigué des vains fracas du monde et désabusé de ses tristes plaisirs, a su venir dans la solitude et le silence goûter et voir combien le Seigneur est doux! Là, Dieu a parlé à son cœur; et le divin langage, comme une rosée rafraîchissante, a calmé la fièvre ardente des passions. Oh! oui, heureux celui qui sait ainsi s'asseoir dans le repos!

La foi vient, qui le nourrit et qui l'épure; l'espépérance l'élève au-dessus de tous les soins terrestres; et l'amour qui remplit son âme, le tient étroitement attaché à ce bien souverain, seul digne d'être aimé pour lui-même.

Alors il se fait un grand calme, un recueillement profond absorbe tout l'être intelligent et sensible; le ciel s'est abaissé, ce semble; l'homme un instant est devenu ange, il a devancé les jours de la céleste béatitude : Dieu s'est donné à l'âme, et l'âme le possède en silence.

Si nous connaissions le don de Dieu et les bénédictions de sa douceur!

Messieurs, méditez un peu les leçons de l'antique foi, méditez en priant; en priant fuyez les vains plaisirs : c'est la voie qui conduit à une grande lumière.

II. P. Un nouveau spectacle s'offre maintenant à nos regards. Tandis que l'erreur avait étendu son immense réseau sur toute la terre, Dieu, au milieu de l'effroyable empressement des nations à accepter le joug idolâtrique, jugea nécessaire de se choisir un peuple, qu'il fît le dépositaire et le gardien des révélations premières.

La postérité d'Abraham fut bénie : d'elle devait naître le libérateur des nations; elle eut pour héritage les traditions et les promesses divines.

Bientôt le grand Moïse est suscité, Moïse miraculeusement sauvé des eaux par la fille des rois et instruit dans toute la sagesse des Égyptiens. Dieu lui donne la mission de délivrer son peuple, et lui en commet le gouvernement et la conduite.

Alors commence avec la loi écrite au milieu des foudres du Sinaï, l'admirable théocratie des Hébreux.

Ce serait, Messieurs, un sujet digne de sérieuses études, que les livres, les monuments, la langue, les institutions et les mystérieuses destinées de cette nation étrange. Des hommes savants d'ailleurs apprendraient là encore bien des choses qu'ils ignorent, et qu'ils auraient grand besoin de connaître.

Choisi de Dieu, institué, régi, gouverné par une action divine toute spéciale, le peuple hébreu est une vivante personnification de cette intervention constante, mais plus ou moins manifestée de la Providence, qui défend et maintient au sein des libertés humaines, la vérité, la foi, l'ordre divin contre les implacables ravages du génie du mal.

Dans ce but et pour conserver fidèle la race du moins qui devait donner au monde son Sauveur, voyez la lutte divine; et cependant comme ce peuple est insolemment fort contre Dieu, suivant son nom d'Israël!

Peuple essentiellement murmurateur et rebelle, il nourrissait aussi dans son sein l'élément de révolte et d'impiété, qui triomphait alors par tout l'univers.

Un effroyable penchant pour les superstitions de l'Égypte, de la terre d'exil et d'esclavage, l'agite sans cesse et le dévore.

Ni les prodiges de sa délivrance et de ses victoires ne l'étonnent; ni l'attentive sollicitude du Dieu de ses pères ne le touche assez.

Il fallait ici comme enchaîner dans les voies de la foi ces têtes dures et ces cœurs incirconcis, pour les tenir violemment arrachés aux turpitudes honteuses de l'idolâtrie qui les débordait de toutes parts; et c'est surtout, Messieurs, l'histoire du peuple juif bien étudiée, qui peut faire véritablement apprécier la puissance incroyable de dégradation appesantie sur l'ancien monde, la puissance aussi de réparation apportée par le christianisme à la terre.

Il fallait le lien le plus fort, le plus continu, le plus multiple de lois, de rites, de prescriptions civiles et religieuses; il fallait la main divine toujours étendue avec les menaces de son tonnerre, toujours la voix divine retentissant au milieu du temple de Jérusalem pour dicter ses arrêts et gouverner les magistrats, le peuple, la guerre, la justice et la paix non moins que la religion et le sacerdoce ; afin d'opérer la merveilleuse et surnaturelle exception d'une nation travaillée sans cesse par un ferment de licence et de fureur impie, fidèle toutefois à revenir, malgré ses crimes, à la pureté antique de la foi révélée.

Telle est la haute raison du code hébreu : loi admirable mais loi dure ; fort armé et rempart impénétrable, bâti pour ceindre au moins quelque part la vérité et la couvrir des incursions de l'étranger. C'était comme une île miraculeusement formée au sein des eaux et inaccessible, dominant les flots tumultueux d'un vrai déluge.

Dieu se posait en quelque sorte dans ce peuple comme le témoin et le défenseur de sa parole, en attendant le grand jour du Calvaire, le jour de la réconciliation opérée et l'universelle expansion de la lumière divine.

Telle fut, Messieurs, la théocratie mosaïque.

Et les législateurs à venir, s'ils sont sages, iront y chercher pour s'instruire moins ces lois de détail remplies de tant d'exigences, que les hautes leçons, les leçons sacrées et tant méconnues du gouvernement temporel de la Providence.

Voulez-vous donc bien connaître, Messieurs, Celui de qui dépend souverainement le sort des sociétés, Celui par qui vivent les peuples, par qui règnent les rois, et par qui seul les auteurs des lois en décernent de justes, comme s'expriment nos Écritures? Daignez étudier la constitution judaïque et l'histoire du peuple de Dieu.

Voulez-vous savoir comment Dieu tient en main les rênes du gouvernement des États parmi le libre essor des passions humaines; comment il veut être consulté, obéi, honoré par la religion publique et sociale, placé en tête des institutions et des lois pour présider aux destinées des empires; comment il les brise, quand il lui plaît, les uns contre les autres; comment il châtie, il broie les peuples impies sous le joug des tyrans et le fer des soldats? Lisez les annales révélées du peuple hébreu, et sachez comprendre toutes les histoires, la vôtre d'abord.

Et souvenez-vous que les nations, non pas les individus, trouvent ici-bas la justice qui leur est due; qu'ici-bas, comme nations, elles reçoivent du souverain juge des récompenses ou des châtiments mérités.

Fidèles à Dieu, au lien religieux, aux bonnes mœurs, aux bonnes lois; elles sont fortes, grandes et heureuses, paisibles au dedans, redoutées au dehors.

Impies, licencieuses, rebelles; elles sont déchirées par les dissensions intestines, écrasées par les armes de l'étranger, ou rongées par une plaie intime qui corrompt et dissout le corps social.

Voilà, Messieurs, comment il faudrait lire le code et l'histoire judaïques, et pénétrer l'admirable philosophie des annales saintes et de toutes les annales.

Cette étude, je crois, vaut bien une autre étude.

Deux pensées doivent donc la dominer et résument ce que je viens d'en dire; la foi première était à maintenir dans la lutte, elle fut maintenue et le sera toujours; l'intervention divine devait être montrée dans la grande œuvre de la religion et dans toutes les choses d'ici-bas, cette action divine fut montrée.

Ainsi, Messieurs, vous comprendrez bien que la vie de la foi et la conservation des traditions antiques sont l'âme des grands corps de nations; qu'autrefois, pour venger et défendre la vérité, Dieu parla, agit et frappa à découvert au sein de ce peuple précurseur de l'Église; qu'aujourd'hui, toujours vivant, mais plus caché sous le voile des institutions humaines, au milieu des bouleversements qui agitent le monde, il est toujours lui seul, avec la parole catholique, le dernier mot, la première et la dernière raison de l'existence et de la durée des empires.

Je suis obligé, Messieurs, de me borner à ces

aperçus rapides, mais ils suffisent : vous avez compris la théocratie mosaïque, vous avez compris l'action divine dans cette partie de la lutte.

Reste l'immense tableau du ministère prophétique : le temps me permet à peine de l'ébaucher.

III. P. Dieu voulut donc, Messieurs, tout en laissant inviolable jusque dans ses plus déplorables égarements la liberté qu'il avait donnée à l'homme, Dieu voulut conserver dans un peuple sa foi intacte et pure, afin de préparer la nôtre.

La foi mosaïque devait ainsi venir au-devant de l'Évangile, pour finir par se verser dans son sein et se confondre avec lui, comme le fleuve apporte à l'Océan le tribut de ses eaux.

Ainsi tout fut provisionnel, figuratif et prophétique dans ce peuple héritier de la promesse.

Il n'existe, ne souffre, n'agit, ne règne, ne succombe que pour annoncer et publier la venue de Celui qui doit venir.

L'attente du Messie est l'âme et la vie, elle est toute la destinée de ce peuple extraordinaire, unique dans les annales du monde.

Et l'action divine ne le presse et ne le gouverne si fortement, si immédiatement, que pour le ramener souple et docile à la foi des promesses et à la préparation de la nouvelle alliance.

Jésus-Christ est le terme, la vue, la pensée unique de toute l'antique alliance ; Jésus-Christ est le sens premier de toutes les pages du vieux Testament, si nous savons les lire.

Jésus-Christ, les faits de l'histoire sacrée le représentent, les plus illustres personnages le figurent, le culte entier le désigne et l'exprime à l'avance ; tout chez les Juifs était une prophétie vivante et active du divin fondateur de l'Évangile.

En sorte, comme le dit saint Paul, que la loi mosaïque n'était que l'ombre anticipée des biens à venir : *Umbram enim habens lex futurorum bonorum*[1].

C'est là qu'avec le magnifique plan de la Providence se dévoile véritablement et sans danger à nos regards, dans les faits réels et accomplis, dans les grands hommes, dans les lois, dans les rites positifs et réels aussi, un vaste et admirable ensemble de symbolisme tout divin. Heureux qui sait en pénétrer le religieux mystère et en goûter les sublimes beautés !

Là, tous les événements accumulés, révoltes, guerres, captivité, délivrance ; là, les splendeurs d'un temple unique et de la cité sainte, le grand

---

[1] Hebr., x, 1.

pontife et ses nombreux lévites avec leurs fonctions emblématiques; là, ce culte si varié d'expiation et de purification par l'eau et le sang, ces holocaustes, ces anathèmes; ces sacrifices si divers et si multipliés annonçaient, redisaient à l'avance, annoncent, redisent encore pour nous dans nos livres saints, le rachat laborieux et sanglant du monde si longtemps captif et courbé sous un joug tyrannique; redisaient et signifiaient à l'avance cette Église une, sainte, catholique, immortelle, à laquelle tous devaient accourir, cette Rome mère et maîtresse de toutes les Églises, ce pontife suprême, ces premiers pasteurs et ces prêtres voués et consacrés à régénérer tous les peuples dans le sang de la victime sans tache, comme à leur enseigner toute la vérité.

Là, depuis Adam, l'homme ancien, jusqu'à l'homme nouveau Jésus-Christ, toutes les gloires patriarcales et judaïques, héros, guerriers, rois, sages, pontifes, prophètes, dessinaient et prédisaient dans leur personne quelque trait du législateur, roi, pontife, prophète, sauveur de la loi nouvelle.

Abel, Isaac, Melchisédech, son sacrifice; Abraham, les vrais croyants enfants de son Église; Joseph, Jérémie, ses douleurs et ses outrages; Moïse, sa loi; Josué, sa victoire; David et Salomon, sa royauté, sa puissance, sa sagesse et sa gloire.

Et à côté de ces illustrations viriles, pour en taire beaucoup d'autres, la foi pieuse et éclairée découvre dans de célèbres héroïnes quelque ombre de cette Vierge, l'Ève réparatrice qui devait être la mère du Seigneur Jésus.

Noble et belle lumière, glorieuse anticipation de la réparation divine, et qui, au sein du peuple hébreu, parmi les ténèbres de la gentilité, préludaient au grand jour de l'Évangile.

Que serait-ce, Messieurs, si à la prophétie en action et en figure je pouvais joindre la succession non interrompue des oracles dictés, écrits par le Très-Haut? Au moins l'indiquerai-je.

Le ministère prophétique établi et permanent chez les Juifs, était alors, avec l'autorité de la chaire sacerdotale de Moïse, le ministère infaillible et apostolique du temps.

Merveille grande sans doute, suite continue d'organes inspirés, qui toujours parlaient au nom même de Dieu, faisaient retentir aux oreilles sa voix par leurs voix, jusqu'à ce qu'enfin le Verbe s'incarnât personnellement et parlât une fois lui-même.

Dieu séparait ainsi de la foule ses voyants, il les marquait du seau de son inspiration et les envoyait annoncer à son peuple ses volontés et ses lois, à ce peuple toujours murmurateur et boureau de ses prophètes.

N'importe; ceux-ci élevaient courageusement la voix; il leur était commandé de le faire. Ils menaçaient, foudroyaient au nom du Seigneur, annonçaient les châtiments imminents de Jérusalem coupable, les prospérités de Jérusalem fidèle, et toujours l'accomplissement suivait leurs prédictions : cachet certain de leur mission.

Mais transportés sans cesse par l'élan subit et divin de l'inspiration, des temps présents ou rapprochés aux temps à venir et lointains encore, ils célébraient avec les plus magnifiques accents l'heure glorieuse de la délivrance, et du triomphe à remporter par l'oint du Seigneur. C'était l'hymne sacré de foi et d'espérance chanté par les prophètes en l'honneur du Désiré des nations pendant les longs siècles de l'attente.

Ils ont dit la divinité de l'Emmanuel ou du Jéhovah réparateur, sa génération dans les jours de l'éternité.

Ils ont dit la virginité de sa mère, le moment, le lieu, les signes de la venue du Fils sur cette terre.

Ils ont dit, et toujours de longs siècles à l'avance, ses vertus, ses œuvres, ses travaux, ses prodiges, sa doctrine, son supplice, sa mort, sa résurrection, en un mot, sa vie tout entière et toute son histoire, avec tous les détails, toutes les circonstances de l'avenir évangélique, afin qu'on ne pût au jour marqué s'y méprendre.

Ils ont dit les combats et les triomphes de ses apôtres, les combats et l'immortalité de son Église, l'universalité, la catholicité de cette foi qui devait être portée à toutes les nations et jusqu'aux extrémités du monde.

Ils ont dit le châtiment et la ruine de ses ennemis, la ruine et l'étonnante conservation des Juifs déicides, le châtiment de Rome ancienne, si longtemps ivre du vin des prostitutions païennes, enivrée plus tard du sang des martyrs; et dont le front superbe devait être humilié, courbé sous les coups répétés des barbares, pour se relever à jamais glorieux sous l'auréole tutélaire du pêcheur de la Galilée.

Le vieillard de Pathmos, disciple de la charité et le dernier des prophètes, joignant la prophétie à l'histoire, vint clore la chaîne divine, l'indissoluble suite des oracles mille fois répétés et ponctuellement réalisés.

David, Isaïe, Jérémie, Daniel, Jean et tous les autres n'ont été qu'historiens fidèles, parce que la prescience divine est l'histoire.

Ces chants sacrés sont connus du paganisme; l'histoire, la poésie, la théogonie, la philosophie païennes les reproduisent et les citent, mais les altèrent. Sous le règne éclairé des Lagides, trois siècles avant le christianisme, ils passent dans la langue alors universelle, la langue grecque, comme pour recevoir le dernier sceau d'authenticité et d'existence antérieure. Ils se répandent en Orient et en Occident; et aujourd'hui encore ce peuple étrange, présent partout, n'existe nulle part; ces tribus errantes dont l'origine est l'origine même du monde, élèvent dans leurs mains les divins oracles sur tous les points du globe, comme pour mieux attester les arrêts du Ciel qui les condamnent, qui nous bénissent et nous protégent.

Et le grand peuple catholique, seul héritier et successeur immédiat du peuple de la promesse, en tous les lieux aussi de l'univers, ouvre le Testament antique; il ouvre l'Évangile. Il lit, il compare : c'est le même homme, le même Dieu, le même Dieu-homme annoncé, arrivé avec tous ses signes et tous ses traits : Jésus-Christ, médiateur de Dieu et des hommes, par qui l'idolâtrie fut abolie, la mort vaincue, la vie reconquise et assurée à tous ceux qui croiront en lui.

Eh bien! oui, Dieu a donc voulu, il a su parler, agir, combattre, donner la vérité, la conserver, la défendre, préparer et accomplir le grand œuvre de la réhabilitation, le fait divin de notre foi.

Mais avec une âme franche et généreuse, c'en est assez pour se rendre et baisser la tête sous un joug glorieux.

Messieurs, les flots de la lumière divine furent répandus dans l'univers. En vain les ténèbres ennemies auront lutté, en vain tous les vents de l'erreur en furie auront soufflé pour éteindre le céleste flambeau de la foi; la foi antique a poursuivi, à travers les siècles, son cours majestueux.

Elle aura même paru quelquefois se réfléchir au sein des ignominies idolâtriques, et éclairer à l'avance de quelques-uns de ses rayons les portiques de la science et de la philosophie païennes. Mais l'arche incorruptible de Moïse recèle seule et garde le foyer divin de chaleur et de lumière. Son éclat est longtemps comprimé, combattu, obscurci parfois. Il apparaît enfin triomphant dans la plénitude des âges. Il se lève entre le ciel et la terre sur la montagne de Sion, comme le soleil des plus beaux jours. Ses splendeurs divines s'étendent comme deux bras immenses jusqu'aux extrémités des deux mondes pour les réunir et les vivifier à jamais.

Et alors la voix créatrice s'est écriée une seconde et dernière fois : Que la lumière soit. Et la lumière fut; et tout est consommé, le christianisme éclaire la terre.

O foi antique et vénérée, que vous fortifiez mon âme, que vous êtes douce à mon cœur!...

Qu'avec bonheur je vous contemplais animant le tableau des mœurs patriarcales et primitives, de cette vie, reste précieux, ombre touchante de l'Éden terrestre! comme si Dieu avait voulu consoler la terre déshéritée et l'humanité punie en lui laissant quelque image de ce qu'elle avait perdu.

Mais, ô foi toujours la même, comme Dieu est le même, toujours portant les mêmes fruits, jusqu'en nos jours mauvais vous aurez su les conserver encore, montrer encore vos influences tutélaires, et offrir à nos yeux contristés, autour de plus d'un foyer domestique, ces religieux exemples de paix, de concorde, de vertu et d'amour.

Bonheur de la foi, de la piété héréditaires, non, vous n'avez pas péri tout entier. Ici je vous retrouve encore : mon âme en bénit le Seigneur. Mais elle gémit encore, car elle s'est souvenue de ces cœurs égarés, brebis errantes, sans pasteur et sans guide ; et dans son humble prière elle leur a souhaité ardemment la paix, la vérité, le courage, le bonheur seul possible ici-bas, celui que donne la foi seule, mais une foi sincère, agissante et généreuse.

QUATRIÈME CONFÉRENCE

LA LUTTE ÉVANGÉLIQUE

ou

LA CROIX ET LA RAISON

QUATRIÈME CONFÉRENCE

LA LUTTE ÉVANGÉLIQUE

OU LA CROIX ET LA RAISON

Monseigneur,

A l'aide de la pensée chrétienne et du plan divin de cet univers, nous avons remonté le cours des temps anciens, pour ressaisir dès l'origine les traces et l'esprit de la lutte; pour en apprécier les caractères, et mieux sentir la force des cruelles influences qu'exerça dans les siècles de la préparation et de l'attente l'élément originel de dégradation et de chute; pour retrouver aussi la marche et la conservation providentielle des vérités et de la foi premières. Considérant d'abord le spectacle offert à tous les yeux durant les âges païens, nous avons aisément reconnu dans le monde religieux et moral l'état permanent de contradiction et de lutte entre l'erreur et la vérité, entre la pensée indépendante de l'homme sous mille noms divers, et la foi qui n'en a qu'un; entre les passions, tristes erreurs elles-mêmes, toujours libres, toujours indociles, et le frein de l'autorité divine destiné à les dompter.

Et nous avons compris, Messieurs, je l'espère, qu'il fallait demander au christianisme la raison de cet état étrange.

Nous avons bien conçu encore que la foi révélée, dont quelques lambeaux lacérés apparaissaient épars çà et là dans l'univers, au sein des peuples idolâtres, demeura vivante, entière et pure au sein du peuple de Dieu; et se transmit d'âge en âge par la chaîne indissoluble attachée au berceau du monde, continuée dans la religion patriarcale et mosaïque et dans le ministère prophétique.

En sorte qu'il a bien fallu conclure que Dieu avait voulu, qu'il avait su donner la vérité, la conserver, la défendre, et préparer ainsi le grand œuvre de la réhabilitation, le fait divin de notre foi.

Enfin la plénitude des temps était arrivée. Visiblement destinée de Dieu à l'exécution de ses admirables desseins sur son Église, la domination romaine était au degré voulu et préparé d'en haut pour asseoir le christianisme, et pour mieux marquer la place de son pouvoir suprême dans un centre d'unité catholique commun à tous les peuples.

Les grands empires sont tombés avec fracas, les uns sur les autres, comme parle Bossuet; un seul reste.

Les prophéties de l'ancienne alliance touchent à leur terme; la terre est dans l'attente d'un événement extraordinaire; jusqu'aux extrémités du monde un bruit s'est répandu que le législateur, le Sage va paraître en Orient.

Cependant Auguste est seul maître de Rome, de Rome la maîtresse des nations. Il a fermé le temple de Janus, l'univers vit en paix sous sa puissance.

Jésus-Christ vient au monde.

C'est, Messieurs, de cette époque mémorable à jamais, que nous allons maintenant partir pour étudier la lutte chrétienne et saisir rapidement, avec son esprit, la raison divine de son histoire.

Devant nous se présente d'abord l'événement le plus étrange, le plus universel, le plus grand de toutes les annales de l'humanité, la révolution la plus étonnante et la plus entière qui se soit jamais opérée dans l'intelligence humaine : l'établissement du christianisme.

A cette vue, je me demande quelle fut la pensée qui fonda l'Église, qui combattit pour elle; quelle est cette pensée divine qui apparaît triomphante dans l'institution chrétienne et dans la lutte apostolique.

La réponse à cette question rétablira les notions véritables et saines sur ce grand combat, qui changea la face du monde et opéra le passage si étrange du paganisme au christianisme.

Tel sera donc, Messieurs, l'objet de cette Conférence : le caractère et l'esprit vrai de la lutte apostolique au premier âge du christianisme.

I. P. Messieurs, quand le christianisme allait naître, l'univers, en proie aux fureurs impies du polythéisme et aux folles aberrations de la philosophie, ressemblait à un vaste théâtre où les hommes, possédés de l'esprit d'orgueil et agités d'un transport frénétique, livraient avec une brutale joie de violents combats à la vertu et à son divin auteur.

Jetons un coup d'œil impartial et rapide sur l'histoire des nations.

La Chaldée et la Syrie, second et peut-être aussi premier berceau du genre humain, avaient vu dans leur sein, il est vrai, un grand accroissement de puissance; Babylone et Ninive en témoignaient. Mais là prit naissance et se perpétua le sabéisme ou le culte des astres, surtout le culte du soleil.

L'Égypte, voisine et souvent rivale des races sémitiques, s'enorgueillissait de sa vieille civilisation, de ses institutions, de ses monuments et de ses arts. On sait qu'elle fut l'école des législateurs, des philosophes et même des poëtes les plus vantés de l'antiquité.

Et elle porta, cette Égypte, au dernier degré de développement et d'absurdité le culte de la bête et de l'idole.

Déjà les Grecs anciens nous parlent des brahmanes et des gymnosophistes de l'Inde. Et dès lors peut-être, car on ne le sait pas avec certitude, cet étonnant pays possédait-il ses Védas, livre si riche en extravagants et honteux systèmes, mais où percent aussi quelques éclairs de sublimes vertus. Là, Messieurs, se trouve uni à un polythéisme dégoûtant la plus affreuse extension du panthéisme.

La Perse fut distinguée par un genre d'éducation et de discipline militaire fort admiré des anciens et qui mérita de l'être. Elle avait dû à ses institutions, suivant les desseins de la Providence, ses deux grandes gloires, Cyrus et Babylone. La religion en Perse fut dénaturée par un dualisme formel et par le magisme ou le culte du feu.

Le stationnaire et vaste empire du Milieu, comme il se plaît à se nommer lui-même, la Chine parut avoir plus longtemps retenu le monothéisme et la simplicité primitive. La religion de ses lettrés portait les traces d'un instinct de sagesse et de fidélité antiques. Néanmoins, même avant toute participation aux folies de Bouddha sous le nom de Foe, là aussi, à l'aurore du christianisme, se trouva le culte idolâtrique, se trouvèrent les idées panthéistes.

La Grèce neuve encore avait semblé austère et sage; plus civilisée et plus polie, elle devint, par un abus trop ordinaire, raisonneuse et dissolue. Le luxe asiatique l'énerva; sa religion et sa philosophie avancées prouvèrent sa corruption et sa faiblesse : là ce fût surtout le culte de la volupté.

Au temps où la philosophie florissait en Grèce, Rome en avait une d'une autre espèce, qui ne consistait ni en disputes ni en discours, dit Bossuet; mais dans la frugalité, dans la pauvreté, dans les travaux de la vie rustique et dans ceux de la guerre. Et telles furent, en partie du moins, les causes de la gloire et de la puissance des Romains. C'était cette sorte de vertu morale que saint Augustin pensait avoir été récompensée du Ciel par l'empire du monde. Il ajoutait le mot énergique et profond : *Receperunt mercedem suam vani vanam :* « Hommes vains, ils ont reçu une récompense vaine. »

Mais en faisant la conquête du monde, et en particulier celle des arts et de la philosophie des Grecs, Rome avait aussi conquis leurs dieux et leurs folies; et à l'apogée de sa grandeur et de sa civilisation, elle sut montrer réunis les vices, les erreurs et tous les déportements des nations qu'elle avait vaincues. Ainsi se présenta le genre humain devant la pensée du christianisme, avec trois caractères et trois besoins que je crois pouvoir résumer en ces termes :

Une civilisation avancée et quelques-unes de ses gloires, de grands efforts et même de grands triomphes du génie de l'homme, toujours liés cependant et comme inséparablement unis aux plus déplorables erreurs, aux cultes les plus faux et les plus hideux, à la plus effroyable corruption.

Il fallait donc pour l'homme, avec la connaissance de la vérité, un principe plus sûr et plus fécond de religion, de vie et de vertu en même temps que de civilisation et de gloire.

Il y avait, marchant à la tête des peuples, un prétendu sacerdoce et une prétendue philosophie qui tenaient captive dans l'injustice la vérité, c'est-à-dire quelques lueurs entrevues ou conservées; une philosophie qui cachait soigneusement la vérité au regard des masses, qui la dénaturait même et l'altérait grossièrement : il fallait donc une philosophie, un sacerdoce à qui il fût dit : *Allez, instruisez toutes les nations, apprenez-leur toute la vérité.*

Enfin, et ce dernier caractère résume tout ce

qui doit nous occuper en ce moment, l'humanité n'était pas enseignée; elle doit l'être. Elle n'était pas dirigée, retenue dans les voies pures et fortes de la vérité.

Mais l'intelligence en travail, seule, livrée à un licencieux et arbitraire rationalisme, ne connaissait pas de bornes posées à ses divagations funestes.

Quel sera donc l'enseignement donné au monde par le christianisme à cette heure solennelle? Quel trait de Providence va marquer cette époque de régénération? Quelle pensée divine va ouvrir et féconder l'ère et la lutte nouvelles?

Messieurs, le voici:

Un jour, un arbre fut abattu dans la forêt; il fut travaillé, façonné. Cette fois ce n'était pas pour en faire un dieu, non; c'était pour quelque chose de mieux: on en fit une croix. Un homme abreuvé de douleurs, d'ignominies et d'outrages, condamné au dernier supplice par la lâcheté d'un juge prévaricateur, doit la porter, cette croix. Il la charge sur ses épaules épuisées de fatigue, il la traîne jusqu'au sommet de la colline; là, ses vêtements lui sont arrachés avec violence; il est attaché, cloué au bois. La croix est plantée...., elle est debout...; le monde est régénéré, changé, enseigné à jamais. Vaines pensées des hommes, où êtes-vous donc? Peut-être vous auriez cru que pour soumettre la terre et entraîner tous les cœurs il fallait susciter, du milieu des générations savantes et polies, des phalanges sacrées fortes de tout ce que les richesses, l'autorité, le talent et la gloire, de tout ce que le génie des arts et de l'éloquence purent jamais présenter de plus grand et de plus puissant à l'enthousiasme des peuples. Oui!

Ou bien vous seriez peut-être de ceux qui ont rêvé je ne sais quel travail et quel enfantement progressifs des esprits. L'intelligence, les masses dans leur action, auraient marché apparemment jusqu'à rencontrer enfin et à réaliser d'elles-mêmes l'institution chrétienne : on l'a pensé, on l'a pu dire.

Les faits ont répondu.

Une chair livide et meurtrie, du sang épanché avec violence, une couronne d'épines, une mort infâme et cruelle, une croix de bois : Seigneur, voilà vos armes et l'instrument du triomphe préparé pour la conquête de l'univers.

C'est là un fait, le fait le plus incontestable et le plus attesté; et toutes les pierres de ce temple se sont dressées pour lui rendre hommage. Voyez-vous au fond du sanctuaire cette croix dominer sur l'autel? Elle dit : Ce temple a été bâti pour moi.

Il y a là un fait; mais il y a aussi une pensée, une pensée profonde et toute divine, la pensée tout entière du christianisme, son esprit, sa force et sa philosophie la plus sublime, qu'il faut vous expliquer avec saint Paul.

II. P. Vous ne craindrez pas, j'espère, ici, Messieurs, d'entendre un mâle et apostolique langage : et ce ne sera pas le mien. Une croix, un crucifié ; mais il n'y a là, ce semble, qu'un appareil de folie, de faiblesse et d'infamie.

Oui certes, assurait le grand Apôtre ; et il le fallait ainsi pour confondre et abattre l'orgueil du faux savoir et de la fausse sagesse. Il fallait cette idée étrange d'une croix, lumière et salut du monde, pour humilier et vaincre une philosophie hautaine et la forcer à confesser sa totale impuissance.

Il fallait, oui, il fallait cet inconcevable mystère pour renverser tout le vain échafaudage élevé par les fascinations du mensonge, pour ramener en quelque sorte au néant toute la raison humaine ; afin de l'enfanter de nouveau à la vérité, en captivant l'esprit indocile sous le joug de la foi, et en abaissant toute hauteur qui s'élève contre la science de Dieu. Il le fallait aussi précisément pour heurter de front et révolter tous les préjugés, toutes les opinions, toutes les passions humaines ; afin que dans la terrible lutte qui allait s'ouvrir on vît bien que Dieu avait combattu seul et remporté seul la victoire, qu'à Dieu seul appartenait toute gloire, et non pas aux hommes, et que l'œuvre du christianisme établi était bien absolument l'œuvre divine.

Tel est, Messieurs, le dessein formé, la pensée conçue dans cette croix.

Il était écrit dans le prophète Isaïe : « Je détruirai la sagesse des sages, je réprouverai la prudence des prudents. *Perdam sapientiam sapientium, et prudentiam prudentium reprobabo.* « Eh bien! continue le prophète, n'est-il pas vrai que Dieu a convaincu de folie la sagesse du monde? » *Nonne stultam fecit Deus sapientiam hujus mundi?* Sans doute, puisqu'elle n'avait pu tirer le monde du sein de la plus profonde ignorance et des plus cruelles ignominies.

« C'est pourquoi Dieu, ajoute saint Paul, voyant que le monde, avec toute la sagesse humaine, ne l'avait point reconnu dans les œuvres admirables de la création, Dieu a pris une autre voie ; il a résolu de sauver les hommes par la folie de la prédication à laquelle ils devaient croire : » *Placuit Deo per stultitiam prædicationis salvos facere credentes;* c'est-à-dire par l'enseignement de ce mystère de la croix, où la sagesse humaine est poussée à bout et ne peut rien comprendre.

Un ouvrage divin, cet univers visible, avait été

présenté à l'homme, qui en devait reconnaître et admirer la sagesse ; il n'en a point été touché, il n'en a point reconnu, adoré, aimé le souverain auteur.

Pour le guérir et l'éclairer, pour mieux lui poser aussi les conditions de la lutte, une autre œuvre sera montrée à l'homme, où son raisonnement se perd et où tout lui paraît folie : c'est la croix de Jésus-Christ, source première et force native du christianisme, fait divin qui fonda la foi.

Et n'allez pas apporter à saint Paul les sophistiques dédains du Grec, raisonneur jadis comme on l'est encore aujourd'hui, car l'Apôtre n'a qu'un mot à vous répondre : « Moi, dit-il, je prêche Jésus-Christ crucifié, scandale aux Juifs et folie aux gentils ; mais Jésus-Christ force et sagesse de Dieu pour le Juif et le gentil élus. »

« Oui, je l'avoue sans détour et je m'en fais gloire, continue-t-il, Dieu a choisi ce qu'il y avait de fou, de faible, d'ignoble, de méprisable aux yeux du monde ; il a choisi ce qui n'était pas pour détruire ce qui était, pour confondre la force et la sagesse : » *Stulta mundi..., infirma mundi..., et ignobilia mundi et contemptibilia elegit Deus, et ea quæ non sunt, ut ea quæ sunt destrueret* [1].

[1] I Cor., I, 27, 28.

Eh bien ! Messieurs, que vous en semble ? Entendez-vous le catholique saint Paul ? Il connaissait apparemment la révolution qui s'opérait alors, il y assistait, il la faisait ; et il vous dit qu'il était, lui, un de ces non-êtres, un de ces fous de la croix, que Dieu avait envoyés à l'univers pour le régénérer et le changer. Et telle était si bien la pensée du christianisme naissant et le christianisme lui-même, telle était si bien la bannière du combat, la croix, que le mépris et le sarcasme païens s'attachaient surtout aux premiers chrétiens comme aux disciples d'un crucifié de la Judée : tous les historiens l'attestent.

Aussi voulez-vous savoir comment répondaient ceux que nous nommons les Pères ? Le voici dans la langue de la foi et du génie.

« Laissez-moi, disait l'un d'entre eux, au second siècle, laissez-moi jouir de l'ignominie de mon maître et du déshonneur nécessaire de ma foi. Le Fils de Dieu a été pendu à la croix ; je n'en ai point de honte, parce que la chose est honteuse. Le Fils de Dieu est mort ; je le crois, parce que c'est ridicule. Le Fils de Dieu est ressuscité ; je le crois, et j'en suis d'autant plus certain, que selon la raison humaine cela paraît impossible [1]. »

[1] Tertull., *de Carne Christi*, cap. v, col. 761. A. *Patrolog. PP. latin.*, tom. II. Migne, Parisiis, 1844.

Voilà, Messieurs, de la foi antique, voilà du christianisme à la manière de saint Paul, voilà comment la vigueur native de nos pères se plaisait à étourdir tous ces grands discoureurs, tous ces rêveurs de sophismes par des propositions étranges et inouïes.

Et remarquez-le, ce langage était en même temps l'expression d'une invincible raison et d'une profonde logique.

Alors saint Paul était compris; sa pensée était saisie et embrassée. Avec elle il était souverainement évident que là où se présentent, à l'appui d'une doctrine annoncée comme divine, des faits que toute la puissance humaine est incapable de produire, toute la sagesse humaine incapable d'expliquer, l'action, la parole divines sont manifestées; et alors le seul acte raisonnable, le seul acte glorieux et à jamais béni est de se soumettre et de croire, parce que Dieu même a parlé.

Il était donc ainsi évident que l'œuvre du christianisme, s'accomplissant par la vertu d'une croix de bois, rendait d'autant plus palpable et plus sensible le caractère de sa divinité, que toutes les conceptions humaines étaient par là plus complétement renversées, mieux convaincues de stérilité et d'impuissance; et il fallait bien consentir à voir la gloire des faux sages s'évanouir en fumée, la gloire de la croix régner seule à jamais dans tout l'éclat des splendeurs divines.

Tel est, Messieurs, le but, le dessein avoué de l'Évangile; telle est la pensée divine, le christianisme de saint Paul : il est tout entier dans la croix. Et malheur à moi, orateur débile, si j'allais jamais me glorifier d'autre chose que de la croix de Jésus-Christ!

Parlez-moi tant que vous voudrez le langage des hautes considérations sur le christianisme; dites qu'il est la souveraine raison, la plus noble philosophie; qu'il est le perfectionnement le plus sublime de l'intelligence humaine; qu'il se révèle au génie avec des caractères de grandeur et de beauté qui le transportent et le ravissent.

Ah! j'en conviens du fond le plus intime de mes entrailles. Mais sans la folie même de la croix de Jésus-Christ comme base et comme type régénérateur du christianisme, vous ne m'offrez pas la pensée divine, vous ne me parlez pas la langue divine.

Dieu ne sera Dieu pour moi, il ne sera le Dieu de ma foi, que lorsque je le verrai déjouant et renversant tous les conseils de la raison humaine, luttant pour ainsi dire corps à corps contre tous les efforts et tous les prestiges du sophisme, du génie et de la science d'erreur, contre toutes les passions et toutes les fureurs liguées ensemble, par la folie contre la sagesse, par l'opprobre contre l'honneur, par la pauvreté contre la richesse, par l'extrême infirmité contre toutes les forces unies ; je le verrai, dis-je, triompher ainsi du monde et de l'enfer, et par la croix établir la domination sainte du dogme catholique dans tout l'univers : et c'est ce qui a été fait.

Mais alors vaincu, terrassé par un poids accablant de divinité, je crois, j'adore, et j'aime, et j'embrasse avec transport la croix qui m'a sauvé.

Paraissez, il est temps, croix triomphante et glorieuse, invincible étendard du Dieu des armées, gage unique d'espérance et de salut.

Paraissez sur la montagne de Sion aux regards des peuples, comme le phare éclatant au bord des mers, pour signaler à tous un port sûr et tranquille.

Montrez qu'en vous l'ignominie, la faiblesse et la folie sont la lumière divine, devant laquelle disparaissent et se dissipent comme de légères vapeurs tous les labeurs vains des doctrines humaines ; qu'en vous ce furent la sagesse et la vertu divines qui vainquirent la science et le génie, et la tyrannie des maîtres du monde.

Par vous, ô croix, le peuple-roi et la cité superbe des Césars apprendront enfin comment se fonde une ville éternelle, non pas par la protection de leur dieu prétendu de la guerre, mais par la croix de Jésus-Christ arborée au Capitole, et par la puissance indestructible du pêcheur de Génésareth, qui vit dans ses successeurs jusqu'à la fin des temps.

Messieurs, je vous ai exposé l'état du monde, la pensée divine dans la lutte évangélique, d'après saint Paul ; quelques mots vont maintenant suffire sur la force et le fait de l'exécution.

III. P. Durant le cours de sa vie mortelle, Jésus-Christ, malgré sa céleste doctrine, malgré ses miracles sans nombre, malgré sa bonté et ses vertus ineffables, avait à peine compté quelques disciples dévoués dans la Judée. La haine et le mépris poursuivirent sa personne adorable et ceux qui s'attachaient à lui.

Mais son heure était enfin venue : c'est ainsi qu'il appelait sa mort. Il en avait lui-même déterminé le moment, comme un homme en voyage fixe l'heure du départ, et il avait dit : « Lorsque je serai élevé de la terre, j'attirerai tout à moi. » *Et ego si exaltatus fuero a terra, omnia traham ad meipsum*[1].

Il meurt, et bientôt ses apôtres vont se partager la conquête de l'univers et rallier sous la bannière

---

[1] Joan., xii, 32.

victorieuse de la croix tous les peuples de la terre.

On a donc rêvé de nos jours, on avait rêvé auparavant que le christianisme, qu'on veut louer, ce semble, et célébrer, était un heureux développement, un heureux progrès de l'humanité, dû aux forces mêmes et à l'action croissante de la civilisation et des intelligences : ainsi l'institution chrétienne serait un résultat purement naturel et humain.

Et saint Paul? et les faits?

Mais souffrez que je le dise comme je le pense, vous niez le soleil en plein midi. Vous insultez tranquillement à la conscience des peuples, à la conscience qu'ils eurent toujours de l'histoire, des traditions, des monuments les plus hautement avérés. Vous leur supposez donc la crédulité la plus robuste? Hélas! vous avez raison d'y compter. Et vous franchissez, sans daigner même leur adresser un regard, des faits patents, énormes comme une chaîne de montagnes que tout le monde voit et touche.

Mais une croix fut plantée un jour sur le Calvaire, c'est un fait apparemment ; et c'est Pierre, c'est André, c'est Jacques, Jean, Thomas et les autres, en tout douze, qui sont allés la planter et la prêcher, cette croix, dans toutes les contrées de l'univers.

Douze marins, des bateliers des bords d'un lac, de pauvres pêcheurs de poissons, grossiers, ignorants, timides et pusillanimes. Eh bien! oui, ce sont les docteurs souverains des peuples, les maîtres, les régénérateurs tout-puissants du monde.

Voilà les faits et la pensée de saint Paul en action. Vous le savez bien, le moindre enfant de nos villages le récite, et j'ai presque honte de le rappeler.

Et c'est là un simple travail de l'esprit de l'homme, un progrès de l'humanité, un progrès d'académie, d'école et de philosophie : la croix et les pêcheurs de la Galilée !

Mais alors il faut renoncer à parler ancienne langue ; car les mots ne représentent plus les idées, et les idées ne s'expriment plus par des mots.

Aux bateliers galiléens il fut dit par la bouche d'Isaïe : « Allez, passez jusqu'à ces contrées éloignées qui m'attendent. Élevez mon étendard aux regards des peuples, préparez-leur la voie, car je veux planter mon étendard au milieu d'eux. » *Ponam in eis signum*[1].

« J'enverrai, dit le Seigneur, ceux que j'ai choisis aux nations qui sont au delà des mers ; ils lanceront les traits ardents de leur parole vers l'Afrique, la Lydie, la Grèce, l'Italie, vers les îles lointaines,

[1] Is. LXVI, 19.

vers ceux qui n'ont point entendu parler de moi, qui n'ont point vu ma gloire, et ils annonceront ma gloire aux nations[1]. »

Ainsi parlait le prophète huit siècles avant la prédication et la lutte des apôtres. Et vous savez, Messieurs, si cette divine prophétie s'est accomplie.

Foi du chrétien, que tu es donc glorieuse!

Et les généreux soldats du crucifié sont partis : l'Indien, le Scythe, le Persan, l'Arabe, l'Éthiopien ont entendu leur voix. Elle a retenti comme un puissant tonnerre jusqu'aux extrémités du monde ; et les nations soumises sont tombées au pied de la croix du Sauveur.

Et vous, grand Paul, terrassé persécuteur sur le chemin de Damas, vous vous relèverez apôtre intrépide. Vous irez vous glorifier devant les sages de Rome, d'Athènes et de Corinthe, de ne pas savoir autre chose que Jésus crucifié. Votre mâle langage étonnera l'aréopage ; à votre voix, le proconsul romain tremblera sur son siége, le philosophe écoutera vos leçons, le palais même des Césars entendra de votre bouche l'évangile de la croix.

Mais par vous, ô Simon-Pierre, la croix sera plantée au sein même de Rome. Arrosée des flots du sang chrétien, elle va croître et fleurir comme

---

[1] Is., LXVI, 19.

un arbre immense dont les rameaux couvriront la terre. Sous son ombre tutélaire bientôt viendront se reposer toutes les nations données pour héritage à Jésus-Christ. Et Rome, par la croix, par son pontife, étendra plus loin ses conquêtes qu'elle n'avait fait jadis par la valeur de ses soldats et la force de ses armes.

Encore une fois, ce sont là les faits.

Tout l'univers les crie et les affirme ; et ce cri est le témoignage rendu à la pensée divine, à la force divine de la croix.

Oui, Dieu a su exécuter son dessein : il a montré à tous les yeux qui veulent s'ouvrir qu'il règne seul, qu'il se joue comme il lui plaît de tous les efforts conjurés de la puissance et de la sagesse humaines. Au pied de l'humble et frêle bois de la croix sont venues se briser toutes les fureurs des peuples et des rois, toutes leurs armées de soldats, de bourreaux, de sophistes, d'orateurs, de politiques, toutes les forces unies de la terre et des enfers. Car il fit beau les voir se déchaîner et puis tomber, comme la fureur des mers vient expirer devant le grain de sable. C'est toujours la même voix qui dit : Tu viendras jusqu'ici et tu briseras tes flots sur ce rivage.

Tels sont donc les faits, trop connus pour que

j'insiste : et voilà, Messieurs, ce que j'avais à vous dire de la lutte et de la victoire apostoliques.

Donc laissez là vos rêves, vos images, vos doutes, si vous en aviez encore ; car le christianisme établi est à jamais le fait d'une croix de bois, donc l'acte le plus uniquement et le plus évidemment divin : et vous le dites tous avec moi.

Il faut donc croire et faire, il faut embrasser avec la croix les lois qu'une foi divine nous impose.

Qu'attendriez-vous ?

Galiléen, tu as vaincu, s'écria, dit-on, en mourant dans un blasphème, un empereur, sophiste impie.

O croix ! m'écrierai-je en l'adorant, tu as vaincu, vaincu par ton ignominie, ta faiblesse et ta folie, l'univers et ses maîtres superbes.

Je te vois étinceler sur le front des Césars et surmonter leur couronne. Je te vois au-dessus des aigles romaines planer à la tête des armées, car tu leur donnas la victoire. La fierté des faisceaux s'est abaissée devant toi, le sénat et le peuple t'adorent ; tous ont fait gloire de marcher à ta suite comme sous l'étendard triomphant du Roi des rois.

Bientôt tes célestes influences auront seules à soulager les nations gémissantes sous le poids de l'oppression des barbares, et sauront, en adoucissant les mœurs farouches, en tempérant l'orgueil de la conquête, faire des peuples de frères de tribus divisées et ennemies.

A la clarté de cette foi qui s'alluma sur le Calvaire, renaîtront et grandiront les prodiges de la civilisation, de la science et des arts. Une vie intime et féconde sera répandue dans tout le corps social, et y fera germer des fruits abondants de gloire et de génie.

Aux ardentes inspirations de la croix, nous verrons les populations entières se mouvoir, se dresser comme un seul homme et arrêter du moins au bord de notre Europe le menaçant colosse de l'islamisme.

Et depuis, quoi qu'on en puisse penser et dire, le signe qui décorera la poitrine du brave, ce sera toujours la croix; et avec elle seront alliés tous les vrais triomphes, toutes les illustrations les plus belles de la pensée, du savoir, du dévouement et du courage.

Mais surtout, Messieurs, ô vous qui refuseriez encore à Dieu ce que Dieu vous demande, puissiez-vous bien comprendre et sentir qu'au pied de la croix, dans une humble et confiante prière, se versent et se déposent les souffrances de l'âme, les angoisses du doute et les troubles des passions. L'Église, aux grands jours de l'expiation qui vont venir, vous pressera comme une mère tendre d'en faire l'heureuse expérience. Puissiez-vous entendre sa voix et la suivre! C'est le vœu le plus cher de mon cœur. Alors une onction suave et forte viendra, qui, pénétrant intimement vos âmes, saura vous défendre de tout ce qui passe et s'évanouit comme un souffle, pour vous attacher et vous unir inviolablement à ce qui demeure toujours, la charité de Jésus-Christ.

CINQUIÈME CONFÉRENCE

LA LUTTE PHILOSOPHIQUE

OU

LE SOPHISME ET LE MARTYRE

CINQUIÈME CONFÉRENCE

LA LUTTE PHILOSOPHIQUE

OU LE SOPHISME ET LE MARTYRE

Monseigneur,

La lutte commencée avec la révolte originelle n'aura point son terme ici-bas : la destinée de la vérité sera toujours le combat sur cette terre ; et l'Église de Jésus-Christ, colonne et soutien inébranlable de la foi, demeure, à l'exemple de son divin fondateur lui-même et suivant la parole prophétique de l'Évangile, élevée au milieu des peuples comme le signe de la contradiction : *In signum cui contradicetur*. Ainsi la guerre se continue, mais elle revêt des formes diverses selon les temps et les lieux.

Il est, Messieurs, une philosophie, noble enfant du ciel comme la raison même, digne comme la raison et de son nom et de son origine. A Dieu ne plaise que nous venions jamais établir la lutte avec elle dans cette chaire. Non, elle est l'amie sincère de la vérité, elle la cherche, la demande. Grave, désintéressée, modeste, elle ne prétend ni à l'honneur de gouverner seule le royaume des intelligences, ni au droit de tout refaire de nouveau dans le monde. Cette philosophie des vrais sages interroge fidèlement les traditions du passé, elle les respecte comme une des expressions de l'enseignement qui fut providentiellement donné aux hommes. Elle ne craint ni les efforts hardis du présent, ni l'attente empressée de l'avenir; mais appuyée sur les éternelles bases des éternelles vérités, et fixée dans d'immuables principes, elle évite à la fois les chagrins du doute et les témérités d'un dogmatisme improvisé. Elle implore le secours du Dieu des sciences et des lumières, elle écoute sa voix ; et quand elle a reconnu le témoignage divin lui-même dans la religion apportée à la terre au nom du Seigneur, quand elle y a reconnu les plus incontestables signes de la puissance et de la sagesse infinies; alors, philosophie vraiment unie à la raison divine, elle se soumet, elle croit, et désormais ne raisonne qu'avec une entière dépendance envers l'auteur de sa foi.

Il est une philosophie, j'aime mieux dire un art du sophisme qui n'a de foi qu'en lui-même, qui hait tout enseignement autre que ses propres pensées ; cette philosophie, on le conçoit sans peine, devait lutter avec acharnement contre les célestes doctrines du christianisme.

Des hommes apparaissent donc sur la scène du monde ; ils ont reçu ou plutôt ils se sont donné la mission d'un coupable antagonisme. Épris d'eux-mêmes, enflés de leur vaine science, adulés par les esprits séduits ou frivoles, ils se décernent le sceptre du génie et prétendent régner au nom de la raison.

Une religion qui commande l'humilité, une autorité qui s'impose à toutes les intelligences et leur parle au nom du Dieu incarné, soulève toutes les répugnances de cœurs superbes et indociles. Au lieu d'approcher avec un amour sincère des douces et divines clartés de l'Évangile, au lieu de s'inspirer à l'école de ses augustes enseignements et sous la garantie de ses faits attestés, ils ont préféré l'horreur de ténèbres volontaires où ils se débattent en proie à de terribles angoisses.

L'école païenne d'Alexandrie, contemporaine des premiers siècles du christianisme, nous servira surtout, Messieurs, d'exemple et de leçon à cet égard. Mais nous aurons en même temps devant les yeux les gloires du camp opposé qui répondaient par une bien vive affirmation au délirant arbitraire de l'erreur. D'un côté nous contemplerons la haine, le mensonge, la faiblesse, armes parlantes d'une fausse philosophie; de l'autre l'amour, la franchise, la vigueur indomptable du courage. Double caractère de la lutte entre le sophisme et le martyre, que nous allons mûrement considérer.

Tel sera donc, Messieurs, le sujet de cette conférence : la lutte entre le sophisme païen et le martyre chrétien. Vous comprendrez sans que je le dise, qu'en vous exposant la lutte philosophique des premiers âges chrétiens, je garde présente à ma pensée la lutte philosophique des temps modernes.

I. P. Messieurs, le temps nous presse et nous circonscrit dans d'étroites limites. Pour abréger, je choisis quelques noms historiques. Ils exprimeront mieux ce que je pense de la lutte du sophisme armé contre la foi.

Je personnifierai en peu de mots la haine dans Marc-Aurèle, le mensonge dans Porphyre et Julien, la faiblesse dans Plotin.

Je n'ai pas à suivre l'ordre des dates, je m'attache à la logique de l'erreur et des passions révoltées contre le christianisme.

Deux empereurs et deux chefs d'école représenteront assez bien, je crois, la lutte du sophisme païen contre la foi. Tous quatre se glorifièrent du nom de philosophes, tous quatre furent des ennemis acharnés du nom chrétien. C'était une raison pour s'attirer de grands éloges, ils ne leur ont pas manqué ; quant à moi, je leur rendrai tout simplement la justice qu'ils méritent. Sans vérité et sans conscience, que sont les qualités les plus brillantes, le talent, le savoir, et même le génie? Des feux qui brillent, mais qui égarent au lieu d'éclairer.

Je n'ai à juger du reste dans Marc-Aurèle que le philosophe.

Il fut vers le milieu du second siècle l'un des plus célèbres représentants de ces opinions fastueuses que la langue de l'Évangile avait déjà profondément abaissées. L'orgueil philosophique s'indignait de cet abaissement, au lieu d'offrir aux enseignements de Jésus-Christ le sceptre et la couronne dans le religieux empire des intelligences.

Dès l'origine la philosophie indocile avait ameuté des résistances générales contre le christianisme, que défendait seulement le parler inculte, méprisé et barbare des pêcheurs de Galilée.

Le gnosticisme avait été l'une des premières formes de la lutte et l'une des premières armes du sophisme. Mais le fer des bourreaux soutenait aussi le paganisme ébranlé : le sang chrétien luttait puissamment : versé par torrents, ses flots battaient de toutes parts l'édifice ruineux de la vieille religion et de sa philosophie.

Antonin le Pieux, prédécesseur de Marc-Aurèle, avait été un ardent persécuteur des chrétiens. C'est à cet empereur que saint Justin, de philosophe païen devenu philosophe chrétien et puis martyr, adressa au commencement du IIe siècle la magnifique apologie qui justifie avec tant de dignité la religion chrétienne, alors en butte aux fureurs et aux calomnies des faux sages. Elle commence ainsi : « A l'empereur Titus-Ælius-Adrien Antonin le Pieux, Auguste César..., au sacré Sénat et à tout le Peuple romain, pour les innocents de toute condition qui sont injustement haïs et persécutés, Justin, fils de Priscus Bacchius, natif de Flavia en Palestine, l'un de ces persécutés, présente cette requête... »

Cette noble défense fit une salutaire impression sur l'esprit d'Antonin; l'Église allait peut-être respirer : Antonin mourut. Marc-Aurèle, son fils adoptif, lui succéda, et avec lui la philosophie siégea sur le trône.

Sage dans ses livres, dans quelques belles pensées et dans des sentences sonores, Marc-Aurèle nous montra la profession de philosophe unie chez lui à une conduite honteuse et à la cruauté persécutrice.

Fataliste superbe, il affectait une morne indifférence à l'égard de ses devoirs même les plus importants : fils, époux, père de courtisanes, il laissa Faustine sa femme et Lucile sa fille vivre en Messalines. Bien plus, il distribua des récompenses et des dignités aux incestueux qu'il savait l'outrager dans ses droits les plus sacrés. Et comme pour sanctionner lui-même et légitimer tant d'horreurs, lorsque la mort eut arraché Faustine à ses crimes, Marc-Aurèle lui décerna les honneurs divins avec le consentement du sénat ; il lui éleva des temples, des autels, et confia à un collége de prêtresses le soin de lui offrir des sacrifices auxquels devaient prendre part les nouvelles mariées. Le modèle était bien choisi.

Le stoïcien couronné décerna aussi un culte à l'infâme Lucius-Verus, son collègue, qui souilla le trône impérial par d'incroyables turpitudes. Digne imitateur de Faustine, Lucius-Verus obtint comme elle les honneurs de l'apothéose.

Je ne dirai rien de la superstition du philosophe empereur ; elle dégoûte par son excès. J'en citerai un seul trait. Partant pour la guerre contre les barbares, Marc-Aurèle multiplia tous les genres de sacrifices à un tel point que les Romains disaient : « A son retour il ne trouvera plus de bœufs à offrir aux dieux pour les remercier de la victoire. »

Ce sont, Messieurs, les historiens païens Jules Capitolin et Dion Cassius qui rapportent ces divers faits. Ils en rapportent d'autres : je ne puis les rappeler tous.

L'amour de la profession de philosophe allait dans ce prince jusqu'à une folle manie. On le savait, et le manteau philosophique couvrait à Rome, où l'on était fort habile, tous les projets des ambitieux, et leur assurait le succès et les faveurs.

Autour de Marc-Aurèle, à l'ombre du palais impérial s'était formée une société de sophistes avides. Quoique divisés d'opinion, ils se coalisèrent contre la religion chrétienne, dont les progrès les effrayaient. Crescent fut l'un des chefs de cette cabale. Placé sous cette influence, Marc-Aurèle vit dans les chrétiens des ennemis de sa philosophie; il avait le pouvoir, il donna une libre carrière à la haine, livra les disciples de l'Évangile à toutes les fureurs des magistrats et du peuple. Le sang chrétien inonda l'empire : le règne du philosophe couronné compte à bon droit parmi les persécutions les plus atroces que l'Église de Jésus-Christ ait eu à souffrir. Ce fut alors, l'an 177, qu'eut lieu l'horrible massacre des chrétiens de Vienne et de Lyon, dont les actes sont un des plus glorieux monuments de la France catholique.

Messieurs, c'est une chose triste à dire : le christianisme a été surtout persécuté par les empereurs qui se disaient philosophes. Trajan, Antonin, Marc-Aurèle, Julien, portèrent ce titre avec la couronne impériale; et ils furent d'odieux persécuteurs des chrétiens. Rien de pire que la haine philosophique de la vérité.

Cet exemple doit suffire pour montrer comment le sophisme sut lutter contre le christianisme par la haine et la fureur la plus envenimée. Marc-Aurèle est un de ces sages, qui peut servir de type pour beaucoup d'autres.

Il faut apprendre, Messieurs, à se défier des éloges même académiques. Que n'a-t-on pas dit à la louange de Marc-Aurèle? J'ai voulu remplir une lacune : vous pourrez ainsi plus aisément et plus justement faire la part de la vérité et de l'histoire, quand il s'agit des philosophes ennemis de la foi.

L'éclectisme alexandrin allait naître : Celse, dans son *Discours* prétendu *véritable* et qui fut si énergiquement réfuté par Origène, peut en être considéré comme le précurseur. Déjà il empruntait aux diverses écoles, contre l'Évangile, des arguments choisis. Mais ce fut à l'école même d'Alexandrie que ce système de philosophie antichrétienne devait acquérir tous ses développements. Là, dans cet ancien Bruchium, que les successeurs d'Alexandre avaient peuplé des savants de Grèce et d'Asie, les philosophes païens enseignaient à côté des chrétiens un mélange confus de toutes les doctrines.

Je franchis, Messieurs, bien des années, et je prends l'éclectisme alexandrin à l'apogée de sa grandeur et de sa puissance dans Porphyre et dans Julien.

Qu'était-ce donc, à vrai dire, que cette philosophie d'Alexandrie ? Pas autre chose que la réhabilitation du paganisme tentée à l'aide d'une confusion d'idées chrétiennes, gnostiques, théurgiques, orientales et platoniciennes. Une sorte d'unité divisée était mise en avant, mais des émanations à l'infini donnaient toujours une multitude infinie de dieux. On se plaignait des injures jetées à la face du paganisme sous le nom d'idolâtrie; et tout ce qu'on pouvait faire, c'était de le ramener à l'état de culte décerné aux opérations et aux éléments divers de la nature.

La grande dévotion de Julien, par exemple, était la prière adressée au soleil ; il se levait, ses historiens l'attestent, à la clarté des premiers rayons pour implorer la puissance de l'astre du jour et lui offrir des victimes.

Mais ce n'est pas tout : les prophéties de l'ancienne loi accomplies, les miracles avérés de Jésus-Christ, ceux des apôtres et des premiers chrétiens, leurs vertus, leurs mœurs surhumaines, étaient des titres qui recommandaient puissamment le christianisme. Porphyre imagina des miracles, inventa des prodiges, produisit une morale, créa des saints d'un nouveau genre qui pussent servir de contrepoids. C'est dans ce but que furent écrits la plupart de ses ouvrages, en particulier ses livres sur *la Vie et les doctrines des philosophes*, sa *Philosophie tirée des oracles*, son *Traité de l'abstinence des viandes*, et d'autres encore. Partout se montre un tissu de fables grossières, de mensonges effrontés et d'emprunts audacieux faits à la religion abhorrée de Jésus-Christ.

On extrait, Messieurs, de ces livres des théories qu'il faut créer presque en entier pour les y lire; on omet de parler des extravagantes impostures qui les remplissent tous. Au moins faudrait-il les accepter et les donner tels qu'ils sont.

Mais voulez-vous savoir ce qui domina chez les éclectiques alexandrins? Messieurs, ce fut la théurgie, la magie, le commerce avec le démon réduit en système et en pratique. Plotin, Porphyre, Jamblique, Julien, ont été surtout des magiciens, tous occupés de conjurations, d'évocations, d'apparitions. Ils y passaient les jours et les nuits; leurs écrits et les historiens païens l'attestent. Ils se flattaient aussi de l'union la plus intime avec les dieux,

Porphyre, dans la Vie de Plotin, nous dit gravement que son illustre ami jouissait de la vue et de la conversation familière des dieux; que pour lui il n'en avait été favorisé qu'une fois : c'est plus modeste.

Et Julien, le cerveau peut-être le plus dérangé qu'ait jamais ceint une couronne, dans son indigne apostasie, dans sa dévotion hypocrite pour les formes païennes, dans tout son entourage de jongleurs et de nécromanciens, ses pareils, que faisait-il? Ah! sans doute il haïssait, il combattait le Galiléen, comme plus tard on voulut écraser l'infâme; et le Galiléen a vaincu, et l'infâme a survécu. Mais Julien mentait ainsi à sa conscience et à l'univers entier. Il déguisait ses vues, il ne voulait point paraître persécuter la religion, il ne voulait pas faire de martyrs, il craignait leur triomphe; il prit un moyen plus sûr : il défendit à tous les chrétiens l'enseignement des lettres. Il réservait aux sophistes païens les chaires et les écoles, afin de faire honorer et expliquer le paganisme comme Porphyre l'entendait. Mensonge!

Et tous les efforts de la philosophie tendirent à ce but : au mensonge païen, à la réhabilitation de toutes les superstitions du paganisme; telle est l'histoire.

L'éclectisme, Messieurs, ne fut donc, à vrai dire, que le faisceau de toutes les fausses doctrines dressé contre la science suréminente du Seigneur Jésus, afin que la vertu de la croix se montrât victorieuse à tous les regards. Les progrès de la philosophie et des lumières n'ont donc eu aucune part à la chute du paganisme, puisque ce furent au contraire les philosophes, un Plotin, un Porphyre, un Jamblique, un Julien (tous éclectiques alexandrins), qui s'en déclarèrent les ardents défenseurs, quand il était si violemment battu par les assauts du christianisme. C'est ce que la vérité palpable des faits a forcé des écrivains non suspects de nos jours à reconnaître eux-mêmes [1].

Voilà, Messieurs, quelle fut cette philosophie. Je la retrace d'après les monuments originaux; ma pensée recule de dégoût, ma parole s'indigne; véritablement il serait bien temps d'écrire l'histoire, je crois, et de flétrir comme d'impudentes et grossières impostures toutes ces sophistiques menées des maîtres et des écoliers d'Alexandrie. Julien était l'un de ces derniers.

Le sophisme païen s'exprimait donc par la haine et par le mensonge armés contre le christianisme; il n'enfantait non plus, dans ses plus laborieux efforts qu'un infirme et faible système.

---

[1] Duvoisin, *Démonst. Évang.*, c. VIII, § 3. — M. Matter, *Hist. univ. de l'Église chrét.*, 1re période, c. VI, t. I, p. 104. *Hist. du Gnosticisme*, sect. 3, c. VII, t. II, p. 459.

Oui, Messieurs, infirme et faible, quoiqu'il se nomme le panthéisme. Je n'ai d'ailleurs ici à caractériser que le panthéisme alexandrin. Peut-être tiendrais-je un autre langage si je traitais des doctrines védastiques de l'Inde, du panthéisme indien, la plus belle horreur qui ait jamais été conçue, ce me semble.

Plotin, le chef premier de l'éclectisme, vous le savez, au milieu des plus confuses rêveries, aboutit à ce triste résultat, sans méthode, sans principe, sans preuve, du reste. Est-ce là qu'on voudrait encore nous ramener pour échanger l'énergique précision de la foi contre des nuées sans eau, des conceptions sans consistance ni vérité, de vacillantes et insaisissables théories? Et si l'on n'a point cette pensée, pourquoi tant d'éloges d'une école et de docteurs aussi impuissants et aussi infirmes, quoique parvenus cependant au plus haut degré de leur puissance?

Mais qu'est-ce donc, Messieurs, qui se remue au fond de l'âme humaine, la travaille, et à tant d'époques, en tant de lieux divers, la tourne vers la sombre et ténébreuse conception du panthéisme? Car il faut une bonne fois en chercher la raison.

L'homme qui rentre en lui-même et se replie par la méditation intérieure sur le besoin religieux qui le presse et sur l'idée de la Divinité qui le remplit, l'homme rencontre et sent en quelque sorte au dedans, au dehors, l'action et la vie de l'infini, cette présence divine, immense, qui environne, saisit et pénètre tout son être, tous les êtres. Il sent, avec saint Paul, quoi qu'il en ait, qu'il vit, qu'il se meut, qu'il est en Dieu même ; que dans cet océan de l'essence divine, sans fond et sans mesure, et l'homme et toute la nature sont plongés. Il y a bien réellement un principe de vie universelle et d'union universelle en Dieu et avec Dieu. Une loi de recherche et de tendance pousse constamment les âmes vers un bien souverain et inconnu, vers une sorte de transformation divine, vers l'unité même divine, qui est tout en un sens, infinie qu'elle est.

Il existe, et l'on sent quand on médite profondément, une loi impérieuse, une nécessité de participer à l'être divin, de s'abîmer et comme de se confondre avec lui.

Jusque-là l'intelligence demeure dans la vérité et parle la langue même du mysticisme catholique. Oui, bienheureux qui sait la comprendre !

Mais veut-on sonder l'impénétrable abîme de la vie et de l'immensité divine ; veut-on se demander hors des convictions positives, hors de la foi et en abstraction, ce qui unit, ce qui sépare la personnalité finie et créée et la personnalité, la réalité incréée et infinie ; veut-on aussi le vague, les ténèbres, l'étourdissement du trouble; alors dans l'idée mystérieuse de la substance divine l'imagination se perd, l'esprit se confond.

Il creuse cependant, sans lumière et sans guide; il erre au sein d'un gouffre; la création disparaît à ses regards, et lui-même et tous les mondes ne sont plus pour ses sens troublés que des formes fantastiques ou de vaines apparences. L'homme, sa vie, son âme, son corps, tous les hommes, tous les êtres, l'univers entier, c'est Dieu; Dieu est un, Dieu est tout. Pour les uns c'est le moi; pour d'autres, l'absolu. Pour ceux-ci, la matière; pour ceux-là, l'esprit ou l'idée; tout est l'unité, tout est Dieu. Raison, foi, morale, liberté, évidence, individualité, ne sont rien; il n'y a plus que Dieu, un Dieu chaos, un Dieu tout, un affreux dédale, une affreuse et profonde nuit, un horrible rêve, où toutes les passions et toutes les illusions se livrent le combat du délire. Messieurs, voilà l'énergie du panthéisme; elle n'est, hélas! on le voit, que l'extrême infirmité de la pensée humaine. Eh bien! rêvez encore; nous, nous croyons.

Qu'opposa le christianisme? Il est temps de le dire.

II. P. Alors, Messieurs, que le grand corps de la domination romaine, déchiré par les factions, déjà harcelé par les barbares, semblait ne retrouver et ne réunir ses forces que pour écraser les chrétiens ; quand les sophistes s'agitaient en tous sens pour soutenir l'édifice croulant de l'erreur ; quand la société malade par ses fureurs mêmes, ses illusions et ses plaintes, appelait le jour de sa délivrance.

Alors, en présence des tristes et des vains raisonneurs et sous la hache des persécuteurs, le christianisme, patient mais fort de toute la puissance d'une réhabilitation divine, opposa comme défense contre les attaques, comme remède contre les maux, son ardent amour, son éclatante professsion de foi, son invincible courage.

Mais il était surtout nécessaire de ramener les combattants égarés sur le vrai champ de bataille, afin d'y enchaîner à jamais la victoire.

Le christianisme, Messieurs, opposa donc le martyre : c'est-à-dire qu'il opposa les faits et les témoins sanglants des faits.

Et le sophisme s'évanouit en fumée.

Ce n'est pas assurément que l'Église ne comptât dès lors dans ses rangs et n'enflammât de ses plus nobles inspirations d'illustres et beaux génies. Saint Irénée, saint Justin, Clément d'Alexandrie et Origène, tous deux l'honneur de l'école chrétienne d'Alexandrie, Tertullien avant sa chute, et plus tard saint Grégoire de Nazianze, saint Basile, compagnon d'études de Julien, enfin saint Jean Chrysostome, l'élève et l'ami du rhéteur païen Libanius. Avoir nommé ces grands hommes c'est avoir rappelé tout ce que le courage de la conscience, la pensée profonde et philosophique, le savoir le plus étendu et le plus varié, l'éloquence la plus mâle et la plus élevée purent apporter de consolation et d'appui au christianisme naissant.

Mais il fallait un autre témoignage.

La foi, Messieurs, ce sont des faits.

Jésus-Christ et sa mission divine, l'Église et son institution divine : ces deux grands faits, qui n'en font qu'un, comprennent toute la foi catholique.

L'Église est née dans le sang du Calvaire; ce fut là son premier et divin témoignage : elle y ajouta le martyre, qui est aussi le témoignage du sang.

Car martyr veut dire témoin, et la foi était digne de cette glorieuse apologie.

Ainsi, Messieurs, daignez bien comprendre la réponse et la défense catholique dans la première lutte philosophique.

Non, l'homme martyr n'opposa pas la haine à la haine, ni les armes aux armes de ses bourreaux. Le paganisme philosophique s'exprimait par le despotisme en fureur, par un égoïsme intolérant et cruel : le martyr aimait ; il aimait ses ennemis comme ses frères, il priait ardemment pour ses bourreaux, leur méritait souvent la gloire et le salut. Le martyr mourait, victime douce et patiente, holocauste réparateur que consumaient les flammes de la divine charité plus encore que les feux des bûchers allumés par la rage des tyrans.

La force brutale semblait triompher ; elle succombait devant la vertu et l'autorité spirituelle de la foi.

Non, l'homme martyr ne répondait pas non plus aux chimères sophistiques par de vaines théories ; il ne répondait pas au mensonge païen des philosophes par de vagues et arbitraires fictions. Il répondait par l'énergique précision de sa foi et par son imperturbable franchise : il disait, comme nous disons encore : « Je crois en Dieu, en Jésus-Christ, Fils unique de Dieu, né dans le temps de la Vierge Marie, crucifié sous Ponce-Pilate, mort, ressuscité, monté aux cieux... Je crois à l'Église une, sainte, catholique... Je crois au Saint-Esprit, qui la guide et l'assiste. » Le martyr disait : « Je crois. » Et il mourait.

Non, l'homme martyr ne se troublait point, il ne se perdait point dans ses conceptions et ses pensées pas plus que dans son cœur : devant cette société épuisée, éperdue, évanouie pour ainsi dire dans les infirmes et sombres pensées de l'homme, le martyr en mourant chantait l'hymne du réveil et du courage. Soldat intrépide, il montait à l'assaut; il mourait pour la foi, c'est-à-dire pour la plus noble et la plus glorieuse conquête, pour la liberté véritable de l'âme humaine affranchie en Jésus-Christ, pour la liberté de la foi et de la conscience, car c'est le martyr qui imposa les conditions dans le monde. Le sang du martyr racontait la gloire de Dieu et de l'homme mieux que le ciel et la terre ne la racontent eux-mêmes.

Tel est, Messieurs, le martyr, témoin sanglant des faits : à la haine, au mensonge, à la faiblesse, il opposa l'amour, la vérité, le plus héroïque courage. Le martyr est ainsi l'historien de la foi, mais un historien qui meurt pour son récit : on peut l'en croire.

Aussi veuillez bien saisir, Messieurs, toute l'énergie de ce caractère et le sens de cette mémorable lutte.

Non, non, le martyr ne se passionnait pas, comme il est arrivé quelquefois, pour des abstractions enfantées par des cerveaux malades, pour l'arbitraire et fanatique doctrine de prédicants sans mission : il ne mourait pas pour des opinions, ce que d'autres firent, en bien petit nombre du reste. Le martyr croyait à des faits; le martyr mourait pour des faits; pour les faits divins de l'Évangile, pour les faits attestés par les apôtres : c'est pour rendre témoignage à ces faits que les populations catholiques couraient en foule à la mort.

La voix de ce sang parlait mieux encore que le sang d'Abel; il n'invoquait point la vengeance, mais seulement la paix dans la justice et la sainteté de la vérité.

Mais pourquoi donc, Messieurs, je vous demande, tout ce sang abreuvant par torrents l'univers altéré? pourquoi durant trois cents années ces innombrables populations chrétiennes si cruellement moissonnées, en sorte que le chiffre le moins hasardé, le plus historique de ces légions de martyrs, étonne, effraie l'imagination?

Pourquoi toute cette nuée sanglante de témoins offerte à nos esprits?

J'aime, je l'avoue, ce spectacle. Il est barbare, direz-vous : mais je plains les bourreaux si je ne plains pas les victimes. Je salue la foi triomphante sur les échafauds; je célèbre et vénère cette mort, ces tortures, cette défaite apparente plus forte que la vie, plus forte que tous les efforts conjurés du pouvoir et du sophisme. Je sais bien alors ce que vaut la philosophie sans la foi et contre elle.

Pourquoi ce sang? Quelle est la raison providentielle de cette lutte par le martyre?

C'est qu'il fallait démontrer à jamais toute l'infirmité des fureurs des philosophies et des puissances humaines armées contre l'Église et contre sa foi. Le monde, la science, le génie, la force, la ruse, le mensonge et tous les systèmes ont été vaincus par des multitudes qui se laissèrent égorger comme des agneaux : or l'on doit croire volontiers une démonstration pareille ; et l'univers a cru à ces témoins qui mouraient pour la vérité des faits qu'ils attestaient.

Il fallait aussi préparer aux générations amollies de l'avenir cet énergique spectacle du martyr qui meurt et ne se rend pas ; et montre ainsi à tous les yeux l'un des plus sublimes caractères du sacrifice, que le chrétien doit faire de tout son être à sa foi, le plus noble type aussi de la liberté et de l'indépendance humaine.

Telle fut, Messieurs, la lutte première, après la lutte même apostolique : le sophisme a été vaincu par le martyre. C'est bien ; la foi est donc divine ; sachons garder les fruits de la victoire.

Enfermés dans leurs propres pensées comme dans le sombre et triste séjour des rêves, des hommes prétendus sages haïssent la lumière qui les environne et qui les presse ; ils s'irritent de ses bienfaits et de ses triomphes salutaires, ils lui déclarent la guerre; et souvent, trop souvent les mauvais instincts, l'orgueil déçu des opinions, le dépit de voir l'autorité, l'influence acquise à la foi chrétienne, auront uni aux fureurs du sophiste la hache du bourreau, et auront su chercher dans des torrents de sang répandu un dédommagement cruel, de cruelles consolations.

Ou bien encore des esprits malades s'en prennent, dans leurs spéculations, à la vérité elle-même, la tourmentent, la déchirent. De ses lambeaux déshonorés, ils revêtent leurs systèmes, mêlent, confondent, dénaturent tout. Artisans de mensonges, dupes parfois de leurs propres illusions, ils prétendent bâtir un édifice nouveau et l'orner de toutes les richesses réunies de la sagesse et du génie; ils ont moissonné au loin les champs des investigations humaines; maîtres et arbitres de leur choix, ils ont choisi : et alors sous le titre abusif de l'éclectisme, nous voyons surgir un composé monstrueux de toutes les erreurs qui ne mérite plus le nom d'aucune, mais où se trouvent alliées par le plus fol assemblage toutes les théories païennes, l'orientalisme, l'hellénisme, le gnosticisme, la théurgie, et, que sais-je, l'Évangile lui-même. L'école d'Alexandrie fut autrefois le type de cet éclectisme indéchiffrable et menteur, qui simulait le discernement supérieur de toutes les vérités, réunissait toutes les erreurs. Fasse le Ciel que nous ne l'imitions pas!

Mais si l'œil attentif d'un juste appréciateur pénètre encore plus avant, s'il interroge avec soin la nature, le travail et les tristes produits du sophisme ennemi de la foi, un sentiment de compassion et de pitié profonde succède à l'indignation ; on reconnait alors, à son plus déplorable signe, l'infirmité de la raison humaine.

Ne l'oublions pas, Messieurs, il faut une énergie véritable et une grande vigueur d'âme, pour accepter la foi et la souveraine autorité de l'Église qui l'enseigne. L'incrédulité sous toutes ses formes n'est qu'une expression de l'extrême faiblesse. Dans les faits, dans les traditions, dans les doctrines évangéliques, il y a une vérité sublime, austère, mâle, qu'il faut savoir atteindre comme on gravit le sommet escarpé d'une montagne. Des soldats timides, des voyageurs las au départ s'arrêtent et se traînent péniblement loin du but. Pour se consoler, on veut tout niveler et tout confondre : la victoire et la défaite, le bien et le mal, le vrai et le faux, ceux qui affirment et ceux qui nient. De là aux époques de transformation vigoureuse opérée par la foi, cette lutte infirme du sophisme, qui se traduit par un syncrétisme honteux, et qui nomme unité, vérité, à un degré pareil, toutes les divergences, toutes les contradictions amoncelées. De là ce paganisme réhabilité, ce symbolisme prétendu philosophique qui célèbre, honore, approuve tout dans les religions les plus absurdes de l'antiquité. De là enfin, comme terme et comme apogée de l'impuissance de l'esprit d'erreur, ce lamentable panthéisme, qui n'osant envisager ni accepter un Dieu créateur, un Dieu personnel, juge tout-puissant et juste, souverain modérateur des hommes et des choses, lui substitue le monde, la nature, l'animal, la plante, l'intelligence, l'idée, la folie, le crime, non moins que la vertu, dans un tout monstrueux, dans un absolu chaos.

Messieurs, ces hommes ont ployé sous le faix, ils se sont laissé accabler par l'énergique majesté de la foi; ils sont tombés dans des abîmes. Il faut les plaindre et nous instruire par leur malheur.

La prière du martyr est plus belle et plus sûre : « O Dieu! que je sois plutôt broyé par la dent des « bêtes comme le froment des élus, et que je me « relève germe glorieux d'immortalité pour régner « éternellement avec Jésus-Christ. » Et le martyr s'endormait dans le Seigneur. Ah! il vaut mieux croire, vivre et mourir ainsi, que de se balancer dans les angoisses du doute et se jeter à l'aventure à travers les déceptions des opinions et des passions humaines. Elles ne calment pas la soif qui nous dévore, ne remplissent pas l'immense besoin qui nous presse, et qui ne laissera de repos à nos âmes qu'au sein même du divin amour et de ses impérissables délices.

SIXIÈME CONFÉRENCE

LA LUTTE HÉRÉTIQUE

OU

L'HÉRÉSIE ET L'UNITÉ

SIXIÈME CONFÉRENCE

LA LUTTE HÉRÉTIQUE

OU L'HÉRÉSIE ET L'UNITÉ

Monseigneur,

Il est donc bien vrai qu'au fond de la grande société humaine demeure toujours déposé et fermente toujours un levain puissant de discorde et d'erreur.

Dans un autre langage, c'est ce que l'Évangile a nommé l'ivraie jetée par l'homme ennemi dans le champ du père de famille.

Elle a crû, mêlée au bon grain.

Aux époques déterminées dans le cours des ans par le gouvernement de la Providence, la faux a passé et moissonné : sur l'aire immense du monde le fléau impitoyable a battu ; le van et le crible ont discerné et séparé le bon grain.

Un moment la semence funeste s'est dissipée, fragile proie des vents.

Mais un germe mauvais vit impérissable au sein de cette terre de deuil et de larmes.

Il grandit à l'ombre, il se lève, il apparaît parmi les sociétés comme l'arbre de la science du mal; et ses fruits amers servent d'aliment à la lutte cruelle qui ne cesse que pour recommencer, jusqu'à ce qu'enfin la dernière heure ait sonné.

Telle est donc, Messieurs, l'histoire du monde religieux et moral.

Le paganisme idolâtrique a noyé dans un déluge d'aberrations et de désordres l'auguste simplicité des révélations primitives; cependant elles surnagent conservées dans le dépôt tutélaire des traditions des anciens justes.

Puis l'arche mosaïque, portée constamment par la main divine au-dessus des flots de l'erreur, recueille et défend aussi les vérités premières.

Enfin la croix de Jésus-Christ, plantée jusqu'aux rives les plus lointaines, y établit et y propage le règne de la religion véritable.

Le paganisme philosophique lutte par la hache et le sophisme contre l'Évangile naissant; les faits divins répondent et triomphent par le martyre.

Mais l'hérésie est venue en armes, et il faut qu'elle vienne, dit saint Paul: *Oportet et hæreses esse*. Elle est venue déchirer, diviser le touchant mystère de l'Homme-Dieu, la robe sans couture du Christ, c'est-à-dire l'unité même catholique.

Ainsi l'Église soutient-elle toujours la guerre et la persécution pour la justice et pour la foi.

Messieurs, la lutte de l'hérésie, reproduite dans tous les temps et sous toutes les formes, nous présente un sujet d'étude non moins grave et non moins utile que la lutte du sophisme.

Je tâcherai dans quelques aperçus rapides de vous exposer le véritable esprit de cette lutte, de vous faire bien saisir, au milieu du torrent des faits et du tumulte des combats, le génie, les instincts, les mœurs, les causes et le caractère de l'hérésie. Elle attaque sans cesse l'Église et sa foi.

Nous rechercherons aussi avec soin la forme de cet esprit catholique, qui s'opposa toujours aux assauts de l'erreur.

Les caractères de la lutte hérétique et ceux de la résistance catholique : telle sera la double part de cette Conférence.

I. P. La foi s'élevait sur les ruines de l'idolâtrie. Elle répandait partout ses bénignes influences et donnait au monde une nouvelle vie.

Placé au sommet de la sainte montagne, un chef unique imprimait le mouvement au grand corps de l'enseignement catholique. Vers lui, comme vers leur centre et leur foyer, rayonnaient en s'unissant toutes les lumières et toutes les forces des Églises de l'univers. Une seule foi, un seul Seigneur, un seul troupeau, un seul pasteur, tel fut dès l'origine, tel est encore et tel sera toujours le caractère divin du christianisme; parce que Dieu, dans sa parole et son amour, ne saurait ni se diviser ni se contredire lui-même.

Afin d'éviter désormais à l'humanité, fatiguée par de longs siècles d'incertitude et d'erreur, tous les dangers et tous les maux des doctrines téméraires et des dissensions religieuses, une voix se faisait entendre, organe et interprète souverain des vérités révélées. Jésus-Christ l'institua, lui promit son assistance divine jusqu'à la consommation des temps; ainsi, Messieurs, dans le grand peuple des chrétiens, l'autorité du pontificat sacré doit-elle à jamais régler l'enseignement de la foi.

Mais l'hérésie brise le lien de l'unité, elle secoue l'autorité même divine d'enseignement; elle a un choix propre et individuel, et une interprétation arbitraire faite par l'esprit de l'homme dans l'ensemble des croyances chrétiennes. Elle jette bien loin en arrière la chaîne protectrice des traditions et de la succession apostolique. L'hérésie choisit à part sa foi, l'invente, la crée et dogmatise à son gré. Elle ne choisit point, en obéissant par le plus noble usage de la liberté humaine, ce qui fut véritablement établi et enseigné par Jésus-Christ, mais ce que son propre esprit lui suggère : c'est la définition même que saint Thomas a donnée de l'hérésie : *Non elegit ea quæ sunt vere a Christo tradita, sed ea quæ sibi propria mens suggerit*[1]. Le mot, du reste, l'indique : hérésie veut dire élection, choix. C'est là, Messieurs, le caractère fondamental de l'hérésie : le propre choix fait par l'esprit individuel, au lieu de l'acceptation obligée des traditions et de l'autorité catholique.

Mais où se trouve ici la racine du mal ? Saint Augustin va vous répondre : « Il ne s'agit nullement, dit-il dans son livre de la *Vraie Religion*, d'imposer ni de préférer une autorité simplement humaine à la raison d'une âme épurée, qui est parvenue à l'évidence de la vérité. Mais il n'y a aucun moyen d'arriver à cette vérité par l'orgueil. Si l'orgueil n'existait pas, il n'y aurait ni hérétiques, ni schismatiques, ni juifs obstinés, ni adorateurs de la créature et des idoles [1]. »

Ipsi rationi purgatioris animæ quæ ad perspicuam veritatem pervenit, nullo modo auctoritas humana præponitur. Sed ad hanc nulla superbia

---

[1] S. Thom., 2ª 2æ, quæst. 11, art. 1.
[2] Aug., lib. *de vera Religione*, n. 47, coll. 764, A, t. I, édit. Bened.

perducit. Quæ si non esset, non essent hæretici, neque schismatici, nec carne circumcisi, nec creaturæ simulacrorumque cultores.

L'orgueil de l'esprit est donc le principe indestructible de l'hérésie, il est l'auteur du propre choix. De là ce chagrin superbe et cette curiosité rebelle dont Bossuet parle en termes si énergiques dans son *Histoire des Variations,* « qui mêlant, dit-il, à la religion une hardiesse indomptée et le propre esprit, poussent tout à l'extrémité [1]. »

De là ces tempêtes de l'erreur dont les flots s'élèvent, dit l'Écriture, « montent jusqu'aux cieux et descendent jusqu'aux abîmes [2]. »

De là ce caractère inhérent à l'esprit hérétique, les variations perpétuelles, signe certain d'erreur, et différence essentielle entre ce que Dieu fait et ce que font les hommes [3]. La vérité catholique, venue de Dieu, a d'abord sa perfection : l'hérésie, faible production de l'esprit humain, ne peut se faire, pour ainsi dire, que de pièces mal assorties. Car toujours, quand on prétend innover et renverser les anciennes bornes, on s'engage sans bien pénétrer la suite de ce qu'on avance, et sans cesse

---

[1] *Hist. des Variations,* liv. v, **1**, p. 267, t. XIX. Versailles, Lebel, 1816.

[2] Sermon sur l'Église, pour le samedi après les Cendres, 2ᵉ point, t. XII, p. 156.

[3] Bossuet, *Hist. des Variations,* Préface, p. 6, 7, t. XIX.

on croira trouver mieux encore. Tertullien le remarquait, il y a longtemps, dans son immortel *Traité des Prescriptions :* « L'hérésie, dit-il, retient toujours sa propre nature en ne cessant d'innover [1]. »

Mais agir de la sorte qu'est-ce faire autre chose, Messieurs, que se condamner soi-même par son propre jugement, suivant le mot de saint Paul [2]? Car la vérité ne peut se démentir, et l'hérésie se dément sans cesse elle-même ; juste punition de son orgueil : elle n'est donc pas la vérité.

Aussi dans ce châtiment de l'hérésie, avec le caractère du mal trouvons-nous aussi le remède : à l'erreur son inévitable sceau de variation et de nouveauté, à la vérité catholique le sceau indélébile d'unité et de perpétuité.

C'est là le remède éternel contre les hérésies, le vrai remède contre le terrible *il faut* de saint Paul : *Oportet et hæreses esse* [3]. Vous changez : la vérité demeure. Qu'est devenu, je vous demande, le protestantisme depuis son point de départ? Grand Dieu! que de routes divergentes ont été suivies! Quelle confusion de langues! Et l'unité catholique

---

[1] *De Præscr*, c. XLII.
[2] Tit., III, 11.
[3] 1 Cor., XI, 18, 19. — Bossuet, *Instruction past. sur les promesses de l'Église,* XIV, p. 389, t. XXII.

persévère. Donc le propre choix obstinément opposé à l'autorité divine constitue l'hérésie ; l'orgueil de l'esprit en est le principe ; un chagrin superbe, l'agitation des tempêtes, les variations et les contradictions perpétuelles, la fureur et la nécessité d'innover en sont les funestes suites et les déplorables caractères.

Mais si un éclectisme orgueilleux et téméraire, si l'instabilité d'un esprit tumultueux et rebelle sont les causes de l'hérésie, la domination est son but.

Et ici, Messieurs, à l'exemple des Pères qui furent les plus redoutables ennemis de l'erreur, je ne nierai pas qu'elle n'ait présenté parfois quelque chose de grand dans les pensées et les efforts de ses auteurs.

Une doctrine religieuse vraie ou fausse, si elle a quelque valeur, tend à se répandre, à se former des prosélytes nombreux et dévoués, à fonder un empire, une société de croyance et de culte.

La religion réduite aux tristes proportions de l'individu, une doctrine religieuse qui serait la foi d'un seul, qui ne possèderait, ne voudrait ni extension ni influence ni domination dans le monde intellectuel et moral, serait bien peu de chose. Théorie étroite et mesquine, portant avec elle la conscience de sa faiblesse, elle ne mériterait le nom ni de religion ni de doctrine.

Le christianisme est grand, parce qu'il aspire à la domination spirituelle et religieuse de l'univers, à l'union des esprits et des cœurs dans une même foi, une même espérance, un même amour ; il se dilate sans cesse et s'efforce constamment de ramener tous les hommes sous les lois tutélaires de l'Église. Voilà de la grandeur et de la gloire.

L'hérésie est grande quand elle veut aussi étendre au loin ses conquêtes. Il y a là une audace, une ambition criminelle sans doute, mais qui sied à un grand esprit.

Aussi, Messieurs, ne soyez point étonnés de cette sorte de louange qui n'empêche pas sa réprobation, et que les Pères et Bossuet après eux ont cru pouvoir décerner aux auteurs des plus fameuses et des plus cruelles dissidences.

« Ce sont, dit saint Grégoire de Nazianze en parlant des ariens, ce sont des natures grandes et ardentes..., mais qui joignent à leur ardeur l'imprudence, l'ignorance et la témérité... Les âmes faibles, ajoute-t-il, sont inutiles pour le bien et pour le mal..., les âmes fortes sont seules capables des grandes choses pour le vice comme pour la vertu... [1] » Bossuet compléta la pensée de saint

---

[1] S. Greg. Naz., orat. 32, alias 26, n. 3, p. 581, t. I, édit. Bened. Parisiis, 1778.

Grégoire de Nazianze sur les hérésiarques en disant : « Ces grands esprits prennent la religion de travers [1]. »

Saint Augustin, commentant le psaume cent vingt-quatre, a prononcé le même jugement. « Il y a des âmes grandes mais mauvaises. Ne croyez pas, en effet, mes frères, poursuit-il, que les hérésies aient eu pour auteurs de petits esprits : c'étaient de grands hommes; mais autant ils ont été grands, autant ils ont été pervers. » *Non fecerunt hæreses nisi magni homines; sed quantum magni, tantum mali* [2].

Il y aura donc, Messieurs, quelque chose de grand dans le génie de révolte et d'impiété qui arme l'hérétique de ses erreurs; quelque chose de grand dans la domination et la tyrannie même qu'il prétend exercer : je le veux.

Mais vous avouerez qu'il y aura au moins autant de perversité et de crime que de force et de grandeur : *Quantum magni, tantum mali*. Un homme a secoué le joug de la paix, il a brisé l'unité des lois de la patrie; il s'exalte; il n'obéit qu'à un orgueil effréné d'indépendance; il élève à grands cris son drapeau : la foule se précipite sur ses pas. Il com-

---

[1] Bossuet, *Hist. des Variations*, liv. v, n. 1, p. 267, t. XIX.
[2] Aug., *Enarrat. in psalm.* cxxiv, n. 5, col. 1414, A, t. IV, édit. Bened.

mande une armée, gouverne un État dans l'État ; et maintenant viennent les dissensions sanglantes, les luttes haineuses et cruelles, les armes déloyales et perfides, la calomnie, la violence, la tyrannie, qu'on nommera la liberté, pour faire prévaloir quoi? des opinions préconçues, des idées hardies, des théories funestes, une ambition démesurée, une domination dissidente. Cet homme sera grand, si vous voulez, mais ce sera un grand coupable. Cette gloire est triste.

Telle est, Messieurs, la domination de l'hérésie. Je ne nierai pas les illusions généreuses de plusieurs, leur force, leur audace.

Mais l'Église était leur mère, leur patrie. Elle les engendra un jour et les nourrit de la science de la vérité.

L'Église est la société, la famille commune du genre humain; sans elle les âmes sont souvent divisées et ennemies : les opinions déchirent l'humanité.

L'hérétique vient; et il divise, il sépare, il déchire. Il arrache à l'unité de la mère patrie, à la famille universelle, des esprits et des cœurs qui lui appartenaient. Le génie de l'hérésie peut être grand; mais son crime est immense. Quelques noms historiques vont le prouver; ils prouveront son double esprit : l'esprit de choix propre et arbitraire, l'esprit de domination. Je ne pourrai guère m'étendre aujourd'hui sur la résistance catholique, nous en trouverons le temps plus tard.

II. P. Il y eut, Messieurs, trois grandes erreurs entre mille autres dans le monde; trois grandes personnifications les représentent, trois grands noms : Arius d'abord.

Voyez-le, voyez l'arien dans son type : c'est l'hérétique de tous les temps. Tour à tour courtisan flatteur, annaliste faussaire, sophiste subtil ou populaire, docte parfois, grave même et austère en apparence; on le voit tout envahir : les écoles, les camps, le trône, le sanctuaire.

Il s'irrita un jour de n'avoir pu saisir un grand pouvoir et un grand honneur, le patriarcat : alors il fit choix d'une erreur et voulut étendre au loin son empire.

Aussi l'exil, les tortures, les violences, les déloyales chicanes sur des mots, sur des syllabes, pour en déguiser le sens impie, les plus impudentes déceptions, lui sont abondamment en aide.

Il faut lire, Messieurs, l'histoire de l'arianisme, elle a été écrite bien des fois; rien n'est plus instructif. Je ne puis que la rappeler très-sommairement.

Déjà le judaïsme cabalistique n'avait pas manqué d'échos pour dogmatiser contre l'adorable Trinité et contre sa manifestation divine dans le Verbe fait chair.

Il fallait continuer le blasphème premier, premier besoin de l'hérésie : Jésus-Christ ne sera qu'un pur homme, et pour l'établir on bouleversera le monde.

Ce fut alors qu'Arius, au moyen de quelque doctrine d'émanation qu'Alexandrie lui avait fournie, imagina un verbe créature, inférieur en tout à la paternité divine.

Et il chanta cette négation impie dans le poëme impur de *Thalie*.

Je ne sais quels rêves sophistiques empruntés soit à la subtilité grecque, soit à l'idéalisme oriental, soit au paganisme expliqué, furent ainsi ramassés traînants dans la boue et jetés au front des catholiques pour outrager et salir leur foi.

Puis vont venir, durant tout le cours des siècles, une suite d'erreurs qui se dresseront et combattront contre le dogme du Dieu fait homme.

Qu'on y prenne garde ; et on verra, en lisant l'histoire des grandes et déplorables scissions de la foi, combien aisément on les ramène toutes à ce grand objet de la lutte : le Dieu homme, à ce point capital qui fatigue le sophisme indocile, qui repose et rend heureux le cœur soumis et sincère.

En sorte qu'à l'arianisme, comme à leur centre

et à leur foyer, on voit converger et revenir les grandes erreurs.

Ainsi firent toutes les hérésies avant Mahomet; ainsi le mahométisme, qui est arien; ainsi le protestantisme, qui l'est bientôt devenu; ainsi un néo-christianisme de nos jours, qui en Jésus-Christ loue un sage. Ainsi, dans les temps antérieurs dont nous parlions, les nations barbares et conquérantes revêtirent-elles pour la plupart l'arianisme, comme un caractère de plus d'oppression et de combat. Il faut excepter cependant la tribu franche et généreuse, une fois pour toujours convertie avec Clovis au Dieu de Clotilde et de l'Église.

Mais deux hommes se sont trouvés surtout, Messieurs, qui furent, à neuf siècles de distance l'un de l'autre, les deux plus grandes figures de la lutte contre le christianisme.

Tous deux avaient reçu de la nature une énergie et une force d'esprit peu communes, et cette éloquence des passions qui sait puissamment agir sur les multitudes. Tous deux eurent la même violence dans leurs désirs, la même obstination dans leurs desseins.

Fougueux, impatients de tout obstacle, ils portèrent, l'un dans les combats et les dangers une rare intrépidité, l'autre dans la dispute et les déchirements du schisme, l'audace et l'arrogance les plus indomptables.

L'un et l'autre, despotes absolus et maîtres tyranniques, voulurent tout voir plier sous leur empire : et malheur à qui leur résista! L'un cependant, et c'est le chef de l'islamisme, connut quelquefois la clémence et les pensées généreuses : l'autre, sans cesse transporté de l'esprit d'orgueil et dévoré d'une haine cruelle, vomit contre ceux qu'il attaqua, contre Rome surtout, des flots de bile amère, l'outrage, l'injure et les menaces les plus ordurières; ses écrits presque à chaque page en déposent.

Tous deux mirent à nu dans leur doctrine et dans leurs mœurs la turpitude de leurs penchants. Mahomet ne voulut, ne choisit pour lui-même et n'offrit aux autres pour espérance et pour bonheur que la fange des voluptés sensuelles, et il s'y plongea avec la plus brutale incontinence. Luther, moine apostat, rompt son ban, arrache aussi aux engagements sacrés du cloître celle qu'il a choisie pour victime de ses déportements. Il approuve la polygamie par un acte solennel qui demeure; il prêche publiquement l'adultère; ses ouvrages et la plus irrécusable histoire l'attestent. Devenu homme de table et d'orgie, il laisse alors s'exhaler son âme tout entière dans des propos que des mains amies ont recueillis, publiés, et dont rien n'égale le cynisme et l'infamie.

Tous deux parurent s'être exaltés, préparés à la mission qu'ils se donnèrent, par la solitude, le jeûne, les austérités ; et les cavernes du mont Hara furent pour le prophète de la Mecque ce que le couvent d'Erfurt avait été pour le prédicant de Wittemberg.

Ce qu'ils prétendirent enfin l'un et l'autre le voici : Mahomet, établir sa propre domination par l'empire d'un fatalisme brutal. Il présente le cimeterre ou le sérail ; il faut recevoir l'islamisme ou la mort. De vastes régions sont bientôt subjuguées, et le redoutable empire des califes est fondé pour de longs siècles. Pour longtemps des populations nombreuses seront courbées sous le double joug d'un despotisme cruel et d'un sensualisme fanatique.

Quant à Luther, nul doute qu'il ne voulût établir aussi son règne, le règne de ses conceptions audacieuses, et l'empire de cette haine qui le dévorait contre le pontificat romain.

Le principe de son hérésie fut son orgueil blessé dans ses démêlés avec Rome.

Son choix propre, son élection hérétique fut, indépendamment de toute question de doctrine, la révolte contre l'autorité pontificale qui le condamnaît. Son chagrin superbe et son châtiment furent de manquer, à l'égard de ses disciples, de ce lien d'autorité qu'il avait brisé pour lui-même. Il commandait, il anathématisait : vains efforts. Il aurait bien voulu voir s'établir l'empire hautain de sa pensée et de son jugement privé ; mais remarquez-le, Messieurs, ce fut beaucoup plus pour courber les autres sous le joug propre de Martin Luther que pour affranchir les opinions et les croyances, comme on l'a trop souvent et trop faussement supposé.

Bientôt, de toutes parts, ses plus ardents sectateurs se sont armés contre lui du principe même de sa révolte. Du vivant de Luther, ses doctrines, comme cela devait être, furent disséquées, déchirées en lambeaux ; rien ne fut sacré. De quel droit obliger à respecter quelque chose en religion, quand il n'y a plus ni lois ni juges ni pouvoir souverain ?

La guerre déclarée à l'autorité catholique, règle suprême du christianisme ; tel fut donc, à vrai dire, le protestantisme.

De là ces divergences et ces divagations sans mesure, de là l'ébranlement de toutes les bases d'ordre et de foi, de là toutes les passions déchaînées, toutes les agitations suscitées ; la société n'a plus présenté que l'aspect d'une terre mouvante, décomposée, sans consistance, sans nom ; chaos intellectuel, politique, religieux et moral, auquel nous avons encore le malheur d'assister : en vain le dissimulerions-nous, tout se tient depuis trois siècles.

Messieurs, voilà l'hérésie : je vous devais la vérité, je l'ai dite.

En présence de l'islamisme et de la réforme, on se reporte malgré soi au souvenir heureux de la vie et des vertus célestes du fondateur du christianisme, au souvenir de cette autorité humble et douce, de cette unité puissante, de ces lois toutes charitables et divines qu'il léguait, pour nous être transmises, aux pêcheurs de la Galilée. Quelle différence !

Mais aussi l'Église persévère, toujours semblable à elle-même quoique toujours en lutte; car il faut la lutte : *Oportet et hæreses esse.* Voyons en peu de mots la résistance catholique.

III. P. Comment se personnifiera donc à son tour, Messieurs, la résistance catholique? Au milieu de l'effroyable et continuelle tourmente de l'hérésie, comment apparaîtra la conservation providentielle du dépôt de la foi révélée?

Comment? mais vous le savez bien : par le pontificat.

Ici, Messieurs, je parle dans le même sens que les Pères quand ils ont dit : « L'épiscopat est un. » *Episcopatus unus est.*

L'épiscopat est un surtout, suivant la pensée de saint Cyprien, dans son centre et dans son chef, le Pontife romain.

Sous l'autorité du chef suprême qu'ils s'honorent de suivre, de vénérer et de chérir, les évêques sont nos maîtres, nos pères et nos guides ; ils sont les témoins irréfragables des faits divins et traditionnels.

Ils sont, Messieurs, les juges et les défenseurs-nés de la foi, les vrais successeurs des apôtres, revêtus comme eux de la plénitude du sacerdoce, admis avec le successeur de Pierre à une grande part dans la sollicitude pastorale.

L'évêque agit, parle, gouverne en vertu d'une mission toute divine ; par sa mission même il est surtout préposé à l'enseignement religieux des peuples et à la conservation de la foi. Tel est l'évêque.

Dans l'épiscopat uni à son chef, dans son caractère et son pouvoir sacrés réside cette force catholique contre laquelle l'hérésie vient se briser comme le torrent devant la digue immobile.

L'histoire le prouve assez.

Mais dans l'histoire je ne veux ici saisir rapidement qu'un seul fait, l'unité de l'épiscopat, ou, ce qui revient au même, l'unité de l'Église et de sa foi.

Je l'appelle un fait, je le considère comme tel, et comme tel il existe incontestablement; il a toujours existé depuis dix-huit siècles.

Ce fait, Messieurs, est l'adversaire et le vainqueur de l'hérésie, et il est humainement inexplicable.

Oui, l'unité de foi avec toutes ses conditions est dans l'Église catholique, en présence de l'hérésie, un phénomène humainement impossible et inexplicable, un immense miracle, veuillez m'entendre, et il est aussi la victoire catholique[1].

Il faudrait n'avoir jamais jeté les yeux sur l'histoire des lettres, pour nier que l'Église ait possédé dans tous les temps des hommes illustres par leur savoir, leurs talents et leur génie, voués à tous les genres d'enseignement, de recherches et de discussions.

Je laisse en ce moment de côté les caractères divins du catholicisme; je veux bien le considérer comme une école ou une secte quelconque.

Or qu'une doctrine se soutienne et se perpétue dans une parfaite unité durant dix-huit cents ans, à travers un enseignement qui revêt toutes les

---

[1] Quelques idées et même quelques expressions ont été ici empruntées au remarquable ouvrage de M. l'abbé Jacques Balmès : *Le Protestantisme comparé au catholicisme,* etc., t. Ier, passim. On ne pouvait mieux faire.

formes, à travers des luttes qui expriment toutes les contradictions, parmi la multitude de grands esprits que cette unité a toujours renfermés dans son sein, c'est le résultat le plus extraordinaire qui fut jamais.

A cette unité catholique adhérèrent, dans tous les temps et dans tous les lieux, des savants éminents entre tous par l'indépendance et la hardiesse de leur pensée ; ces grands esprits différaient d'ailleurs entre eux par une foule d'opinions particulières. Très-souvent des intérêts opposés et des nationalités diverses les divisèrent ; des rivalités profondes les placèrent dans des camps qu'on eût pu croire ennemis : et ils étaient semblables, unis, unanimes dans la foi.

Mais en vérité, Messieurs, la chose vaut la peine qu'on y pense ; il y a là un phénomène étrange, unique, et qui ne se trouve que dans l'Église catholique.

La connaissez-vous bien, cette Église toujours une et toujours la même? Elle évoque, pour ainsi dire, dans son propre sein, tous les éléments et tous les combats qui peuvent scinder et fractionner les esprits ; et l'unité demeure.

L'Église exige la foi, l'unité dans la doctrine, sans aucun doute ; mais en même temps, on le sait, l'Église fomente tous les genres d'instruction, elle invite à la discussion sur tous les sujets, elle excite et stimule l'étude et l'examen des fondements mêmes sur lesquels repose la foi. Elle interroge sans cesse les langues antiques, les monuments sacrés ou profanes des temps les plus reculés; elle dépouille toutes les archives, tous les documents de l'histoire; elle contrôle les découvertes des arts, interroge les leçons des sciences les plus élevées et les plus analytiques. Elle se présente enfin avec une généreuse confiance au foyer même des civilisations les plus avancées, devant toutes les lumières concentrées au sein des académies les plus actives et les plus renommées.

Voilà, Messieurs, ce que l'Église a toujours fait et ce qu'elle fait encore. Et nous la voyons néanmoins persévérer inviolablement dans sa foi et dans l'unité de sa doctrine; nous la voyons toujours environnée d'hommes illustres, dont les fronts ceints de lauriers en cent combats philosophiques ou littéraires, s'humilient tranquilles et sereins devant elle, sans craindre de faire pâlir la brillante auréole dont leur tête est couronnée.

Nous prions, Messieurs, ceux qui ne voient dans le catholicisme qu'une des innombrables sectes dont la terre a été couverte, de chercher un fait semblable à celui-ci, de nous expliquer comment l'Église peut nous présenter, sans discontinuer, un phénomène si opposé à l'inconstance native de l'esprit humain.

Ailleurs, si vous trouvez le savoir, vous aurez la division, la dissection à l'infini ou même la mort : l'arianisme, le protestantisme et la philosophie le prouvent surabondamment.

Si vous rencontrez une sorte d'unité apparente, du reste fort trompeuse, restreinte et partielle, vous ne verrez que l'ignorance et un despotisme brutal : l'islamisme, le schisme grec et le bouddhisme en sont aussi l'exemple et la preuve.

Mais fouillez l'histoire de tous les temps, parcourez toutes les contrées du monde; si vous découvrez quelque part un assemblage aussi extraordinaire, le savoir uni à la foi, le génie soumis à l'autorité, et la discussion réconciliée avec l'unité, vous aurez fait une importante découverte; et ce sera pour la science un phénomène nouveau, incroyable à expliquer. Ah! vous le savez bien, hors de l'Église, rien de semblable n'apparaît à nos regards.

Donc, pour la raison impartiale et même pour le sens commun, il en découle cette légitime conséquence, qu'il y a dans l'Église catholique quelque chose qui ne se trouve point ailleurs.

Et quand on dit quelque chose qui ne se trouve nulle part ailleurs, au milieu de la communauté nécessaire de la nature, des facultés et des résultats humains, il faut que ce soit quelque chose de divin.

Voilà donc, Messieurs, ce seul fait: l'unité catholique; il répond à tout.

Il est la réfutation péremptoire de l'hérésie; il est le fait triomphant et divin de la vérité religieuse.

Il est l'apanage du pontificat sacré dans l'Église, tel que je l'ai naguère expliqué. Faisceau indissoluble, phénomène lui-même de force, de savoir, de puissance et de génie, le pontificat est la source unique de tout enseignement religieux, de toute doctrine, de toute unité catholique, en qui se révèle également aussi l'institution même divine.

Le temps me prescrit de m'arrêter; mais j'en ai dit assez pour des intelligences éclairées, pour des cœurs généreux.

Messieurs, quand l'esprit de l'homme a conçu une estime exagérée de lui-même, il n'a qu'à étudier sa propre histoire, pour voir et toucher du doigt combien il y a peu de sécurité pour lui à compter sur ses propres forces. Abondant en systèmes, inépuisable en subtilités, aussi prompt à concevoir une pensée qu'incapable de la mûrir, vraie fourmilière d'idées qui naissent, s'agitent et se détruisent les unes les autres, comme les insectes qui foisonnent dans un lac ; s'élevant tour à tour sur les ailes d'une inspiration sublime, et rampant comme le reptile qui sillonne la poussière ou la boue; aussi habile, aussi impétueux à détruire les œuvres d'autrui qu'impuissant à donner aux siennes une constitution durable; poussé par la violence des passions, enflé d'orgueil, épris d'indépendance et de nouveauté, troublé par l'infinie variété d'objets qui se présentent à lui, confondu par tant de fausses lueurs et par tant d'apparences trompeuses, l'esprit humain, lorsqu'il se livre entièrement à lui-même, offre l'image de cette flamme vive et inquiète qui parcourt au hasard l'immensité des cieux, trace mille figures étranges, sème mille étincelles, enchante un moment par son éclat, son agilité et ses caprices, et disparaît sans laisser un seul reflet pour éclairer les ténèbres.

Voilà, Messieurs, l'histoire de nos connaissances et de notre esprit : dans cet immense et confus dépôt de vérité, d'erreur, de sublimité, de niaiserie, de sagesse et de folie, sont entassés les innombrables morcellements, les délirantes contradictions de l'hérésie.

Mais qu'elle est donc belle, qu'elle est glorieuse cette Église qui, semblable à un temple immense, portée sur d'inébranlables colonnes, appuyée sur son pontife, ses évêques, ses grands hommes, traverse les siècles et arrive jusqu'à nous toujours la même, toujours une, toujours combattue, toujours invincible, couronnée de l'auréole de ses martyrs et de ses doctrines, resplendissante de toutes les gloires de la science, du talent, de la civilisation, des vertus et du génie.

Qu'on nous dise donc, Messieurs, quel talisman secret réside aux mains d'un humble prêtre sur la terre, et opère ainsi ce qui a été impossible à tous les pouvoirs, à toutes les religions, à toutes les philosophies, l'unité de la doctrine. Ces hommes qui, dans la longue succession des temps, inclinent leur liberté et leur raison devant la parole du Vatican, ces hommes qui rejettent leur propre sentiment pour se soumettre à ce qui leur est dicté par un évêque appelé le Pape, ce ne sont pas seulement des hommes simples et ignorants; regardez-les attentivement : vous découvrirez dans la fierté qui décore leurs fronts le sentiment qu'ils ont de leurs propres forces, dans leurs yeux vous verrez étinceler la flamme du génie. Ces hommes sont les mêmes qui ont brillé du plus vif éclat dans les chaires, dans les académies, dans les sociétés européennes, qui ont rempli le monde du bruit de leur réputation, et dont les noms sont parvenus au milieu des chants de triomphe jusqu'à la postérité la plus reculée. Ils avaient la foi.

Vos pères, Messieurs, ont noblement compté parmi ces âmes généreuses. Avec la soumission et le respect constants pour l'Église, pour ses enseignements et pour ses lois, ils ont dans tous les champs d'honneur et de gloire cueilli une assez ample moisson de lauriers, pour que vous ne vous preniez pas à répudier leur héritage. Vous en montrer dignes, ce sera comme eux embrasser inviolablement l'autorité de l'Église catholique, et vivre dans l'indestructible unité de sa foi.

SEPTIÈME CONFÉRENCE

L'ESPRIT DE LA LUTTE

SEPTIÈME CONFÉRENCE

L'ESPRIT DE LA LUTTE

Monseigneur,

Trois fois Dieu manifesta au monde la vérité religieuse : par la révélation primitive, par Moïse, par Jésus-Christ.

Dans cette triple institution, Dieu voulut donner à l'homme le pouvoir et le mérite d'être fidèle.

L'homme demeurait libre : le secours divin venait s'unir à sa liberté sans jamais l'enchaîner.

Une lumière intérieure éclairait son esprit, l'avertissait et lui montrait la voie. Une force intérieure soutenait et animait son cœur dans l'accomplissement des volontés divines.

En même temps, au dehors, et pour diriger vers le terme commun tous les enfants de la commune famille, les traditions, les témoignages, les faits, l'autorité descendaient avec la religion de la source première et divine, et suivaient le cours des siècles, comme un fleuve porte à travers de vastes régions la barque assurée du voyageur.

Messieurs, ce voyage est encore le nôtre : la Providence attentive veille sur le vaisseau impérissable de l'Église; mais il est dans l'économie des vues divines de permettre les assauts constants de la tempête.

Au milieu de la tourmente, il y a des passagers inquiets et rebelles : ils méconnaissent, ils blâment la sage direction du pilote qui les conduit au port véritable; et trop souvent on les verra se jeter au hasard dans de frêles esquifs pour aller affronter des mers inconnues, et s'abandonner au caprice des vents, au danger des écueils.

Ainsi, Messieurs, dans tous les siècles, des hommes faibles ou téméraires ne savent pas reconnaître et suivre le cours fidèle des traditions divines. Toutes les erreurs en religion sont une déviation de l'institution première et révélée, une injurieuse défiance envers les témoignages et l'appui divins.

L'homme parle alors à la place de Dieu; il substitue l'opinion à la foi, il sépare ce que Dieu a uni, la liberté de la pensée et l'autorité de l'enseignement catholique.

Et c'est toujours la lutte, digne sujet de méditations sérieuses.

Pressés par le temps qui nous échappe, ne pourrions-nous pas maintenant essayer de nous fixer sur l'esprit dominant de cette opposition que l'Église a toujours dû subir et qu'elle doit souffrir encore? N'y aurait-il pas une raison, une loi, pour ainsi parler, qui caractérisât le combat de tous les temps, sans en excepter le temps présent? Trouverons-nous une expression de la lutte qui apprenne aux uns, aux ennemis de l'Église, ce qu'ils craindraient souvent de s'avouer à eux-mêmes; qui rappelle aux autres, aux catholiques fidèles, leur force et leur devoir? La rechercher avec une indépendance entière sera l'objet de cette conférence.

J'éprouve, au reste, Messieurs, le besoin de le déclarer hautement : l'Église accepte franchement le milieu où il lui est donné de combattre et de vivre : elle l'accepte libre, éclairé, industrieux, inquiet, agité; elle demande qu'on l'accepte aussi libre elle-même, paisible, forte, et seulement contraire à l'erreur, à l'inconséquence, aux préventions tyranniques, aux maux oppresseurs des sociétés.

Quel motif donc et quel obstacle, Messieurs, repoussent si constamment et si ardemment l'action tutélaire de l'Église, son autorité toute spirituelle et doctrinale? Car il ne s'agit pas d'autre chose. C'est ce que nous allons considérer ensemble, sans amertume, sans aigreur, sans faiblesse; non pour irriter mais pour calmer; non pour blesser mais pour guérir; non pour céder non plus mais pour vaincre, en donnant à la vérité tout pouvoir de parler sa langue et de rétablir ses droits.

I. P. J'oserai, Messieurs, vous conjurer de vous recueillir profondément, de vous isoler de toute préoccupation fatigante, et d'invoquer au dedans de vous l'esprit d'ordre, de justice et de paix; car je viens vous proposer une étude sérieuse et calme.

Quel est donc ce ressort puissant, ce mobile caché ou reconnu qui si souvent et si longtemps souleva des résistances malheureuses contre l'Église de Jésus-Christ?

Telle est la question: j'en demanderai la solution au témoignage le plus intime de la conscience, aux sentiments les plus intimes du cœur de l'homme.

Dans ces phases diverses de luttes et de dissidences funestes, je ne verrai pas précisément le dessein formé de détruire le christianisme et l'Église, la volonté arrêtée de les rayer du nombre des institutions religieuses des peuples. Une seule fois, ce semble, depuis le paganisme éteint, cette inconcevable folie, cet impossible et absurde projet transporta de fureur des sophistes impies. Le xviiiᵉ siècle nous en a légué l'unique et lamentable histoire; et des temps trop rapprochés encore du nôtre ont vu cet essai pratique d'athéisme, cette religion du crime où le ridicule et l'infamie le disputèrent à la cruauté et à la tyrannie les plus barbares. Ne parlons plus de ces choses : puissions-nous en effacer le souvenir!

Luther lui-même, l'auteur d'une des plus étonnantes révolutions qui fut jamais, n'a pas voulu tout ce qu'il a fait. Il voulait d'abord, je le crois avec Bossuet, conserver le dogme et la force de l'autorité catholique : son orgueil, sa haine, son temps l'entraînèrent bien au delà.

Certainement aujourd'hui non plus, parmi les vives oppositions de la lutte, on n'a point la prétention de détruire le christianisme ni de renverser l'Église : ce qui empêche toutefois d'y songer sérieusement, c'est moins le respect, je pense, que l'impossibilité.

Que signifie donc le combat acharné de tous les temps contre la religion de Jésus-Christ? Voudrait-on, par hasard, l'améliorer pour la rendre plus digne de Dieu, plus profitable au bien de l'humanité?

Un fanatisme insensé a pu se l'imaginer un moment; des théories aveugles, des illusions ardentes ont pu quelquefois le persuader à des âmes séduites. Un zèle digne d'une meilleure cause abusa des cœurs généreux; ils crurent à un faux progrès des races humaines au delà même des proportions indéfinies de la perfection évangélique. Hélas! ils ont ainsi reculé bien loin; ils sont descendus bien bas.

Mais ce ne furent là, après tout, contre l'Église, que des tentatives avortées et éphémères : s'il en reste encore quelque chose, ce n'est que l'ombre fugitive du passant, ou la vague nuée qui se perd dans les airs.

Cette philosophie du progrès continu est un triste jeu d'imagination ; elle n'est pas la raison, l'esprit de la lutte. Elle n'a fait ni Porphyre ni Julien, ni Arius ni Pélage, ni Mahomet ni Luther, ni Voltaire et son siècle impie; elle n'a pas fait les attaques, les préventions, les haines présentes contre l'Église.

La raison du combat serait-elle dans l'indomptable orgueil des sophistes irréligieux, dans les intérêts d'un protestantisme varié sous mille formes, dans des haines héréditaires, des préjugés politiques, dans l'ignorance rebelle et curieuse, dans les passions en effervescence, dans l'enthousiasme des théories et des rêves? Ce furent des éléments et des armes de guerre aux diverses époques. Messieurs, en y réfléchissant mûrement, vous trouverez comme moi que rien de tout cela n'explique l'état permanent de lutte religieuse, ni la disposition trop générale du cœur de l'homme à se révolter contre l'unité, contre l'autorité catholique.

Il doit y avoir un principe plus profond, plus étendu, plus rapproché de la nature et des inclinations communes, que toutes ces causes partielles, personnelles ou locales de dissidence.

L'erreur n'a presque jamais été non plus une logique suivie; encore moins la guerre contre l'Église fut-elle le procédé grave, excusable de convictions assises et calmes, de croyances éprouvées et néanmoins contraires à la foi chrétienne.

Dans le fond et à l'illuminisme près, tous les combats contre le christianisme sont un doute. Voyez plutôt l'hérésie la plus ardente, l'arianisme : il varia comme Protée. Le protestantisme l'imita, le surpassa même; la philosophie se dément tous les jours. Mais ce n'est pas être assuré que de changer sans fin; il y a là un cachet d'incertitude, et vous n'avez pas de terrain solide sur lequel puisse s'asseoir une conviction tranquille comme le lion au repos.

Le doute n'est pas un principe, il ne forme pas un esprit qui puisse dominer et diriger l'opinion : il n'est pas la raison du combat.

Comment exprimerons-nous donc la raison fondamentale et commune de la lutte? Comment généraliser ce principe, cet esprit qui, sous des formes si diverses, produit l'opposition contre l'Église?

Messieurs, un mot du plus paisible et du plus profond génie m'a paru un trait de lumière; saint Thomas, traitant de la crainte, dit: « En Dieu, il n'y a point de crainte, parce que Dieu n'a point de supérieur. » *Deo non convenit timor, quia non habet superiorem* [1].

Dieu est inaccessible à la crainte parce qu'il n'a pas de supérieur! Et si cette raison est exclusivement propre à la Divinité, si Dieu seul est sans supérieur; si cette raison est encore une des différences immenses et essentielles qui séparent de Dieu la nature humaine, ne serait-elle pas aussi au plus intime du cœur de l'homme le principe le plus fécond, la racine la plus indestructible de révolte et de combat contre Dieu et la religion?

Vraiment, Messieurs, j'en conviens, le christianisme se présenta au monde avec une incroyable audace: une poignée de bateliers juifs, quelques pêcheurs galiléens s'adressent à la civilisation grecque, romaine, orientale, et lui disent en lui montrant l'image d'un homme crucifié dans la Judée: Voilà votre Dieu: croyez en lui, adorez-le.

[1] 1a 2æ, q. 19, a. 11, 2um.

Ces mêmes apôtres étaient l'Église; ils étaient le corps hiérarchique et enseignant des premiers pasteurs, unis à Pierre, leur chef suprême. L'Église disait par leur bouche à la science, à la philosophie, au génie, au pouvoir, comme aux masses : Il a paru bon au Saint-Esprit et à nous : *Visum est Spiritui sancto et nobis*[1]; et elle dictait ainsi à tous ses lois, imposait ses dogmes, commandait la foi, qu'elle définissait seule au nom du Seigneur.

L'Église, à la face de l'univers, se posait donc hardiment comme l'autorité souveraine d'enseignement religieux, comme le premier supérieur de toutes les intelligences, de toutes les consciences, pour les obliger à croire à la parole révélée.

Et l'Église a vaincu le monde : elle a établi, propagé au loin et maintenu le christianisme; l'Église dure, parle et règne encore : il faut bien traiter avec elle de puissance à puissance : elle vit par une force invincible non moins qu'inexplicable. Que voulez-vous? c'est un fait : bon gré mal gré, on doit en convenir. Oui, il y a dans l'Église autorité, force, puissance : elle s'impose à l'univers; elle veut être le supérieur de tous les hommes : elle l'est réellement de générations innombrables.

Cela suffit, la raison est trouvée : l'homme craint parce qu'il sent un pouvoir supérieur dans

[1] Act., xv, 28.

l'Église; Dieu ne craint pas parce qu'il n'a pas de supérieur.

L'homme lutte contre l'Église parce qu'il la craint. Je ne vois réellement que la peur qui explique la lutte. Pourquoi donc combattre, attaquer avec fureur, si l'on n'a rien à craindre?

Oui, l'homme dissident de toutes les époques a peur de l'Église; et il a raison d'avoir peur.

Nous agitons une question toute de conscience, pourquoi ne parlerais-je pas avec la plus consciencieuse franchise?

On a peur de l'Église et de sa puissance; on n'a pas le courage de l'accepter, on la craint.

On a peur d'un acte de foi sincère, d'une science trop franche, trop complète, trop conséquente et trop logique; qui obligerait à croire, à faire, à se soumettre aux dogmes et aux préceptes divins, non plus vagues mais précis, non plus arbitraires mais définis. Ah! il faudrait être raisonnable, humble, vertueux, chaste et fidèle : c'est à craindre.

On a peur de s'avouer vaincu ou, ce qui revient au même, on a peur d'être convaincu, de le dire; d'abandonner ainsi pour jamais le langage convenu jusque-là, et tous les précédents, tous les engagements de la vie publique et privée. Certes le retour à la foi est un grand courage : on ne l'a pas.

On a peur par un entraînement déplorable, par

une fascination humiliante, de renoncer à je ne sais quelles positions fausses prises par certains hommes d'État à l'endroit de l'Église. Le courage d'un esprit supérieur dominerait seul cette sphère tracassière et mesquine : on n'a pas ce courage.

Mais, chose étrange! jamais ailleurs les hommes d'État n'ont eu peur, chez eux, de leur Église païenne, arienne, grecque, turque, prussienne, anglicane ; non, jamais. Les catholiques seuls ont peur de leur Église ; et tous les genres de dissidents ont eu peur de l'Église catholique seule ; ils ont lutté contre elle, et ses propres enfants les ont soutenus dans leur lutte.

Ah! c'est qu'ailleurs l'Église est l'État, c'est-à-dire qu'ailleurs l'Église est soumise à l'État.

L'Église catholique n'est pas soumise à l'État, et ne peut pas l'être. Son autorité, sa fin, son origine, ses lois sont différentes.

L'Église est l'autorité divine, spirituelle, surnaturelle : l'État est l'autorité, la société humaine, temporelle, naturelle.

Grand Dieu! si l'Église était reconnue vraie, divine et libre, tout serait bien alors. Combien volontiers j'en tracerais l'utopie : mais ce serait la paix et il faut la guerre ; l'Évangile l'annonça.

On a donc peur de l'Église ; et dans l'Église on a peur, Messieurs, du prêtre, de sa mission, de son influence, de sa présence, qui est tout à la fois un témoignage et un reproche; et cette peur se traduit trop souvent et s'exprime par l'aigreur, l'injure et la haine.

Messieurs, il y a une triste remarque à faire, Bossuet la fit avant moi : aux approches de grandes et lamentables apostasies, quand Arius, Wiclef, Jean Huss, Luther, Calvin parurent, l'aigreur et l'outrage contre le clergé servirent d'appât pour de nombreuses défections; c'est que la doctrine est identifiée avec la hiérarchie, c'est que le sacerdoce est la foi vivante et l'ordre conservateur; il est l'autorité d'enseignement, en un mot, il est l'Église.

Église, foi, culte, morale, tout le christianisme est attaqué quand le sacerdoce est livré au sarcasme, au mépris ou à la haine.

Craindre et haïr le prêtre, c'est craindre et haïr l'Église et l'Évangile; prétendre les séparer dans l'affection comme dans l'outrage est un mensonge : l'histoire l'a prouvé mille fois.

La peur donc est au fond de tout cela, qu'on le veuille ou qu'on ne le veuille pas; elle est la grande raison des luttes religieuses.

L'ignorance a sa part, je le veux; je veux admettre également aussi les erreurs et les préoccupations plus dignes de commisération que de blâme; je crois même à la bonne foi de plusieurs dans la guerre.

Mais au fond des cœurs du plus grand nombre je lis, comme expression et raison de la lutte, la peur, et je ne parviens pas à lire autre chose.

Car la haine est un effet de la peur.

L'homme placé devant une puissance qu'il sent lui être supérieure, l'adore ou la hait; je parle ici de l'homme livré en tout temps aux instincts de sa nature.

Il adore sous tous les noms la force qui flatte les penchants, promet les jouissances, affranchit les sens, les passions et l'orgueil, tout en courbant l'esprit sous le joug avilissant de l'erreur (et, Messieurs, l'homme adore toujours une puissance) : telle est la raison du paganisme ancien et récent.

L'homme hait naturellement, parce qu'il la craint, la force ou la puissance qui combat les penchants, règle les sens, dompte les passions, et n'affranchit que l'esprit, la raison pure, la vertu et la vérité, en les unissant à Dieu. Alors il y a résistance et lutte, à moins que les âmes n'aient assez de courage et d'énergie pour se soumettre et obéir.

Aussi, pour tout résumer, parce que l'homme est faible et craintif, il se révolte contre l'Église; il combat parce qu'il a peur; il a peur de sa conscience qui le presse, qui avoue le christianisme, qui veut le croire, qui se rapprocherait du prêtre.

Il a peur du bien, du vrai, d'une acceptation forte et pratique de la foi, et il lutte : quelquefois cependant il laissera tomber de sa bouche et de son cœur des hommages et des éloges, des désirs et des regrets pour cette Église, cette religion qu'il estime et qu'il repousse.

Il lui manque donc le courage : le courage, Messieurs, fait le catholique, puisque la peur fait l'homme ennemi de l'Église. Quel est ce courage dans la lutte ? Je vais le dire pour ceux qui l'ignorent.

II. P. Si je ne savais, Messieurs, par une expérience constante, quels droits conserve toujours la conscience, même dans les hommes égarés loin de la vérité, j'aurais hésité à rechercher devant vous, dans cette enceinte, le principe intime de la lutte persévérante contre l'Église. Mais cela est réellement vrai, le catholicisme fait peur à un trop grand nombre d'esprits : souvent à leur insu, je le déclare, ce sentiment les inspire et les fait agir. Ils craignent, ils s'inquiètent et s'impatientent à la vue de cette force de l'Église, qui dure, qui vit, qu'on attaque sans cesse, et qui demeure toujours; qui résiste, qui témoigne, mais qui pardonne aussi, et enseigne toujours avec un calme et une constance inaltérables.

On craint l'Église; pourquoi ne pas en convenir? Car elle est à craindre quand on ne veut pas la croire et l'accepter; à craindre, non pour les vains intérêts du temps, mais pour ceux de l'éternité. Obtiendrai-je ici de quelques-uns qu'ils fassent, du moins dans le fond de leur cœur, l'aveu secret de la vérité que je prêche? Je l'espère, car la sincérité et la franchise ont des droits à se faire entendre; et j'espère aussi que personne ne voudra nier les caractères opposés du courage catholique.

Si l'Église, comme on l'a si bien dit, est une grande école de respect, elle est certainement aussi la grande école du courage; toute son histoire l'atteste, et chaque siècle en prépare une preuve nouvelle pour les siècles suivants. Le nôtre s'en occupe.

Messieurs, quelle fut donc la conduite de l'Église dans le long duel de dix-huit cents ans? Quel esprit l'anima dans les combats du glaive, du sophisme, dans ceux de l'hérésie, du schisme, de l'impiété et de la tyrannie? Car je veux tout résumer à cette heure.

J'ai beau chercher; je ne trouve, je vous assure, qu'un seul mot qui convienne pour ma réponse : le courage. Et certes, Messieurs, on n'a pas su, on n'a pas pu encore reprocher à l'Église la peur et la lâcheté.

L'erreur et le mensonge revêtent toutes les formes pour attaquer; et l'erreur seule peut attaquer l'Église. L'Église pour sa défense ne taira jamais les droits de la vérité; sous le fer des bourreaux, sous le joug des tyrans, devant les assauts d'une haine impie et frémissante, l'Église fera entendre sa noble voix. Elle confessera hautement son maître, son origine; elle exposera ses titres, ses caractères divins, son immuable enseignement, son autorité souveraine : on veut l'accabler, la réduire au silence, elle répond : Je ne puis pas me taire : *Non possumus*[1]. Il vaut mieux obéir à Dieu qu'aux hommes : *Obedire oportet Deo magis quam hominibus*[2]. Malheur, malheur à moi, si je n'évangélise : *Væ mihi si non evangelizavero*[3] !

Et voulez-vous savoir jusqu'où va le courage que l'Église inspire à ses enfants ? Une mère donnerait sa vie, mille vies; elle lutterait contre la terreur des armées, contre la barbarie des tigres pour leur arracher ceux qu'elle porta dans son sein : la foi chrétienne fait mieux encore. Une mère chrétienne a sept fils; ils sont condamnés au der-

---

[1] Act., IV, 20.
[2] Act., V, 29.
[3] I Cor., IX, 16.

nier supplice : tout s'apprête ; on a saisi et emmené les six premiers ; le plus jeune est oublié. Sa mère s'en aperçoit et s'en indigne. Elle le prend dans ses bras et le porte jusqu'au char fatal, elle force les bourreaux de reprendre celui qu'ils épargnaient ; elle suit d'un pas ferme et assuré, elle exhorte ses enfants au martyre : « Courage, leur crie-t-elle, courage! » Heureuse et fière de donner tout leur sang pour attester sa foi, pour prouver à Dieu son surnaturel amour. Les actes des martyrs de Rome et plus tard l'histoire du Japon nous ont montré cette transformation catholique du courage ; je plaindrais ceux qui n'auraient pour l'apprécier que les sentiments étroits de la nature.

Le glaive des persécutions n'effraya pas l'Église, je crois ; le sophisme non plus ; et alors que le paganisme, ébranlé par la tempête évangélique, se rangeait de frayeur sous l'étendard déployé de la philosophie, l'Église vit dans son camp le courage et la gloire d'une science, d'une philosophie vraiment catholique. Saint Irénée, saint Justin, Tertullien, Origène, Clément d'Alexandrie et beaucoup d'autres eurent l'honneur et la force de leurs nobles pensées, la force du savoir et du génie, qui jamais ne firent défaut à la foi attaquée par le faux et coupable artifice de la peur philosophique : ils luttèrent indomptables. Courage de la philosophie et de la science véritables, non, vous n'avez jamais manqué à l'Église : ce courage, Messieurs, a porté, il porte encore le beau nom de catholique.

La lutte de l'hérésie et du schisme, plus encore peut-être que celle du glaive et du sophisme, vient frapper à coups redoublés sur la base de l'édifice ; cette lutte s'en prenait violemment à l'autorité hiérarchique et doctrinale, pierre fondamentale, soutien de la Jérusalem nouvelle.

Ils se levèrent, Messieurs, les pontifes, les docteurs, les Pères de l'Église, et combattirent vaillamment les ennemis du Très-Haut. Connaissez-vous beaucoup de héros comme l'invincible Athanase, exilé sept fois, accusé, condamné, poursuivi sans cesse, toujours vainqueur, plus grand, plus fort que toutes les forces de l'empire, que toute la rage et toute la ruse de l'arianisme? Est-ce qu'il y a de plus beaux noms du courage que ceux d'un Hilaire de Poitiers, cet Athanase des Gaules, d'un saint Grégoire de Nazianze, d'un saint Basile, d'un saint Jean Chrysostome, d'un saint Jérôme, d'un saint Augustin et de tant d'autres? Leurs écrits sont-ils l'expression ou l'écho de cœurs pusillanimes? Non pas, je puis l'assurer ; on y sent battre toute l'énergie du soldat, comme on y voit briller toutes les flammes du génie : et l'Église rangée sous leur bannière nous apparaît comme l'armée en bataille, toujours unie, toujours invincible.

L'islamisme armé menace-t-il d'envahir notre Europe, et de courber les races chrétiennes sous le fatal Croissant; à la voix de l'Église, de ses pontifes, de ses prêtres, les nations se dresseront comme un seul homme, et iront arrêter pour jamais au bord des mers ces redoutables envahisseurs. Pierre-l'Ermite, saint Bernard, Urbain, Eugène, Innocent III, Innocent IV, Godefroy, Baudouin, Richard, Philippe-Auguste et saint Louis, et ces princes latins de Jérusalem et d'Antioche, et ces milices hospitalières de Saint-Jean, du Temple, et plus tard les héros de Lépante et de Vienne, furent, je pense, de vaillantes expressions de la foi. Dans le cloître, dans la chaire, dans le gouvernement de la chrétienté, dans les luttes armées des saints lieux, dans la défense des terres usurpées, l'Église, la croix, la pensée catholique inspirèrent tous ces grands hommes. Pourquoi n'aimerions-nous pas à célébrer les gloires vraiment chrétiennes? Qu'ont-elles donc qui ne soit digne d'une admiration généreuse?

Quand l'Église a-t-elle tremblé ou faibli? Serait-ce au moyen âge, dans les longues luttes entre le sacerdoce et l'empire? La mâle énergie des pontifes sut assez fortement défendre, je crois, les libertés et les droits de l'Église, et prendre en main la cause des peuples opprimés par les tyrans.

Serait-ce la réforme dont le marteau redoutable aurait dompté le courage de l'Église? Mais Léon X, Pie IV, Pie V et le concile de Trente, dans leur invincible constance, saint Charles Borromée, le doux saint François de Sales, Bellarmin, Duperron, Richelieu, Bossuet, Fénelon, toutes les gloires de la civilisation et des lettres, développées dès lors en Italie et bientôt en France, en France aussi, l'invincible rempart opposé par la fidélité catholique, ont sauvé, maintenu tout ce qui pouvait l'être, ont renfermé la réforme dans des limites qu'elle ne devait plus franchir, ont courageusement montré à côté du principe dissolvant de l'erreur ce que peut et ce que vaut l'unité fidèle. Jamais les tristes victoires de la réforme n'égaleront la force triomphante des siècles de Léon X et de Louis XIV. Et le nouveau monde et les Indes, et l'immense plateau de l'Asie, couverts de chrétientés florissantes, attesteront aussi à jamais la vaillance apostolique des ministres de l'Église.

Enfin, une secte haineuse et déloyale, une philosophie éhontée se sont-elles unies pour armer l'autorité civile d'incroyables décrets contre l'Église? L'Église résiste avec calme; et l'assemblée du clergé de France en 1765 protestant hautement contre les parlements obstinés, comme plus tard son unanimité imposante, lors du schisme tenté par la constitution civile du clergé, prouvent assez que le courage vit impérissable avec la foi dans des cœurs d'évêques; qu'ils peuvent être opprimés, bannis, immolés par les fureurs de l'hérésie ou par les prétentions tyranniques d'une politique tracassière et impie ; vaincus, jamais.

Je dois conclure. J'aime à me glorifier devant vous, Messieurs, de ces souvenirs du courage catholique ; et j'aime à féliciter vos âmes généreuses d'avoir su en comprendre l'énergie, d'en avoir fidèlement recueilli l'héritage.

Croyez donc, Messieurs, sans en douter jamais, à l'indomptable vie de l'Église, de sa foi, de la vôtre. Croyez aux immortelles promesses qui lui garantissent l'assistance divine. Une voix lui dit un jour pour tous les jours : « Voilà que je suis avec vous jusqu'à la consommation des siècles. »

Plus que jamais, ce me semble, le temps est venu de manifester l'immuable constance du catholique au milieu des intérêts, des opinions et des passions qui combattent l'Église. Que votre front se lève donc, Messieurs, sans crainte au sein d'un peuple libre, qu'il rayonne de toutes les splendeurs de la joie et de l'espérance. Que votre langue répète hardiment la parole qui fit tant de héros : « Je suis chrétien. » Dites bien à ce siècle distrait et préoccupé que vous êtes de ceux que l'on confesse; et que vous quittez les genoux du prêtre, plus généreux pour pardonner, plus dévoués pour servir les intérêts de vos frères et de la patrie, mais plus forts aussi pour défendre l'Église et la foi. Sortez, sortez, en priant Dieu, de la torpeur qui énerve les âmes et qui enchaîne la régénération religieuse; mais n'oubliez pas que la lutte et le triomphe nécessaires doivent commencer par vous-mêmes; votre cœur est la première arène où se débattent les intérêts du ciel et de la terre. Vainqueurs de votre orgueil, de vos penchants mauvais, vous saurez entrer avec la grâce en possession de cette noble énergie qui arbore bien haut le drapeau de la vérité et de la gloire divines, qui serre les rangs des soldats du Christ et leur assure la palme et la couronne.

HUITIÈME CONFÉRENCE

LA CONCILIATION

OU

LA NOTION VRAIE DU CHRISTIANISME

HUITIÈME CONFÉRENCE

LA CONCILIATION

OU LA NOTION VRAIE DU CHRISTIANISME

Monseigneur,

Une source trop commune d'erreur parmi les hommes est de croire que l'Église ne défend son autorité et sa foi contre les doctrines et les efforts opposés que pour établir une domination injuste et conduire les intelligences sous un joug tyrannique. On le dit sans doute plus qu'on ne le pense; mais il se trouve dans cette parole fausse et irréfléchie un prétexte violent et vivace, qui arme les résistances, soulève les haines, excite et multiplie les attaques; comme si la hiérarchie catholique, ses tendances et son but n'étaient qu'une forme et une action attentatoires à la liberté des peuples et au développement généreux de l'énergie humaine.

Messieurs, on ignore réellement ce qu'est l'Église : la vérité ne pourrait-elle donc point se faire jour à travers ces folles préventions, et la justice ne pourrait-elle pas enfin rentrer dans la pleine possession de ses droits?

Au milieu des luttes continuelles, l'Église n'a qu'un but : l'alliance des esprits et des cœurs avec la foi, avec cette foi catholique qui peut seule doter l'humanité d'une liberté et d'une prospérité véritables.

J'ai donc pensé, Messieurs, que pour mieux montrer l'esprit de l'Église et le dessein de la Providence, pour venir en aide à des consciences encore incertaines et à des esprits prévenus, pour offrir à tous le moyen de conciliation et de paix après les souvenirs de division et de guerre, il serait utile de bien préciser ici la notion de l'institution catholique, c'est-à-dire de rétablir devant vous l'idée juste et saine qu'exprime le christianisme, le seul vrai christianisme, celui qui est l'Église elle-même ; car c'est là qu'il faut revenir pour s'entendre et s'accorder.

Qu'est-ce donc, Messieurs, que le catholicisme ou le christianisme de l'Église? Qu'est-il? Le sait-on assez quand on le combat ou qu'on le délaisse, ou même quelquefois quand on l'accepte?

Pour quelques imaginations ardentes et abusées,

il y a transition, se disent-elles; un travail révélateur s'opère chez les peuples, je ne sais quels pressentiments annoncent et préparent une nouvelle phase religieuse.

Pour d'autres, le christianisme, la religion, la foi ne sont guère qu'à l'état de théorie vague, de souvenir confus et de sentiment stérile.

Pour plusieurs, hélas! la vie est un marasme continu d'indifférence, qui n'exclut au reste l'énergie que de la sphère des facultés ou des convictions religieuses, qui laisse la place à l'action vive et futile des agitations de cette terre. Dans cette disposition, si l'on profère des mots chrétiens, ce ne sera le plus souvent que pour balbutier ce que l'intelligence ne pénètre plus, ce que le cœur n'aime pas, ce que tout le monde a abandonné.

Dans un grand nombre aussi, sans aucun doute, nous retrouvons, Messieurs, nous saluons avec transport la vie, l'action véritable de la foi, et son courage, et ses joies ineffables.

Mais pour tous en ce moment, je tiens à dire ce qu'est le catholicisme, à rappeler la signification réelle qui lui appartient en propre, sa nature et sa notion précises.

Car cette précieuse réalité de la foi doit être le résultat et la conclusion de nos études sur les luttes religieuses.

Tel sera donc, Messieurs, le grave objet de cette Conférence : la pensée conciliatrice ou la notion vraie du catholicisme.

Daigne Celui qui prépare et ouvre les cœurs, ouvrir les vôtres à toutes les conséquences et à toutes les grâces de la vérité pleinement admise.

I. P. Ou le catholicisme ne serait, Messieurs, qu'un mot abusif; ou bien, vous en conviendrez, il signifie l'Église même fondée par Jésus-Christ. Toujours une, toujours seule catholique, toujours indépendante et souveraine dans la foi, toujours constituée avec l'ensemble de ses dogmes, de ses lois et de sa hiérarchie sacrée.

L'existence ainsi entendue de l'Église, voilà évidemment et uniquement ce qu'il faut nommer le catholicisme : il est cela ou il n'est rien. Il ne peut ni être ni signifier autre chose. Que serait-il en effet?

Remarquez-le, Messieurs, je ne veux encore que définir ce mot : catholicisme.

Or l'existence de l'Église est un fait palpable et sensible bien supérieur sans doute à tout autre en importance et en dignité; mais enfin c'est un fait revêtu de toutes ses conditions, un fait à la fois vivant et traditionnel, de la même nature, matériellement pris, que tous les faits historiques et permanents, comme sont, par exemple, les institutions d'un grand peuple, surtout lorsqu'elles ont reçu la sanction du temps. C'est donc comme un grand fait existant et transmis, comme un fait réel et positif qu'il faut de toute nécessité envisager le catholicisme pour en avoir une idée saine.

Sous ce point de vue, qui est le vrai, trois caractères lui appartiennent incontestablement.

Le catholicisme est le fait accompli par excellence; par excellence il est aussi le fait organique et social; enfin et par-dessus tout, il est le fait divin.

Fait accompli, fait social, fait divin. Exposons en peu de mots ces trois caractères. Ils constituent la notion juste et par conséquent certaine du christianisme.

J'appelle, Messieurs, un fait accompli celui qui, préparé et amené par les voies de la Providence, se réalise d'une manière stable, et passe dans les institutions et les mœurs des peuples pour y vivre et pour les féconder.

Tel est assurément le christianisme.

Un besoin tourmentait l'ancien monde, il se manifestait par l'espérance ou la fureur : le besoin du rachat de l'homme.

La lutte païenne n'avait été qu'une déviation ou même une recherche violente, loin de la promesse et de l'espoir du réparateur; mais qui en prouvait au plus haut degré la nécessité.

Le christianisme est répandu dans tout l'univers; et dès lors l'institution catholique s'établit au sein des nations pour y vivre toujours, pour éclairer le monde, le consoler et le guider dans les voies de ses immortelles destinées.

Suivez en effet, Messieurs, les traces et la durée du catholicisme au milieu du travail des sociétés humaines; laissez, je vous en conjure, les vagues spéculations pour recueillir les leçons pratiques des faits, et voyez bien si l'Église n'est pas le fait accompli, mais persistant et vainqueur par excellence.

Tout s'ébranle, se modifie ou périt même sur la scène du monde, par le conflit des libertés et des passions humaines. L'Église reste, et reste seule ce qu'elle est malgré la lutte.

Spectacle étrange, qu'on n'étudie pas ou qu'on étudie mal : type suprême du fait accompli.

L'Église est la colonne antique et mystérieuse, qui est debout quand tout croule autour d'elle : inébranlable, elle est toujours prête à servir d'appui à l'édifice qu'on relève à ses côtés.

Devant l'Église et devant sa foi toutes les erreurs se sont dispersées et perdues comme des nuées sans consistance.

Et nous passons aussi nous-mêmes avec nos tristes et perpétuelles variations.

Mais l'Église demeure : elle demeure avec son autorité, son unité, sa croyance, ses lois, sa hiérarchie, son chef suprême. La voyez-vous?

Quoi ! l'Église demeure quand la terre tremble sous ses pas ! Elle demeure ferme, inébranlable, toujours la même ! Cependant tout combat l'Église : dans son propre sein, ses enfants l'outragent et la déchirent; au dehors, le glaive, le pouvoir, le sophisme, le schisme, l'hérésie, le blasphème sont armés contre elle. Et cela ne vous dit rien !

L'Église vit et persévère dans son immortelle constitution ; elle répare, dépasse au loin ses pertes par ses conquêtes. Dans la lutte et la tourmente quelque faible, quelque abandonnée qu'elle paraisse, elle s'enracine et grandit, comme le chêne roi des forêts se fortifie par la tempête.

Tel est dans l'Église ce que vous me permettrez, Messieurs, de nommer sa force d'accomplissement et de durée.

Les révolutions de la pensée et des États se succèdent, les doctrines sont bouleversées comme les empires, mille erreurs surgissent et chassent d'autres erreurs, mille causes de destruction et de ruine s'amoncellent autour de l'œuvre du Christ; l'œuvre reste, croît, s'étend et s'accomplit.

Par un travail mystérieux et puissant, la foi catholique, son esprit, ses institutions, ses lois, ont pénétré le cœur des nations, s'y sont incorporés, et demeurent inséparablement unis à leurs institutions, à leurs mœurs, à leurs lois, à leurs besoins.

Que ne fit-on pas pour arracher la foi du milieu des peuples? Malgré l'indifférence et le délire, malgré les défections et la guerre, la foi reste.

Son action, si forte et si douce partout dans l'univers depuis dix-huit siècles, vous la retrouvez présente.

Son histoire est forcément liée à toutes les histoires; ou même pour qui sait lire, l'histoire du christianisme est toute l'histoire prise à son point de vue supérieur et universel.

Dans le christianisme survivant à toutes les luttes et à toutes les maladies des nations, se résume le gouvernement providentiel du monde; il est le grand, l'unique but des conseils divins; à lui se rapportent, quoi qu'on en ait, toutes les phases et toutes les révolutions de l'humanité, à lui, c'est-à-dire au grand œuvre de la réhabilitation divine qui est l'institution même catholique.

Dans le catholicisme se résume encore, Messieurs, toute vérité.

Ce qui s'accorde avec lui est le vrai; ce qui s'en éloigne et s'y oppose, est le faux. Il est ce fonds de vérité une, souveraine, universelle, déposé dans le genre humain par la main divine pour servir de base, de lien et plus encore d'âme à toutes les doctrines et à toutes les institutions. Le nom lui seul en est la preuve et l'aveu : catholicisme veut dire universalité, unité des temps et des lieux dans la foi.

Telle est, Messieurs, la merveille des merveilles; et ce que j'ai pu nommer, je crois, le fait accompli par excellence.

Voilà ce qui se perpétue et s'accommode avec toutes les formes d'institutions et d'améliorations politiques, ce qui les vivifie et les féconde. Nommez un État où la vie de l'Église puisse être un obstacle et non pas plutôt un immense appui. Seulement l'Église préfère les pays vraiment libres, pour être libre elle-même : et cela doit être; l'Église n'a besoin que de liberté; le reste, Dieu le lui départ en abondance.

Pourquoi donc prétendre changer, détruire ou améliorer l'Église, quand elle ne demeure ce qu'elle est que pour affermir et inspirer tous les genres de biens ?

Vous avez mille fois besoin d'une base profonde, d'un principe fondamental d'ordre, de vérité, de justice ; ôtez le christianisme vivant de l'Église, qu'avez-vous ? Des terres mouvantes, des éléments ennemis et dispersés, l'énergie des dissolvants les plus actifs dans la mobilité des opinions humaines;

rien pour remettre dans la voie qui conduit à Dieu, rien pour bâtir et fonder avec lui.

Il faut la foi ; vous en sentez, vous en proclamez l'impérieux besoin pour les peuples; si votre main en était pleine, vous l'ouvririez : l'Église verse à pleines mains les bienfaits de la foi sur les nations, elle la constitue, l'alimente, la défend, la conserve seule ; hors du catholicisme, il n'y a pas de foi constituée, durable et vivante : vous combattez l'Église, vous ne voulez pas du catholicisme.

Vous avez le fait acquis de la foi, son droit et son principe établis, sa source ouverte, ses influences toujours prêtes ; vous les repoussez.

Vous avez les biens, les forces, la durée d'une indissoluble unité ; une pierre angulaire pour appuyer les institutions et les doctrines ; vous avez ce refuge, cet abri, ce sanctuaire cherchés en vain hors de l'Église par tous les efforts haletants du génie. Vous pourriez vous reposer et vous asseoir ; vous ne voulez pas.

L'Église, mère et nourrice des peuples, se penche vers eux sans cesse pour les nourrir, pour leur dispenser sans mesure le lait des croyances, des saines doctrines, des bonnes mœurs; vous repoussez l'Église.

Mais que faites-vous donc? où vont vos pensées, vos haines, vos aveugles préoccupations? Mécontents, vous vous irritez, vous luttez, vous voulez enchaîner ce qui est esprit et vie, et ce qui répand l'esprit et la vie dans la conscience et dans le cœur des peuples ; il vous faut plus, il vous faut mieux : il vous faut un christianisme, une Église au gré de vos caprices, souple à tous vos désirs, à toutes les transformations de l'orgueil et du délire humain.

Eh bien! non, vous ne l'aurez pas ; vous passerez, l'Église restera.

Insensés! vous faites de la religion comme de l'histoire, avec des idées quelconques, avec vos préoccupations maladives, avec vos erreurs et vos déceptions. Il y a un grand fait accompli en religion et en histoire : l'Église. Laissez-la vous abriter et vous couvrir dans son éternelle charité, approchez-vous de son foyer divin ; amenez, unissez à sa lumière vos institutions, vos industries, vos sciences, vos libertés, vos gloires, elles seront plus stables, plus heureuses et plus belles. Je me résume. Le christianisme est donc le fait accompli par excellence ; il pénètre tout, il s'accommode à tout, il féconde et vivifie tout. Il est le principe de tout bien et demeure indestructible ; il est ainsi le vrai fondement des sociétés, et à ce titre, il est le fait organique et social par excellence, non moins que le fait accompli. Je vais vous le rappeler en peu de mots.

II. P. Nier la force organisatrice et sociale du christianisme, ce serait, Messieurs, nier la clarté du jour à son midi. Aussi me garderai-je bien de vous démontrer cette vérité. Les publicistes les moins prévenus en faveur de l'Église, les historiens même séparés de ses croyances se sont empressés, avec une justice qui les honore, de rapporter au christianisme comme à leur source les bienfaits de la civilisation, versés depuis dix-huit siècles au sein des sociétés nouvelles; en sorte qu'on a pu donner à bon droit à l'ensemble de l'histoire moderne le nom d'histoire de la civilisation chrétienne. Le droit international, le droit politique ou privé des États, la famille, la justice, la pauvreté, la richesse, la guerre, la paix et la liberté, tout chez les peuples, malgré les abus et les déchirements inévitables, tout s'est empreint à un degré plus ou moins profond de l'esprit chrétien et des maximes évangéliques.

C'est que la foi seule révèle à l'homme tous les liens sacrés qui l'unissent aux autres hommes. En dictant également à tous la charité fraternelle, en faisant une institution du repentir, en imposant la réparation de l'injustice, le pardon de l'injure, l'amour des ennemis, le désir des biens spirituels et purs, en adoucissant les masses, en calmant les consciences, en prêchant la patience à l'infortune, l'humilité au génie, la modération au pouvoir, le christianisme est venu régénérer la société humaine, et créer la voie pour tendre à la civilisation véritable.

Mais vous en convenez tous et je n'ai point à répéter ici ce qu'on a dit cent fois.

On a peut-être omis trop souvent de remonter au principe de ces influences admirables. On n'a pas assez considéré le type régénérateur de la civilisation sociale dans l'institution même catholique, qui est le fait organique et social par excellence, qui est en elle-même la société par essence, la société née, immuable et invincible.

Il faudrait ne l'oublier jamais, le catholicisme à son apparition dans le monde était l'Église ; il était la société chrétienne constituée, la société spirituelle avec son pouvoir, ses membres et ses lois.

Jérusalem, après l'ascension du Sauveur, Antioche, Corinthe, Éphèse, Rome, Alexandrie, l'Orient, l'Occident, toutes les chrétientés naissantes étaient l'Église ; elles formaient la société une et universelle, l'institution hiérarchique, l'organisme social catholique.

L'Église vivait aux catacombes, dans les antres des déserts, sur les plages inhospitalières, non moins que dans les grands centres de la civilisation; et le temple improvisé des pauvres des premiers temps, comme la basilique des empereurs chrétiens, présentait toujours la même société de fidèles professant la même foi, participant aux mêmes sacrements, soumis aux mêmes pasteurs dans la dépendance du Pontife Souverain.

Organisation admirable, simple autant que forte : un chef suprême et des évêques pères de leurs troupeaux, telle fut l'Église des apôtres. Elle sortit ainsi du cénacle, évangélisa ainsi le monde, comme elle l'évangélise encore aujourd'hui ; toujours la même dans ses dogmes, parce qu'elle est la même dans son autorité, dans sa hiérarchie, dans sa constitution sociale, qui est la règle vivante de la foi.

En sorte qu'un christianisme sans l'Église est un rêve et un fantôme funeste.

On a bien prétendu que l'Église et même le dogme s'étaient formés successivement; mais il est totalement impossible d'assigner avec la moindre apparence de probabilité cette origine postérieure de l'organisation catholique ; aussi loin que l'on remonte, l'Église apparaît. Elle n'a pas d'autre naissance que celle de la foi même. Société à sa première aurore, elle a pu s'accroître, sans doute, par l'étendue des lieux et le nombre de ses enfants ; elle a pu ajouter des lois disciplinaires et des dénominations diverses de peuples et de villes; mais elle ne s'est pas constituée un autre jour que le premier jour de son existence. Une différence profonde sépare donc l'Église de toutes les institutions humaines : celles-ci se formèrent par l'action du temps et varient encore sans cesse; l'Église est née armée de toutes ses forces et ne varie jamais. Nulle histoire, nul fait n'ont pu obscurcir cette vérité. Il y a ici un principe social dont l'énergie native surpasse tous les efforts du génie de l'homme, et demeure toujours intacte, invincible et complète comme à la première heure. Cette merveilleuse existence de l'Église n'est-elle donc pas le fait organique et social par excellence? Ne conçoit-on pas qu'elle est une source féconde et conservatrice de tous les biens sociaux pour les agrégations humaines?

Société spirituelle et indépendante, elle laisse les sociétés civiles naître, s'avancer lentement, se constituer, changer; elle ne change pas, et leur porte un secours toujours présent dans le danger. Elle apporte le soutien et l'aliment de la vie sociale qu'elle recèle en elle-même à un degré souverain de force et de perfection.

Aussi, Messieurs, voyez ce qui arrive. La réforme prétendit renverser l'autorité de l'Église et sa hiérarchie; elle réduisit le christianisme à être un livre, un assemblage de pages d'écriture que chacun devait lire; comme si le christianisme était une épopée ou une simple théorie morale. Par là la société chrétienne était détruite, l'institution brisée. Que reste-t-il du christianisme de la réforme? Vous le savez, un insaisissable rationalisme. Donc le christianisme est le catholicisme, il est l'Église, la société par essence, l'organisation première et inviolable.

Que ma joie est profonde quand je songe au bonheur d'en être le membre et le ministre!

Hors de là, Messieurs, il ne se trouve que des rêveries vacillantes. Comme catholicisme et fait social, le christianisme est la réalité sociale, la société mère, l'institution impérissable; telle est la terre ferme de l'histoire et de la foi.

Il y en a d'ailleurs une haute et touchante raison : il fallait unir les intelligences et les cœurs. En Dieu, par l'autorité et par la société catholique seule, tous les hommes sont un; ailleurs ils sont deux et bien davantage : ils sont la division, le trouble, la guerre, le désordre, c'est-à-dire le mal sans remède.

Puissions-nous mieux faire encore que de le savoir et de le sentir !

Le christianisme est donc le fait social par excellence. Société à sa naissance, la vie sociale est sa vie, son principe, sa conséquence; car il est en lui-même, et il produit au dehors l'union sociale.

Fait accompli, fait social, le catholicisme est encore le fait éminemment divin, ce qu'il me reste à exposer.

III. P. Qu'est-ce donc, Messieurs, qu'un fait divin? Est-ce qu'il y a sur cette terre des actions divines, des faits divins, des actes personnels de Dieu manifestés à l'homme?

Vous n'en doutez pas.

Nous sommes environnés d'êtres et de phénomènes qui existent, qui pourraient certainement ne pas exister, comme ces incalculables possibilités qui seront éternellement telles sans exister jamais.

A l'heure où je parle, un être de plus pourrait se compter sur la terre, il pourrait naître; les autres existent, mais lui n'existe pas. Il faut bien qu'il y en ait une raison, il faut qu'il y ait une cause intelligente, libre et toute-puissante, qui crée ou ne crée pas, à son gré.

J'irai donc de toute nécessité adorer à l'origine et au commencement des êtres, un premier être, une cause et une action première qui n'a pas de cause.

Il existe donc un Dieu créateur, il y a donc une

création; et la création est le fait divin, l'action divine.

Partout dans l'univers est répandue, fomentée, renouvelée une vie puissante; un ordre admirable y préside. Les lois les plus constantes en régissent toutes les parties. Une force supérieure les meut suivant des lois d'harmonie, d'unité, de beauté et de bien-être parfaits. Partout ressortent l'action et la présence d'une puissance invisible et suprême, d'une raison et d'une sagesse infinies, qui conservent, dirigent et gouvernent tout.

C'est la Providence, la création continuée : il est impossible à l'œil attentif de l'âme de ne pas la reconnaître, impossible au cœur sincère de ne pas l'aimer; c'est l'action divine, le fait divin.

Il y a parmi les hommes des vérités universelles et impérissables, et dont une origine humaine ne saurait être assignée. Dans cet ordre sont, par exemple, l'existence nécessaire d'un culte religieux, une vie à venir avec ses terreurs et ses espérances, la notion instinctive et si tranchée du bien et du mal, du vice et de la vertu.

Chose étrange! tous les peuples et tous les siècles sont unanimes sur ce point.

Cependant, au milieu de la lutte perpétuelle, parmi les divergences et les contradictions innombrables de la pensée humaine, il ne peut y avoir pour ce genre de vérités premières que l'une ou l'autre de ces deux causes d'identité.

Ou ces vérités universelles ont leur source dans la nature même et la saine raison, formant ainsi le fonds naturel d'intelligence départi à tous les hommes et développé surtout dans l'état social ; et alors elles ont pour auteur l'auteur lui-même de la nature et de la raison.

Ou bien ces traditions communes du genre humain, surtout quand elles renferment d'impénétrables mystères, sont des communications extraordinaires et surnaturelles de la Divinité; c'est la révélation, et tous les peuples y ont cru.

Dans l'un et l'autre cas il y a l'action divine, le fait divin, quoique dans un ordre différent.

Ainsi création, Providence, vérité; l'être, sa conservation, sa connaissance : voilà déjà une triple action divine qui nous saisit, nous enveloppe et nous pénètre de toutes parts.

Mais une immense institution religieuse vit dans toutes les institutions, et leur survit quand elles meurent; elle s'accommode et s'applique à tous les états de l'humanité, pour tous les temps et tous les lieux; elle les améliore et les féconde, passe dans les mœurs, dans les lois, crée un ordre de civilisation admirable. Toujours neuve quand tout vieillit, elle demeure immuable; elle ne succombe dans aucune des luttes de la pensée ou des passions, quoiqu'elle oppose à l'une son autorité inflexible, aux autres son infranchissable austérité.

Fait accompli et persévérant dans l'homme malgré l'homme, et contre toutes les lois qui régissent les choses humaines, ce ne peut être là que l'action divine, le fait divin; sans quoi la vie de l'Église ne s'explique pas, car c'est d'elle et d'elle seule qu'il s'agit.

Une société apparut sur la terre, constituée, établie par tout l'univers, et qui n'a d'origine, d'auteur que dans le fait même de sa naissance; une société créée déjà et formée tout entière quand elle naquit; société née, pour parler ainsi, et constitution invariable, indestructible, toujours forte et révérée, toujours une parmi des générations innombrables, qui furent les plus diverses et les plus contraires entre elles : ce fait, cette société, Dieu les créa évidemment; Dieu, et non pas l'homme, marqua cette institution d'un sceau tout extraordinaire et spécial de sa puissance; elle est le fait divin par excellence, ou bien elle ne présente plus qu'un phénomène inconciliable et inexplicable à jamais. Naissance, constitution, durée, unité, non rien de tout cela n'est humain dans l'Église. Et je n'ai pas même besoin de vous rappeler les deux grands caractères de la prophétie antique et du miracle évangélique, qui sont aussi l'histoire la plus certaine et l'action divine elle-même.

Ou vous ne trouverez rien au monde de clair, de fort, de vrai, de certain, ou l'institution catholique est le fait divin ; car cette institution est préparée, fondée, consommée, maintenue par l'action divine la plus formelle.

Sur l'immense portique du Temple Nouveau, il est écrit en caractères ineffaçables : C'est vraiment la maison de Dieu : *Vere domus Dei est.*

Enfin, Messieurs, historiquement le christianisme est ce fait qui est né, qui a été cru, qui a été combattu et même dénaturé comme fait divin. Il y a ici une indivisible vérité. Je vous l'ai déjà rappelé : les premiers siècles eux-mêmes de la lutte ne nièrent pas le fait divin de la foi ; ils prétendirent l'imiter. De là cette transformation de la philosophie en école permanente de théurgie et de magie.

Vous ne croyez pas, vous éludez le fait divin, vous ne dites ni oui ni non au catholicisme, vous le louez quelquefois, et voilà tout. Vous ne savez ni tout admettre ni tout rejeter ; mais prenez garde, l'institution catholique tout entière est divine ou elle n'est rien.

Vous séparez du christianisme le fait divin, c'est trop tard : ils sont nés, ils ont vécu, ils ont été combattants et vainqueurs ensemble, ensemble bienfaiteurs et sauveurs de l'humanité.

Tout ce qui est l'Église, le christianisme; tout ce qui l'atteste, l'accompagne, le constitue; c'est comme fait divin qu'il l'atteste, qu'il le constitue.

Partagez-vous la vérité en deux? Elle est une: le christianisme est un. Né il y a dix-huit siècles, il s'est levé soleil nouveau et soleil divin de vérité.

Tous les rayons, toutes les splendeurs divines l'ont environné sans l'abandonner jamais. Origine, durée, combats, préparation, réalité, perpétuité, unité indestructible, tout devient histoire pour le christianisme; et tout cela aussi est le fait divin de la foi.

Il vous faut donc déployer ici un noble et mâle courage, cette magnanimité qui ne raisonne plus avec inquiétude, mais qui prie et qui croit avec respect.

Vous avez devant vous l'incommutable vérité: si vous prétendez la briser, elle vous brise; embrassez-la, elle vous sauve, et vous possédez avec elle toutes les promesses de la vie qui est maintenant et de celle qui sera un jour.

Messieurs, ce n'est pas à vous que devait s'adresser ce langage, à vous si fidèles, si courageux, si assidus, et dont la généreuse profession de foi renouvelée chaque année, renouvelée chaque jour, fait notre joie, notre gloire, notre plus vive et plus douce espérance.

Levez-vous donc, Messieurs, au milieu des sociétés malades, et dites-leur votre force et votre bonheur. Qu'on vous rencontre, qu'on vous voie partout où le mal a besoin de remède, le bien de consolation et d'appui. Montrez le courage des convictions catholiques aux postes les plus avancés de la lutte, dans les combats de la science, de la philosophie, des lettres, de l'industrie, des arts et de la liberté. Faites entendre la grande voix du christianisme parmi ce chaos confus d'opinions et de doctrines. Dites bien que vous voulez, que nous voulons la gloire et la grandeur de la patrie, le développement et le maintien de ses institutions, le libre essor du génie et des grandes pensées. Pensez vous-mêmes bien haut; apprenez à ceux qui l'ignorent votre langue et votre foi; rétablissez pour la conscience chrétienne l'empire de la justice, de la vérité et d'une sainte indépendance. Croyez-le, vous avez reçu plus de garanties de puissance et de durée que tous les essayeurs épuisés de théories humaines. Un jour, si vous le voulez et j'en ai l'espérance, la postérité entendra redire ces paroles : « L'Église était méconnue et la foi calomniée; de jeunes cœurs s'armèrent pour les défendre de toute l'énergie de la conviction, du travail et du talent. Nourris du pain qui fait les forts, ils vouèrent au Seigneur et à son Église tous les désirs de leurs plus belles années. Ils apparurent au sein des populations comme des hommes nouveaux, comme les habitants d'une autre terre. Mais peu à peu leurs courageuses protestations passèrent dans la langue et dans les mœurs. Beaucoup en les voyant se prirent à réfléchir, plusieurs à les imiter et à les suivre. Ils avaient arboré un drapeau ; on s'honora de marcher sous leur bannière. Et si les déceptions cruelles de l'erreur, si les ravages du vice restèrent encore pour accomplir la loi de la contradiction et de la lutte; du moins il fut permis à l'Église de parcourir librement ses voies, de conquérir les âmes à la verité, et d'accroître sans mesure les rangs de ceux qui devront peupler un jour l'éternelle patrie. »

LES
VÉRITÉS GÉNÉRALES

NEUVIÈME CONFÉRENCE

LA NOTION DE DIEU

NEUVIÈME CONFÉRENCE

LA NOTION DE DIEU

Monseigneur,

L'histoire de l'humanité, étudiée dans la suite des siècles, présente à l'esprit attentif un caractère dominant, celui de la lutte entre des idées et des doctrines contraires. Aussi semble-t-il qu'à ce point de vue élevé devrait se placer, par préférence, une véritable philosophie de l'histoire. Car on ne peut retrouver l'esprit et la raison philosophiques de faits, d'époques, de peuples si opposés entre eux, que dans l'empire même d'idées, d'opinions, de doctrines opposées. Les faits de l'histoire après tout conformément à la nature même de l'homme, et dans la sphère de liberté morale qui lui appartient, les faits ne sauraient être que le résultat positif des idées ; et c'est une vérité que personne, je pense, ne contestera que, pour bien juger un siècle, une grande époque, une révolution accomplie, il faut bien examiner quelles sont celles des opinions ou des croyances alors en présence qui prévalurent dans le conflit. Ainsi aurez-vous, autant qu'il peut être donné de l'avoir, la raison des faits ou, si vous le voulez, leur philosophie.

J'ai cru, Messieurs, pouvoir encore suivre utilement une pensée qui parut vraie à saint Augustin, et qu'il suivit comme un guide dans son immortel ouvrage sur les deux cités opposées de l'histoire du monde.

Nous nous attacherons donc aux faits de contrariété et d'opposition entre les croyances ou les doctrines, et nous les étudierons plus spécialement sur certains points fondamentaux qu'il est important de nos jours de ramener à leur précision.

Vous proposer quelques études sur les graves notions de Dieu, de l'homme, sur le lien entre l'homme et Dieu, et pour faire mieux ressortir la vérité catholique, en rapprocher le contraste des opinions humaines : tel est tout mon dessein.

Dieu, son être, son action ; son être positif et distinct, son action de gouvernement et de concours ; l'homme, sa liberté, sa nature ; puis enfin la nature du lien religieux : tels sont les grands objets que nous traiterons dans une suite de conférences ; et que vous présenteront débattus, non sans intérêt, je l'espère, l'histoire des religions et des philosophies, œuvres de l'homme, et l'histoire de l'enseignement catholique, œuvre de Dieu.

Aujourd'hui je vous parlerai de la notion même de Dieu.

Je sens vivement, Messieurs, le besoin de la grâce divine et de votre confiante bienveillance. Permettez-moi de compter sur l'une et sur l'autre.

1. P. Dieu n'est pas, Messieurs, cet être vague, abstrait, impersonnel, que rêve l'idéaliste ou le panthéiste; mais la notion vraie de Dieu renferme celle de l'être distinct quoique infini, de l'être un et personnel ; telle est surtout ma pensée en vous parlant de l'idée de Dieu pour la rétablir et la fixer avec exactitude.

Sur l'idée de Dieu, l'esprit humain a produit d'immenses travaux. La question de l'origine des choses devait s'y joindre et s'y joignit en effet.

Lors des traditions mosaïques et chrétiennes, l'unité de Dieu, d'un Dieu personnel et créateur, fut bien rarement et bien mal connue, si même elle le fut ; car le polythéisme a été la religion universelle. Mais je laisse de côté le polythéisme ; car je veux ici, Messieurs, vous retracer rapidement le travail des erreurs philosophiques sur la Divinité et sur le principe des choses, et y opposer ensuite la vérité et la notion catholiques.

Dans la philosophie non chrétienne, ancienne ou moderne, les systèmes de toutes les écoles sur Dieu se réduisent, Messieurs, à trois systèmes : l'athéisme, le dualisme, le panthéisme. Car le monothéisme doit être considéré comme chrétien, ainsi qu'il sera évident, je l'espère, par la suite de cette Conférence. Restent donc comme symptômes d'erreur philosophique, connus ou même possibles, sur la Divinité, l'athéisme, le dualisme et le panthéisme.

L'athéisme s'est rencontré, impossible d'en disconvenir. Mais un athéisme de conviction intime et pleine? Non, je ne le croirai jamais. Un athéisme de système, de délire ou de fureur impie, oui; les monuments obligent à l'admettre, dans une proportion toutefois bien inférieure à la masse des autres folies humaines.

Le système athée le plus ancien peut-être fut, Messieurs, celui d'une secte opposée, en Chine, au célèbre Confucius, dès le temps même de ce philosophe, à ce qu'on croit: la secte des taossé. Ce furent d'abord de pures abstractions. Plus tard, mais à une époque toujours fort reculée, comme les missionnaires catholiques l'ont constaté, cette secte admit un principe matériel unique ou l'athéisme. Une doctrine intérieure et secrète de la religion de Foë, du bouddhisme chinois, est athée encore : c'est l'opinion des plus judicieux critiques, c'est celle d'un illustre orientaliste allemand[1].

Dans les Indes, quelques-unes des sectes hétérodoxes, au milieu d'un inconcevable chaos d'aberrations, laissent apercevoir la philosophie des atomes, ou un idéalisme néant, ou bien encore un matérialisme universel : théories qu'on ne peut guère traduire que par l'athéisme. On peut aisément le constater dans certains passages des *Essais sur la philosophie des Indous,* publiés par un savant anglais.

En Grèce, dans la seconde école d'Élée, Leucippe et Démocrite d'Abdère admirent les atomes avec un matérialisme athée. Épicure après eux embrassa ce système ; s'il retint le nom des dieux, il entendait seulement des dieux sans action, sans puissance, des dieux nuls, qui n'ôtaient pas à son athéisme sa réalité.

Les sophistes sceptiques doutèrent de tout, même de l'existence des dieux.

Enfin les mystères fameux sont nommés par Clément d'Alexandrie des mystères d'athées ; et il est plausible de croire que la doctrine fort peu

---

[1] Fréd. Schlegel.

connue de ces mystères, diverse en divers temps, a pu devenir l'athéisme à son tour.

Parmi les nations chrétiennes, on vit plus rarement apparaître l'athéisme théorique. Gloire en soit rendue, Messieurs, à la religion de Jésus-Christ.

Pour taire quelques noms isolés et obscurs, pour omettre même Spinosa, qui parut être cependant non moins athée que panthéiste, disons qu'il était surtout réservé au xviiie siècle d'offrir, au sein du christianisme, l'athéisme systématique ; car c'est là ce qui domina pour lors, un matérialisme athée. Dieu fut l'objet d'une haine fanatique, on prétendit l'exclure de l'univers ; à sa place, remarquez-le bien, il y eut une sorte de divinisation païenne de la nature, de la nature-matière, dont le culte fut un sensualisme effréné. Cet orage a passé : puisse-t-il s'être éloigné de nous pour jamais !

Voilà donc déjà, Messieurs, l'un des fruits déplorables du travail de l'esprit humain hors des traditions antiques de la foi : l'athéisme.

Un fait doit être remarqué, c'est que tout système athée est comme nécessairement matérialiste. L'œil s'arrête à la matière, il ne voit plus qu'elle ; et l'homme, fasciné par les sens et par les choses sensibles, fait dire à son cœur : « Il n'y a pas de Dieu. » *Dixit in corde: Non est Deus.* Tel est l'athéisme, un matérialisme grossier. Affreuse déviation qui est bien plus l'œuvre du cœur que celle de l'intelligence. Il faut faire violence à l'esprit pour lui enlever, en présence du spectacle de l'univers et malgré le cri de la conscience, l'idée d'une cause première et suprême qui produit, meut, ordonne tout dans la nature avec la plus admirable sagesse. Toutefois l'athéisme érigé en système n'est pas, Messieurs, votre mal ni votre danger; vous le repoussez de toute l'énergie de vos âmes généreuses.

Un autre travail d'erreur, mais assez restreint encore, sur la Divinité et l'origine des choses, fut le dualisme ou la doctrine d'un double principe.

En Orient, berceau de la vérité, terre classique aussi de toutes les erreurs, nous trouverons un dualisme indien, une double cause éternelle : la matière et l'être intellectuel. Dualisme qui se retrouve dans un grand nombre de philosophes grecs; car ils crurent pour la plupart à une matière éternelle, incréée, et en même temps à une divinité intelligente; ce qui fait un double principe coexistant et éternel. Mais inconséquents et aveugles sur ce point comme sur tant d'autres, ils semblèrent parler aussi quelquefois confusément d'une sorte de création et d'unité divine que le travail d'erreur ne put effacer entièrement des traditions primitives du genre humain. Hors de la foi, il est donc vrai qu'il ne fut jamais possible de rencontrer autre chose que l'incohérence et le chaos dans les opinions religieuses.

Le mahométisme et les Arabes du moyen âge eurent des sectes éternalistes, comme on les nomma, et par conséquent dualistes. Car dès qu'on admet une matière éternelle, avec un Dieu cependant, il y a dualisme, c'est-à-dire un double principe.

La cosmogonie phénicienne et surtout l'antique religion des Perses admettaient deux principes indépendants et suprêmes, le principe du bien et le principe du mal : et l'on sait assez que l'Église des premiers siècles vit Manès et plusieurs autres hérétiques mêler ce dogme impur aux croyances évangéliques. Bayle enfin a déployé plus tard toutes les ressources si grandes de son génie sophistique pour appuyer le manichéisme.

Il a suffi de lui répondre au nom de la foi et de la raison : Dieu est un.

Deux principes dieux, deux infinis répugnent et s'excluent dans les termes. Dieu ou l'infini cesse de l'être, s'il peut avoir un égal qui borne et circonscrive sa nature et sa puissance : infini, unité, Dieu sont des idées nécessairement identiques ; les multiplier en les distinguant, c'est par là même les anéantir.

Ainsi donc, Messieurs, la matière ou bien l'existence du mal, qui pour plusieurs fut l'existence même de la matière, telle est la source impure du dualisme. L'esprit ou plutôt les sens se révoltent contre le mystère de l'origine des choses; on veut tout concevoir, tout saisir; et l'on s'égare alors dans de vaines imaginations, au lieu de croire aux faits transmis qui attestent une cause unique, produisant tout, l'esprit et la matière, et laissant à l'homme pour l'épreuve, pour le combat et la victoire, la liberté du bien et du mal.

Mais ce fut surtout, Messieurs, le panthéisme qu'enfanta le travail inquiet de l'esprit philosophique. Je rapporte ici de l'histoire et je cite des faits, sans discuter le fond des doctrines : vous ne l'oubliez pas.

Il y a un panthéisme matérialiste, un panthéisme spiritualiste. Le premier se trouve aux Indes, où tout se trouve; puis dans l'école d'Ionie, au moins en principe; enfin dans Spinosa, qui est plus matérialiste-panthéiste qu'autre chose, s'il est quelque chose.

Ici Dieu est la substance unique, universelle et matérielle. Mais alors qu'est-ce que la pensée et la pensée libre? Rien. Il n'y a plus que des appétits nécessaires dans la nature, c'est la conséquence ; c'est aussi le spinosisme. Vous n'ignorez pas qu'on l'a loué de nos jours.

Le panthéisme-spiritualiste prévalut cependant sur la substance unique matérielle. Moins grossier, il domina presque toutes les philosophies d'erreur : il se montra presque à toutes les époques ; il trouve plus d'une sympathie dans la nôtre.

Dans l'antiquité il fut joint communément aux rêveries exaltées d'un mysticisme abusif. Un sentiment intime de la nécessité d'unir l'âme à Dieu en fit rechercher les moyens avec ardeur par des imaginations orientales. Un vrai mode de contemplation existe, mais selon la foi. Mal dirigé, livré à ses fantastiques conceptions, à des efforts sans frein et sans mesure, l'esprit, au lieu de contempler, délire ; d'illusion en illusion il se croit perdu en Dieu, un avec Dieu ; toute individualité disparaît : c'est le vague, le maya de l'Inde, Brahma seul est l'univers ; Dieu est un et toutes choses, le grand tout, le dieu Pan, comme disaient les Grecs ; le monde est un animal immortel, immense ; il est le seul Dieu.

Vous avez entendu, Messieurs, dans leurs propres termes, les grands principes de la religion et de la philosophie indiennes, d'une partie du bouddhisme chinois et de l'ancien mysticisme persan.

Telle fut très-probablement aussi, au dire d'Apulée et de Plotin, la doctrine des mystères orphiques et d'autres encore : c'est aussi le grand principe de l'école italique ou pythagoricienne, son unité; celui de Xénophane et de Parménide, métaphysiciens d'Élée. C'est le stoïcisme dans son expression formelle, stoïcisme qu'adoptèrent et répétèrent à Rome Cicéron, Pline l'ancien, Sénèque, Marc-Aurèle. Ce fut l'idéalisme mystique et panthéiste de l'école d'Alexandrie, des gnostiques de tous les temps, de la philosophie cabalistique des rabbins arabes, de quelques auteurs du moyen âge que citent et réfutent saint Thomas et Gerson, enfin du calviniste Jordan Bruno, du socinien Servet.

Que si vous recherchez aussi les traces de l'idéalisme plus rationnel qu'extatique du panthéisme allemand, de l'identité, de l'unité absolue de la pensée et de l'être, de ce moi tout et principe unique, en un mot de l'idée Dieu, vous retrouverez cette inconcevable aberration, avec ses éléments, son délire et son expression même dans une des grandes divisions de la philosophie indienne, où l'orthodoxie est le panthéisme de l'idée. Certains philosophes d'Élée enseignaient la même chose. Toutes les erreurs sont donc vieilles; l'esprit humain n'a qu'un cercle borné à parcourir; il croit avancer, il retourne au point de départ.

Le panthéisme est, Messieurs, la grande erreur philosophique. J'en ai parlé déjà dans cette chaire; si j'en parle encore, c'est qu'il se reproduit vaguement autour de nous. Il est le travail le plus philosophique de l'esprit d'erreur et comme son apogée. On le rencontre presque partout où n'est pas la vérité catholique. Un mot heureux a été dit : Ou panthéiste ou chrétien. L'alternative est vraie; nous choisirons, Messieurs, tout à l'heure.

Le panthéisme! mais on demande ses preuves, ses bases; il n'en a point. C'est une théorie rêvée, une sorte d'illuminisme fantastique. Il s'énonce seulement et dit : Croyez.

L'idée Dieu, l'idée tout; le reste n'est que forme et apparence sans aucune réalité objective.

Apparence donc et illusion idéale que le laboureur ouvrant péniblement la terre avec sa charrue pour voir croître et mûrir le pain, soutien de l'homme; apparence et illusion vaine que le guerrier répandant son sang pour la patrie, le génie enfantant ses chefs-d'œuvre, le prêtre de Jésus-Christ luttant pour la foi par la parole. Époux, père, enfants; ces noms sont vides, ce n'est rien, une forme de l'idée, voilà tout, tel est le système. Si on l'admet, il faut l'admettre tel qu'il est. Si vous reculez, si vous voulez à tout prix une réalité dans ces formes, alors vous êtes nécessairement obligé de reconnaître en elles les manières d'être et l'état du grand tout, du tout Dieu. Alors guerre et paix, bien et mal, crime et vertu, parfait et imparfait, fini et infini, vicissitudes, immutabilité, passions, infamies, turpitudes, ce sont donc des formes et des réalités du même être, des formes de l'unité qui est tout, du Dieu tout, des formes divines, car tout est Dieu. C'est le système, acceptez les conséquences.

Je crois parler, et vous croyez m'entendre; mais c'est un rêve, il n'y a nulle individualité, nul acte personnel. Il n'y a pas d'hommes, il n'y a pas de terre, il n'y a plus ni cause ni effet; plus de Père dans les cieux que l'être souffrant invoque et prie; plus d'amour, plus de dévouement pour le bien de ses frères. Le moi être, l'idée Dieu, voilà tout. Vraiment c'est le comble de la fureur et de la folie, mais c'est le panthéisme; ou prenez-le tout entier, ou rejetez-le tout entier.

Et cependant, Messieurs, cherchez tant que vous voudrez hors de la foi, hors des traditions chrétiennes; vous ne trouverez pas d'autre travail philosophique sur l'idée de Dieu, pas autre chose que l'athéisme, le dualisme et le panthéisme, qui, si on les presse un peu, finissent par s'unir et se confondre, pour se perdre au delà du chaos dans le néant.

Dans tout ce travail d'erreur, je ne vois apparaître aucun de ces beaux noms qui sont la gloire de l'humanité, les noms de ceux qui furent ses bienfaiteurs et ses maîtres. Non, la gloire, le génie, la charité sont ailleurs. Mais si je lève les yeux, j'aperçois aussitôt dominant le monde un foyer paisible et immobile de lumière et de vérité : c'est le christianisme. L'âme se repose alors et se console.

Parlons donc maintenant, Messieurs, de la notion chrétienne de Dieu.

II. P. Le tableau que nous venons de retracer, Messieurs, des travaux inquiets de la philosophie humaine sur la notion de Dieu, fait bien voir l'immense nécessité pour l'homme d'une foi, d'une autorité qui le fixe dans la vérité imposée ; et ce grand besoin de l'homme est du reste avoué par plusieurs. Or c'est ainsi que le catholicisme nous apparaît; il dicte, il impose une croyance, comme étant la parole même divine : mais en même temps appuyé sur ses monuments, sur ses traditions, sur son unité, son établissement et sa durée, il se montre à nous tout environné de ces faits divins, de ces attestations divines, qui confirment son autorité, et dans son enseignement nous manifestent la parole même de Dieu.

Car il ne faut jamais l'oublier, Messieurs, la doctrine catholique est sans doute enseignée d'autorité par l'Église, elle n'est pas livrée à l'arbitraire du rationalisme humain; mais par les faits l'autorité qui enseigne est démontrée divine et acceptée comme telle.

L'idée vraie de Dieu, enseignée elle-même au nom de Dieu et de son autorité manifeste, était donc le grand besoin de l'humanité. L'occasion des grandes erreurs avait été le problème sur le principe des choses, sur Dieu par conséquent. On imagina, pour le résoudre, la divinité du monde, l'éternité de la matière, l'animation et l'énergie propre de la nature, ou bien, en d'autres termes comme nous l'avons vu, le panthéisme, le dualisme et l'athéisme. Par là plus d'unité ni de personnalité divine, si je puis m'exprimer ainsi; plus de Dieu positif et personnel.

Voici, Messieurs, le catholicisme.

Il possède, il explique un livre le plus ancien, le plus sacré de tous les livres. Et dès la première page, dès le premier mot, la grande question est résolue. L'existence, l'unité, la notion personnelle de Dieu, l'origine des choses sont nettement définies et tranchées. Le grand dogme est ainsi enseigné, celui sur lequel la philosophie n'avait fait que balbutier, celui que les traditions religieuses populaires avaient retenu un peu mieux qu'elle, ce semble ; ce dogme qui suffit seul pour distinguer et séparer l'être divin de tout le reste, qui même peut seul le distinguer clairement et entièrement.

Ce dogme écrit à la tête du christianisme est, Messieurs, le premier principe de la religion comme de tous les devoirs pour l'homme : « Au commencement Dieu créa le ciel et la terre. » *In principio creavit Deus cœlum et terram* [1].

Ce peu de paroles si simples, si naïves, si sublimes enseignent quoi ? La création. Et la notion vraie de Dieu est établie.

Pour se convaincre de ce sens catholique de la création, qui personnifie Dieu si puissamment et le distingue à jamais de tout l'être créé, il suffit de lire attentivement le premier chapitre de la Genèse. Dieu dit : « Que la lumière soit, et la lumière fut ; » et c'est en ces termes ou en d'autres équivalents, que Moïse représente successivement toutes les productions de Dieu. « Dieu dit, et tout a été fait ; il a commandé, et tout a été créé, » comme l'interprétait plus tard le Psalmiste [2] : c'est-à-dire que par sa parole et sa volonté seules, Dieu a fait que ce qui n'était pas fût.

[1] Gen., I. 1.
[2] Psalm., CXLVIII, 5.

C'est en ce sens que toute la tradition juive et chrétienne a toujours entendu Moïse. En sorte que d'un seul mot il a ruiné par la base tous les systèmes polythéistes et ceux des émanations, de l'éternité de la matière et du panthéisme. « Dieu a créé. » *Creavit Deus;* c'est l'Être divin personnel, la personnalité divine distincte et tranchée. Les Écritures sacrées nous représentent sans cesse ce moi divin, ce moi créateur et maître de l'univers. *Ego Dominus... Ego creavi...*, est-il dit souvent dans Isaïe [1].

Et quand l'auteur du livre de la Sagesse, dans ce chapitre si remarquable, le chapitre treizième, où il expose les causes de l'idolâtrie; quand, dis-je, le Sage inspiré de Dieu veut combattre cette divinisation des forces de la nature qui fit le fond du paganisme soit populaire soit philosophique, il n'a besoin que de rappeler le dogme de la création. Mais aussi insiste-t-il avec énergie sur cette distinction première et décisive entre le Créateur et ses ouvrages : « Celui qui a fait tous ces êtres est plus puissant qu'eux. » *Qui hæc fecit, fortior est illis.*

Cette révélation et cette tradition primitives s'étaient étrangement altérées au sein des peuples,

---

[1] Is. XLV, 8, 12 ; LIV, 16, et passim.

mais surtout, comme nous l'avons déjà observé, Messieurs, dans les écoles philosophiques. Et c'est une grande question de savoir si un seul des philosophes païens admit la création prise dans toute la rigueur chrétienne. Je crois qu'on peut l'affirmer de Confucius, moins sûrement de Socrate ; quant à d'autres je ne le crois pas, à examiner leur doctrine dans son ensemble et non par lambeaux séparés. Seulement la Providence voulait que quelques traces éparses de ce grand dogme se retrouvassent dans le paganisme populaire ou même dans les contradictions du langage philosophique. Et c'en était assez pour que les Pères de l'Église des premiers temps pussent opposer les païens à eux-mêmes sur ce point comme sur d'autres.

Toutefois, Messieurs, dans la philosophie et dans les masses, partout dans l'univers et dans le cours des siècles, soit un instinct conservateur soit une loi traditionnelle, suprême et invincible, firent toujours sentir à l'homme qu'il dépend d'un maître, et du maître de la vie. L'homme ne put se défendre de sentir et d'exprimer malgré lui que tout être appartient à Dieu ; qu'à Dieu tout ce qui existe doit être rapporté, consacré, même immolé quand Dieu l'ordonne ; que la destruction, l'immolation de l'être, autant qu'elle peut et doit se faire, est l'hommage d'adoration le plus nécessaire, le culte suprême dû au souverain domaine de la Divinité. Et dans tous les lieux de la terre, dans tous les temps, chose étrange! la voix expirante des victimes et les autels fumants de leur sang ont dû protester que la vie, la mort, tout l'être enfin et son immolation même étaient dus à Dieu, étaient son droit et sa propriété.

Ce fut le langage universel du sacrifice partout et toujours offert, partout et toujours nécessaire.

L'énergique expression du sacrifice, cette voix de l'univers bien comprise proclame donc à jamais, Messieurs, la distinction, la réalité de l'être dépendant et mortel et de l'Être indépendant, immortel, suprême. On ne pourra confondre ni identifier l'un avec l'autre en présence du sacrifice. Il est la réponse péremptoire au panthéisme, parce qu'il signifie réellement et place au-dessus de tous les êtres leur Dieu, leur créateur et leur maître souverain. Car enfin, en sondant la raison dernière des choses, on ne peut concevoir de principe de supériorité d'une part et de dépendance obligée de l'autre jusqu'à l'immolation, que par le droit et le pouvoir de la création même. La vie de tous les êtres est due à Dieu : voilà ce que dit le sacrifice dans sa langue redoutable. Celui qui a tout produit et tout donné peut seul tout redemander et tout reprendre. Cherchez bien, dans la méditation et le recueillement, vous ne trouverez pas d'autre raison fondamentale du sacrifice : la création.

Aveugles auteurs de la réforme, qui n'ont pas vu qu'en joignant au principe générateur du rationalisme l'abolition du sacrifice, ils brisaient plus qu'on n'avait jamais fait peut-être toutes les barrières conservatrices de la vérité. Première et seule religion sans sacrifice, le protestantisme devait plus qu'aucune autre aboutir à l'illuminisme visionnaire de Swedenborg et à l'idéalisme panthéiste, c'est-à-dire à des doctrines de néant. Chacun de nous peut aisément constater ce triste résultat. Il serait fort inutile, Messieurs, de nous étendre longuement sur ce qui a été l'enseignement primitif et continu du christianisme. Dieu, dans l'Évangile, fut surtout nommé Père et notre Père, comme auteur de la vie et de toute la nature. Les apôtres après leur maître le redirent sans cesse ; les témoignages sacrés qu'ils nous ont laissés sont tous remplis du dogme de la création ; et dans cette courte mais solennelle profession de foi qui porta leur nom dès la naissance du christianisme, dans ce symbole de croyance apostolique qui vint en quelques lignes satisfaire toutes les questions les plus hautes de la philosophie, et qui contenait toutes les lumières après lesquelles le genre humain avait soupiré si longtemps, nous disons tous : « Je crois en Dieu..., créateur du ciel et de la terre. » *Credo in Deum..., creatorem cœli et terræ.*

L'Église, dans ses grandes assemblées œcuméniques, commença toujours la profession de sa foi par ces mêmes paroles : « Je crois en Dieu créateur[1]. »

Toujours l'enseignement, la tradition, la science et les écoles catholiques partirent de ce principe fondamental et premier, la création. Et dès le IIᵉ siècle, en présence de toute l'énergie païenne, Tertullien écrivait dans son *Traité des Prescriptions,* chap. XII : « C'est la règle de foi qu'il n'y a absolument qu'un seul Dieu, créateur du monde, qui a produit toutes choses du néant par son Verbe. » *Regula est fidei unum omnino esse Deum, mundi conditorem, qui universa de nihilo produxerit per Verbum suum.* Tous les Pères sont unanimes en ce point.

---

[1] Credimusque... quod unus solus est verus Deus... unum universorum principium, creator omnium invisibilium et visibilium, spiritualium et corporalium, qui sua omnipotenti virtute simul ab initio temporis utramque de nihilo condidit creaturam... angelicam scilicet et mundanam, ac dicimus humanam quasi communem ex spiritu et corpore constitutam...

Conc. Later. IV, c. 1 *de Fide cathol.*, anno 121.

Ainsi donc, Messieurs, dans le christianisme rien de plus net et de plus tranché que le dogme de la création; et par suite ressort évidemment la distinction entre Dieu et le tout, entre le tout et Dieu ; entre l'être produit et l'être incréé, entre le moi créateur et tous les moi créés, s'il m'est permis de parler ainsi. Rapprochez de l'enseignement catholique les vagues abstractions de l'idéalisme et du panthéisme : quelle lumière, quelle simplicité auguste d'un côté! quelles ténèbres, quel dédale effrayant de l'autre! Dieu créateur et père ou bien Dieu tout et l'idée-Dieu.

Je ne prétends pas nier cependant, Messieurs, qu'un grand et profond mystère n'enveloppe la création à nos regards. Sonder cette action divine en elle-même est chose impossible à la raison. Comment du néant, du non-être ou, si l'on veut, de l'être infini, faire sortir d'autres êtres? Comment le fini est-il distinct de l'infini, sans pouvoir exister autrement que dans son sein même, autrement que plongé, pour ainsi parler, dans l'immensité divine? Comment toutes les créatures sont-elles en Dieu, et toujours parfaitement distinguées de l'être substantiel et personnel de Dieu? Non, nous ne l'expliquerons ni le comprendrons jamais. Et qu'y a-t-il d'étonnant? Nous vivons de mystères, chacun de nos pas en rencontre ; et nous voudrions ne pas en trouver en Dieu même! Véritable est la science qui s'arrête et dit : « Je ne sais pas. » Il lui suffit qu'un fait soit attesté et certain : or la création est révélée et certaine.

Toutefois sachons reconnaître qu'au sein des lumières révélées, l'intelligence de l'homme a grandi et puisé de nouvelles forces. Elle a conçu qu'à Dieu appartient la toute-puissance, à la toute-puissance l'énergie créatrice, sans aucun doute. Elle a conçu que s'il existe quelque chose, il y a une raison suffisante de son existence, principe avoué de tous; que cette raison suffisante d'existence pour tout ce qui nous environne et se manifeste par des caractères palpables d'êtres finis, contingents, passagers, changeants, produits, morts et reproduits sans cesse ; que la raison suffisante de tous ces êtres, dis-je, ne peut se trouver que dans la cause unique, première, nécessaire, éternelle, immuable, infinie, incréée et créatrice ; qu'autrement tout est dédale et contradiction révoltante dans la nature.

Mais je ne puis ni ne dois m'étendre ici sur ces considérations métaphysiques, qui sont développées d'ailleurs dans une foule d'excellents ouvrages. Qu'il me suffise de vous rappeler le livre de l'immortel Fénelon sur l'existence de Dieu, en vous exhortant à le relire.

J'espère en avoir dit assez pour mon dessein. J'ai exposé la foi, j'ai raconté l'erreur et la vérité : et votre choix n'est pas douteux pour moi.

Laissons, Messieurs, laissons vivre dans nos esprits et dans nos cœurs, cette notion simple et précise du Dieu créateur, père et seigneur souverain de tout ce qui existe, cette connaissance et cette foi premières, qui pénétrant dans l'âme naïve et pure de l'enfant, sont pour son esprit la lumière, pour son cœur la paix et l'amour. Il a su qu'il avait Dieu pour père. Sous l'égide tutélaire des enseignements du pasteur, il croît en vertu, en grâce, en science véritable. Dès l'âge le plus tendre, au milieu des mœurs rustiques du village, par la leçon familière du christianisme, il possède plus de vérités et des vérités plus hautes, que n'en purent jamais découvrir par leurs propres forces les génies les plus vantés de tous les siècles.

Mais aussi pour le génie éclairé par la foi, mûri par l'étude et les années, quel champ ouvert aux plus nobles méditations comme aux affections les plus douces! Alors quelle philosophie calme, élevée, harmonieuse, si je l'ose dire, se fait sentir à l'âme! Entendez Fénelon, Bossuet, saint Augustin méditant, retirés et solitaires, sur l'essence divine et sur cette action créatrice qui fit jaillir un jour, dans sa toute-puissance, l'univers du néant. Écoutez vous-mêmes, dans une disposition de cœur paisible et docile, cette vérité intérieure qui habite et qui parle au dedans de vous. Vous pourrez goûter alors les pures voluptés du vrai ; et libres dans la soumission de la foi, sonder les saintes profondeurs du mystère.

Dieu est l'Être des êtres, il est tout en tous par sa présence, avec sa force et son amour infinis. Venue de Dieu comme de son principe, notre âme ne vit que par l'action divine continue : dans l'immensité de l'être divin elle demeure comme dans son centre ; elle y puise sans cesse son être, son mouvement, sa pensée, sa vie. Mais placée encore ici-bas dans la voie, elle cherche encore : Dieu, qui la remplit et la pénètre, se couvre d'un voile; jusqu'à ce que les travaux généreux de la foi, de l'espérance et de la charité aient pu saisir le terme, conquérir la vue intime et claire de Dieu, s'y unir, se perdre en lui pour s'y retrouver et y vivre à jamais dans la possession même de l'infini.

Puissent, Messieurs, ce peu de paroles que j'interromps à regret, faire arriver par la grâce jusqu'au fond de vos cœurs, avec la foi véritable, le sincère amour de Dieu, votre créateur et votre père. On se rapproche de lui par la pensée attentive et par une humble prière, qui nous fait sentir à la fois notre dépendance, nos besoins, la puissance et la bonté divines. Puissiez-vous ainsi, Messieurs, apporter à la grande âme du vénéré Pontife ces consolations si laborieusement méritées, si justement ambitionnées pour vos plus chers intérêts! Chaque année sa sollicitude paternelle vous presse de vous rassembler autour de lui; et vous savez bien que vous trouvez son cœur toujours ouvert pour vous aimer, comme ses mains toujours levées pour vous bénir [1].

---

[1] Ces dernières paroles rappelées en 1838 devant Mgr de Quélen, avaient été prononcées par ce prélat en terminant la station du carême de 1837 à Notre-Dame.

DIXIÈME CONFÉRENCE

LE NATURALISME

ET L'ACTION DIVINE

DIXIÈME CONFÉRENCE

LE NATURALISME ET L'ACTION DIVINE

Monseigneur,

Dans cette recherche de la vérité qui demande la pensée attentive, la volonté droite et pure, nous avons déjà pu dégager des vagues abstractions de l'erreur une idée précise, une notion de foi : Dieu créateur.

Le catholicisme enseigne ce dogme : « Dieu par sa parole a tiré tous les êtres du néant. » Il est la cause première, unique et libre de tout ce qui existe. Il est infini, immense ; mais il est distinct à jamais de cette universalité des êtres finis et créés, qui sont individuels aussi ou personnels, et que la foi, la raison, un sens commun invincible nous présentent comme des effets dépendants, mais différents de leur cause.

Après cette action créatrice, exercice souverain de la toute-puissance et qui personnifie Dieu si parfaitement pour nous, une autre action divine doit être admise : l'action qui conserve, qui gouverne, qui dirige tous les êtres et concourt, au dedans même de l'homme, aux actes libres de la volonté humaine.

C'est ce que nous désignons sous le nom générique de Providence, ou simplement d'action divine. Étude assurément digne entre toutes, Messieurs, d'attention et d'intérêt.

Est-il donc vrai malgré nos aveugles préoccupations que Dieu agit constamment au sein de l'univers ; que son action constamment domine et règle les événements de cette terre, aussi bien que les lois de la nature ; et que, au plus intime de nos facultés, dans tous les mouvements et tous les actes de notre âme, Dieu influe, agit lui-même, sans jamais détruire cependant l'activité libre de l'homme ?

L'action divine dans le gouvernement du monde et dans l'homme, tel est donc le sujet à considérer, telle est la vérité à exposer selon les principes de la foi, tout en rappelant les enseignements contraires de l'erreur.

Comme il arrive d'ordinaire, Messieurs, l'erreur ici s'est jetée dans les deux extrêmes opposés :

le naturalisme a nié l'action divine, le fatalisme l'a exagérée. L'un et l'autre excès se reproduisent encore de nos jours à certains égards.

Pour plus de clarté occupons-nous cette fois du naturalisme, et de l'action divine qu'il rejette ; dans la prochaine Conférence nous parlerons du fatalisme. Dieu agit dans l'univers et dans l'homme : tel est le principe à rappeler en ce moment.

Nous verrons qu'il y a toujours lieu d'appliquer la parabole de l'Évangile : « Malgré les vents d'opinions contraires, la barque de l'Église tient le milieu de la mer. » *Erat navis in medio mari..., et erat ventus contrarius.* « L'enseignement laborieux de la foi est le travail des rameurs. » *Laborantes in remigando* [1]. Vous êtes, Messieurs, les passagers que nous désirons ardemment conduire au port.

1. P. Il est juste de dire qu'en étudiant le travail religieux et philosophique de l'esprit humain dans l'antiquité païenne, on y trouve assez généralement répandues certaines notions de Providence ; même on ne lit pas sans étonnement, au milieu du chaos des philosophies indiennes, je ne sais quelle idée d'une nécessité de la grâce divine et intérieure.

[1] Marc, VI, 47, 48.

Toutefois, pour être exact et vrai, on doit reconnaître que la notion d'action providentielle, comme la plupart des notions religieuses, fut étrangement défigurée dans l'antiquité et associée à mille incohérences. On sait combien le dogme de la fatalité et le panthéisme furent dominants dans toutes les religions et philosophies païennes, orientales ou grecques. Et que devient alors, je vous le demande, Messieurs, une théorie de Providence et de secours divins donnés à l'homme, puisqu'il n'y a plus d'homme ou tout au moins plus de liberté humaine?

La philosophie pensa que les dieux ne devaient étendre leurs soins qu'aux grandes choses, nullement aux petites. Elle pensa que le gouvernement de la Providence était divisé entre plusieurs, comme la Divinité; elle pensa quelquefois que la prière, aveu bien formel de la vérité d'une Providence, était nécessaire; quelquefois elle la condamna comme inutile. Que sais-je encore? Le plus sublime des philosophes grecs, Platon, entre autres choses étranges qui semblent être la part faite au délire, nommait avec indignation athées, détracteurs de la providence des dieux, ceux qui ne reconnaissaient pas dans les astres cette puissance et ce soin d'administrer les choses humaines. Le passage est dans le *Traité des lois*.

Mais ce ne fut pas, Messieurs, une des moindres erreurs ni des moins communes, que d'avoir prétendu complétement exiler de l'univers et du cœur de l'homme l'action divine ; et c'est à ce point que je dois plus spécialement m'attacher ici.

Le fonds secret d'indépendance et d'orgueil qui vit toujours au cœur de l'homme, qui est le grand mobile de ses opinions et de ses actes, lui rend difficile et importune l'idée de sa faiblesse et de sa dépendance. Inquiet, travaillé par une incroyable dissipation et par des penchants rebelles, pour s'y abandonner sans contrainte, il secouera comme un joug inutile la pensée du gouvernement divin et d'un secours d'en haut à implorer humblement et sans cesse. L'homme n'a-t-il pas sa force, son énergie, sa liberté qui lui suffisent pour agir? Devoir rapporter et soumettre à une intervention invisible et active de la Divinité les événements et les actions humaines, paraîtra aisément une superfétation gratuite ; et c'est ainsi que les uns avec l'orgueil du système, d'autres par le sophisme, beaucoup par inconsidération et par mollesse, rejettent ou négligent la conscience d'une action providentielle et divine, à laquelle il faudrait rendre un humble et fidèle hommage.

Reste alors, Messieurs, quoi? L'action de la nature, c'est-à-dire l'action surtout des sens et des passions. Et c'est ce que l'Allemagne moderne a nommé d'une manière assez expressive le naturalisme, entre autres significations qu'on peut donner à ce mot: c'est un titre nouveau de bien vieilles erreurs, présentées toutefois sous des formes diverses.

Parmi les païens ce fut surtout l'épicuréisme, et plus tard parmi les hérésies, le pélagianisme, qui attentèrent aux droits de l'action divine. Les sociniens, enfants directs de la réforme, puis le matérialisme du xviiie siècle, enfin au xixe des opinions confuses sur l'âme et sa nature, sur l'organisme, sur la physiologie, sur le sensualisme, sur le droit public tendirent évidemment et tendent encore à retrancher l'action de Dieu du sein de la société et de l'âme humaine.

En présence des sophismes inquiets des sceptiques et des dures affirmations du stoïcisme, Épicure apporta une théorie du bonheur séduisante et facile, que la situation des esprits dut faire avidement saisir. Des dieux oisifs, indifférents et étrangers à toutes les choses d'ici-bas ou même complétement nuls; le bien souverain placé dans le plaisir et la satisfaction propre : telle fut, Messieurs, la philosophie qui attirait dans les jardins du maître à Athènes une nombreuse et brillante jeunesse de Grèce, d'Asie et d'Égypte. Et si le père de cette école voulut donner avant tout le nom de volupté à la modération des penchants et à la vertu, les disciples, comme il était naturel de le faire, pressant l'application du principe, établirent que le bonheur était le plaisir ; et ainsi ils se vautrèrent logiquement dans la fange. L'épicuréisme, dans toute la signification vulgaire de ce mot, inonda les civilisations avancées de l'ancien monde et souvent du nouveau. Cela devait être, une fois qu'on admettait que Dieu ne gouverne pas et qu'il ne regarde même pas l'homme.

Pélage parut dans l'Église, après des hérésies grossières qui avaient enchéri sur la dégradation et la corruption de l'homme, et qui avaient aussi tenté d'anéantir sa liberté. Pélage, âme ardente, prétendit relever la dignité, la liberté de l'homme ; et comme il arrive trop souvent, il se précipita dans l'excès contraire à l'erreur qu'il attaquait. L'homme pour lui était fort, intact et pur par sa nature : nul besoin d'une assistance intérieure de la grâce divine. Pélage né chrétien se plaçait sur le terrain du christianisme à la fois et de la philosophie. Il y rencontra de terribles adversaires, tous unis à la voix régulatrice du pontife romain. Chacun sait en ce genre les combats et les triomphes surhumains du grand évêque d'Hippone, qui établit victorieusement avec l'Église par les faits naturels, par les faits révélés, et la corruption originelle de l'homme, et sa faiblesse, et son incapacité pour remplir, avec les seules forces de la nature, sa destination surnaturelle. Il établit la nécessité par conséquent et le don fait à tous de secours divins, intérieurs, surnaturels : il établit aussi la liberté réelle de l'homme sous l'action divine, comme sous le poids de la dégradation héréditaire.

Le moyen âge, malgré bien des désordres et quelques erreurs, vécut placé sous les vives impressions de la foi et des influences divines.

La réforme rouvrit une longue carrière de naturalisme qui ne s'est pas refermée.

Elle sembla bien outrer l'action de la Providence et de la grâce, en établissant comme dogme fondamental un véritable fatalisme; nous le verrons une autre fois. Mais par une de ces incohérences si nécessaires à l'erreur, elle posa en même temps pour principe la souveraineté de la raison et de l'esprit individuel.

Les sociniens furent la conséquence immédiate et logique de la réforme. La raison naturelle fut tout pour eux, une action mystérieuse et surnaturelle de Dieu devait disparaître. Le xviiie siècle, Messieurs, fut socinien et au delà; la raison, la nature, la matière étaient les grands dieux de la philosophie d'alors; elle nous a légué l'homme affranchi du gouvernement divin de la Providence.

Encore de nos jours trop d'esprits s'égarent loin du vrai, loin des droites et fortes pensées de l'action divine. Ainsi le naturalisme allemand pourra devenir une école à vastes influences ; véritable école de sensualisme épicurien, les penchants de la nature y sont raison souveraine. Et qui sait si l'idéalisme, si le spiritualisme piétiste ne devront pas bientôt se retirer de l'arène philosophique d'outre-Rhin, pour céder la place au matérialisme grossier qui nie toute Providence?

Quoi qu'il en soit, parmi ce travail d'idées qui nous touche de plus près, je rencontre assurément, Messieurs, de nobles monuments de philosophie et d'histoire catholiques ; j'entends parler une langue religieuse qui me console et me remplit de joie ; j'en rends grâces à des cœurs généreux. Mais combien de tristes dissonances ne viennent-elles pas encore affliger l'âme et troubler la divine harmonie de l'univers!

Cet ordre divin, c'est la vie qui sans cesse descend de Dieu, qui sans cesse lui revient en hommage par nos actives croyances. Et des hommes se sont rencontrés qui ont aspiré à voir seulement dans la chaîne des êtres je ne sais quelle unité d'organisme, je ne sais quelle identité d'animaux imitateurs, accidentellement perfectionnés, une collection d'hommes-singes, à la tête desquels, disait-on gravement, Pope avait placé Newton. Alors plus de causes finales, c'est-à-dire plus de sagesse souveraine qui gouverne et dispose tous les êtres, l'être intelligent surtout, pour une fin auguste et dernière.

Une philosophie élevée avait vu, Messieurs, dans la raison humaine, dans les opérations de l'esprit, une communication de la lumière, de la raison divine : on étudie le cerveau, on compte et l'on découpe ses circonvolutions et ses organes ; là est la pensée, là se trouvent toutes les sources d'affection, là toute moralité et toute intelligence. Dieu est totalement absent; son action, sa vie sont exclues du sein de l'âme humaine. Et même que devient l'âme, que deviennent sa liberté et sa nature immatérielle pour le phrénologue ?

Ce n'est pas tout : dans l'histoire, qui nous déroule l'histoire de la Providence comme fait le génie catholique, à la manière de Bossuet ? Bien peu d'écrivains sans doute.

Dans le droit social, qui pense à constater, à reprendre, à suivre les voies providentielles ? N'est-il pas devenu comme nécessaire de soustraire complétement l'édifice des lois aux idées et aux influences religieuses ? Quelle impression de foi à la Providence, à l'action de Dieu retrouvons-nous présente dans la société ? Serait-ce que pour être tolérante et impartiale, la loi n'eût plus d'autre ressource que d'être athée ? Et quand ce serait là une nécessité logique de l'état des choses, Messieurs, ne nous faisons pas illusion, cette nécessité est un triste caractère imprimé au front de ce siècle.

Où en sommes-nous donc ? Et si la puissance imprescriptible de la vérité se fait jour dans le cœur des hommes malgré les hommes ; si, dans un théâtre, l'indignation spontanée du peuple assemblé s'élève pour protester contre une voix d'athéisme[1], cependant on peut dire qu'une trop réelle négation de la vie et de l'action divines s'est emparée des populations : négation exprimée ou par de vagues systèmes ou par l'oubli, par l'indifférence, par le libertinage d'esprit et de cœur, qui abandonnent tout en aveugle aux caprices de l'opinion et des passions.

Elles vivent, Messieurs, les nations par leurs croyances, surtout par la croyance dans la Providence de Dieu. Elles vivent par cette foi qui peut seule former une conscience et une morale publiques ; elles dégénèrent, languissent et meurent, à mesure que ces croyances viennent à s'affaiblir

---

[1] Avril 1837.

ou à s'éteindre. Une autorité non suspecte l'affirma d'après les faits; ce juge compétent est Machiavel, il s'appuie sur le témoignage de Polybe, de Cicéron et de Plutarque [1].

Chose funeste et déplorable, Messieurs, que cette sorte de disposition négative des esprits, ce terre-à-terre, si j'ose ainsi parler, d'un grand nombre des intelligences influentes de la société, qui semblent ne s'exercer qu'à la surface et à l'écorce, et ne pénètrent pas jusqu'au principe intime et divin de la vie; qui raisonnent, déraisonnent, se consument en grands et vains labeurs, et ne vont pas saisir les voies et l'action de la Providence, pour y replacer et y reconstruire l'ordre social! Alors le nerf des nations se détend et se relâche, la vie se retire comme le sang d'un cadavre. Dieu devient un étranger, un inconnu dans le monde. Or il n'y a qu'un principe d'ordre et de société, l'action de Dieu reconnue et respectée. Sans Dieu, sans l'intervention divine, il n'y a plus d'homme à homme que l'indépendance ou la force. La force opprime et ne règne pas; l'indépendance lutte et ne se soumet pas. La convention ou le pacte ne sauraient suffire, car ils ne me lient que si Dieu m'oblige. Il n'y a pas d'autre source d'au-

[1] V. Leland., *Démonstr. évang.*, t. II, p. 383.

torité, de dépendance, de devoir que Dieu même; parce Dieu seul est au-dessus de ma conscience, et qu'il peut seul m'imposer une obligation véritable.

Aux lois, au pouvoir j'obéis parce que je crois; si je ne croyais pas, je n'obéirais guère, je pense. Sans la foi, la soumission est la peur, pas autre chose, ou peut-être encore l'apathie de l'égoïsme. Ni l'une ni l'autre ne font de l'ordre. L'ordre, c'est la soumission aux lois: oui; mais à Dieu seul la soumission est due par la conscience de l'homme, les lois ne peuvent la réclamer qu'en son nom. Rendez donc Dieu à l'homme et à la société, et vivez de la foi.

Nous avons, Messieurs, parcouru les erreurs, voyons la vérité.

II. P. Il se rencontre, Messieurs, dans l'histoire de l'esprit humain plus de théories qui exagèrent l'action divine, qu'il ne s'en trouve qui la nient. Ainsi le fatalisme abonda dans les philosophies et dans les religions orientales, comme nous le verrons; nulles traces de naturalisme n'y apparaissent, que je sache, nulle exclusion de l'action divine, si ce n'est dans d'obscurs et peu nombreux systèmes d'athéisme.

Mais la Grèce voluptueuse, l'Occident raisonneur, le travail, redoublé dans ces temps modernes, de l'esprit d'orgueil et d'indépendance, enfin une vaste insouciance pratique et la force des sens ont fait le vide au sein des sociétés, et en ont banni la foi vivante d'une action providentielle et divine. Sensualisme, indifférence, orgueil d'un indépendant rationalisme : tels sont donc ici les caractères et les causes d'erreur.

Nous opposons symbole à symbole. Voici, Messieurs, succinctement l'enseignement catholique sur l'action de Dieu.

Il y a deux actions divines, l'une naturelle, l'autre surnaturelle. Je les expose l'une et l'autre en peu de mots ; je les joins, parce qu'elles tiennent, considérées en Dieu, à un même ordre d'idées et de principes, à sa Providence.

La Providence est cette action perpétuelle de la raison divine dispensant toutes choses conformément à la fin que Dieu s'est proposée dans ses ouvrages. C'est la présence continuelle au sein de la création du gouvernement divin qui pourvoit à tout ; en sorte que rien dans la nature ne peut se soustraire ni à la puissance, ni à la bonté, ni aux soins attentifs de Dieu. Telle est la Providence dans sa notion générale.

Mais nous savons encore par la foi qu'au dedans de nous-mêmes s'exerce une Providence toute spéciale et surnaturelle. L'homme, dès sa création, fut élevé à l'état surnaturel : c'est-à-dire que par un bienfait ajouté librement à la nature de l'homme, Dieu lui destina une fin placée au-dessus des exigences et des forces propres de l'être humain. L'homme dut espérer et atteindre un jour l'union avec la Divinité, mais union bien plus parfaite et plus sublime que toutes ses facultés naturelles ne le comportaient. C'est ce que la langue de la foi catholique a nommé fin surnaturelle, béatitude surnaturelle et vision intuitive ; c'est la gloire promise au premier homme, et qui nous fut rendue après la chute par la vertu de la réparation divine.

Cette idée tant oubliée est cependant, Messieurs, l'idée vraie de l'état présent ; elle est la condition actuelle de l'âme dans son rapport avec Dieu ; la véritable connaissance de l'homme en dépend.

De là l'absolue nécessité de cette action divine qui survienne, qui saisisse et pénètre l'intelligence, la volonté, la liberté humaines, qui s'y incorpore en quelque sorte, pour les élever à la proportion convenable avec la fin surnaturelle. Telle est la grâce, action divine, surnaturelle au dedans de l'homme, qui ne détruit pas la liberté, mais aide et perfectionne, et qui proportionne les moyens à la fin, pour rendre nos efforts capables de mériter une béatitude placée au-dessus des forces de la nature.

Voilà, Messieurs, bien en abrégé, la théorie catholique de l'action providentielle et divine : action universelle, extérieure et intérieure, naturelle et surnaturelle. Vous voyez que deux idées y dominent : Dieu agit dans l'univers et dans l'homme, et l'homme est libre sous l'action divine. Ce que le christianisme oppose aux funestes erreurs du naturalisme, c'est donc la foi de l'action divine.

Il faut savoir, Messieurs, considérer les choses à leur point, suivant l'expression de Bossuet. Le vrai point de vue est toujours celui-ci : l'Église enseigne et dit : « Croyez. » Et en même temps elle se présente invariablement environnée de faits qui ont préparé, fondé, conservé sa divine autorité. Toutefois l'Église dans son enseignement ne se refuse jamais à exposer l'histoire et les bases de chacun de ses dogmes.

Le dogme de l'action providentielle et divine, toutes les pages de nos livres sacrés en sont empreintes; elles en sont l'expression vivante et sensible. L'histoire des races patriarcales et judaïques, qu'est-ce en effet que la Providence elle-même en action, l'histoire révélée de la Providence ? Et depuis l'oracle jusqu'à la théophanie, depuis la fertilité de la terre jusqu'à la fécondité des vertus dans un cœur, vous y retrouverez perpétuellement manifestés tous les genres d'action divine.

Là, toujours la prière qui réclame et attend de

Dieu seul le bien de la cité, de la famille, de l'homme et de l'homme intérieur[1].

Les maux sont le bras divin appesanti sur les méchants pour les punir, ou sur les justes pour les éprouver.

L'ordre de l'univers et la constante succession de ses merveilles, c'est l'action même divine à laquelle tout est soumis : *Ordinatione tua perseverat dies, quoniam omnia serviunt tibi*[2].

Dieu ouvre la main, et il remplit tous les êtres de sa bénédiction : *Aperis tu manum tuam, et imples omne animal benedictione*[3].

Père, il gouverne tout par sa providence ; par lui règnent les rois, et par lui les auteurs des lois en décernent de justes[4].

Enfin, Messieurs, mille fois les prophètes imploraient, annonçaient la grâce tout intérieure d'un cœur pur et d'un esprit nouveau.

La douce et pure révélation de l'Évangile apparut à la terre, lumière bienfaisante, pour éclairer et pour guérir. Tous les enseignements du Testament Nouveau nous ramènent à cette Providence paternelle et à cette grâce intérieure, ac-

---

[1] Psalm. L, 12.; Psalm., CXVIII, 36, et alibi passim.
[2] Psalm. CXVIII, 91.
[3] Psalm. CXLIV, 16.
[4] Prov. VIII, 15.

tion de Dieu dans l'univers et dans l'homme ; Providence qui nourrit les oiseaux du ciel, revêt les lis des champs et compte les cheveux de notre tête ; Providence qui châtiera Jérusalem coupable, qui donne au gouverneur romain ce pouvoir même dont il abuse ; grâce intime sans laquelle nous ne pouvons rien faire, avec laquelle nous pouvons tout, même nous unir et demeurer en Dieu, comme le sarment de la vigne, comme les membres d'un même corps. Telle est, Messieurs, la doctrine touchante de l'Évangile [1].

Toute la tradition catholique de siècle en siècle a maintenu et proclamé cette doctrine ; et le concile de Trente, assemblé pour juger la réforme, ne fit en grande partie que définir, contre tous les extrêmes de l'erreur, et d'après l'enseignement des quinze siècles écoulés, la foi, l'invincible foi de l'action divine intérieure qui, dans l'homme, avec l'homme, et sans détruire sa liberté, opère et exécute les œuvres de salut.

Dieu vit donc et agit, présent dans le monde et dans l'homme. Le méconnaître, n'en pas exprimer nettement la croyance dans son esprit et dans son cœur, ce serait dire non aux traditions sacrées les plus authentiques, les seules avérées dans l'u-

[1] Nov. Test., passim.

nivers depuis six mille ans, non à toute la chaîne de science et de génie qui, sans interruption, sans variation, accompagna le christianisme jusqu'au xixe siècle; non à l'Église, à son autorité, à son unité, qui sont bien quelque chose cependant.

Et quelquefois, en vérité, on ne sait comment qualifier ou l'intolérable présomption, ou l'inconcevable légèreté, qui vont se perdant dans les espaces imaginaires, dans les folies de l'opinion ou le délire de l'ignorance, et ne daignent pas descendre jusqu'à considérer, sur le témoignage catholique, cette petite question de savoir si le Dieu qui créa l'univers vit, agit et règne dans l'univers.

C'est encore dire non aux faits de tout genre, non aux faits d'ordre, de sagesse et de destination finale que présente le spectacle du monde pour les âmes sincères et attentives. Newton, Messieurs, avait su lire dans ce livre et exprimer chrétiennement l'action providentielle et divine. Il l'avait lue dans ces combinaisons si diverses et si unies, dans cette foule de rapports se conciliant entre eux, dans la chaîne si bien suivie des causes, malgré des oppositions marquées d'effets et d'alternatives continuelles: en un mot, dans les lois invariables de la nature.

Et certes il faut bien y voir, à moins d'être

aveugle, une action vivante de puissance et de sagesse infinie, qui ne peut être que l'action même divine.

Nier cette action, c'est dire non aux grands faits historiques de l'humanité, dédale et chaos confus, sans une vue supérieure du gouvernement divin. Ne pas apercevoir l'action souveraine de la Providence dominant les destinées des empires, les abaissant ou les élevant, se jouant à son gré des passions des hommes pour arriver à l'accomplissement de ses éternels desseins, c'est ôter à l'histoire sa grandeur, sa lumière et sa vie, c'est en faire un corps sans âme. Après Bossuet, un illustre auteur de l'école catholique allemande l'a fait vivement sentir dans ses leçons sur la philosophie de l'histoire[1].

Nier ou méconnaître la foi de l'action divine, c'est nier ou méconnaître les faits moraux les plus certains et les plus intimes.

Un événement imprévu arrive, on échappe à un grand danger; un cri s'échappe du cœur: O Providence!

Un homme est au pouvoir, luttant contre de puissants obstacles; il voit des succès, des revers. Il se sent malgré lui comme l'instrument de la

---

[1] Fréd. Schlegel.

main divine, et placé sous une action supérieure. César, Tite, Attila, Napoléon et bien d'autres en témoignèrent. César en témoigne quand il dit au batelier ému dans la tempête : « Va, ne crains rien, tu portes César et sa fortune. »

Sans Providence et sans l'action de Dieu, Messieurs, le remords n'a pas de cause : le remords qu'on étourdit, qu'on affaiblit, qu'on n'éteint pas. Le remords du crime existe : d'où vient-il? de l'homme? Non : il voudrait s'en dépouiller à jamais. D'espérances déçues, de craintes apportées? Le crime a réussi, le crime est ignoré ; il y a remords. D'où vient donc le remords? Quelle cause invisible agit ainsi sur l'esprit, sur le cœur et sur la conscience? Cherchez tant que vous voudrez : de bonne foi, il n'y a que l'action même de Dieu pour l'expliquer. Il y a désaccord et rupture avec la grâce intime, il y a double action en sens contraire. Saint Augustin, qui l'avait si bien senti, l'a bien exprimé quand il a dit : « Vous l'avez ordonné, Seigneur, et il en est ainsi ; tout esprit déréglé est à lui-même son châtiment. » *Jussisti, Domine, et hic est, ut omnis animus inordinatus pœnas sit sibi ipsi.*

Et quel est donc encore celui, Messieurs, qui, rendu attentif à soi-même et mesurant cet abîme d'inconstance, de faiblesse, d'ignorance et de corruption que nous recélons tous au dedans de nous, ne cherche un appui, un soutien, pour le secourir dans la lutte et la peine? D'épaisses ténèbres, le doute, les fascinations des passions obscurcissent l'esprit; il ne voit pas, ou ne voit le bien qu'à demi. Une force ennemie et rebelle s'élève sans cesse dans les sens et dans le cœur; elle nous insulte et nous opprime. Une violente inclination au mal nous tourmente et nous entraîne, et l'âme cherche la lumière, la force, la vertu. Elle appelle... quoi? L'action de Dieu.

La vérité, la vertu, je ne les fais pas; je les trouve quand ma volonté droite se tourne vers Dieu, principe unique de vérité, de vie, de vertu et d'action. Et nier ce principe essentiel en Dieu, ce principe actif et universel qui est Dieu même, c'est nier Dieu, Messieurs; c'est l'athéisme. En Dieu être, c'est agir. L'être infini, qui est toute perfection, est par là même en soi l'action souveraine, universelle, intime, éternelle. Et s'il lui a plu un jour de sortir de son action tout intérieure et infinie par laquelle il se connaît, il s'aime et se féconde éternellement lui-même; s'il lui a plu d'y joindre l'action en quelque sorte extérieure qui sème l'espace de milliers de mondes, Dieu n'en est pas moins demeuré nécessairement le principe et l'agent universel au sein de la création échappée de ses mains. La foi, la raison, les faits le disent : Dieu agit. Qui donc pourrait dire : C'est faux, Dieu n'agit pas?

Mais le monde est plein de désordres et de maux : l'injustice triomphe, l'homme juste est abattu... Vieille et faible querelle contre le gouvernement divin! Nous pouvons soulever à peine un coin du voile, nous n'entrevoyons que quelques faits partiels dans l'immense économie de l'action divine; et nous voulons les citer devant nous, en juger, en condamner l'ensemble et les fins totales! Il y a des désordres, des maux et des crimes heureux sur cette terre? Hélas! oui. Mais une explication me suffit, quand d'ailleurs je ne puis révoquer en doute ni la liberté de l'homme capable des excès et des abus, ni la sagesse et la justice de Dieu, qui sait tirer le bien du mal. Ainsi donc je me dis à moi-même : Il fallait sans cesse rendre présente à l'esprit de l'homme et lui démontrer nécessaire cette vie à venir qui doit tout réparer, tout récompenser et tout punir; il fallait aussi éprouver, épurer le juste, comme l'or dans la fournaise, afin d'accroître son mérite et sa gloire avec son dévouement et son courage. Voilà ce que signifie l'état du monde. A sa vue ce cri consolateur de foi et d'espérance s'élance de la conscience chrétienne : La patrie est ailleurs! On adore alors cette Providence souveraine et paternelle, on la comprend assez pour l'aimer, et l'on cherche à unir sa vie à l'action divine et à la grâce, à l'océan infini d'être, de mouvement et de vie.

Mais comment donc unir sa vie à la vie même de Dieu, et ses actions à l'action et à la grâce divine ? Messieurs, je voulais le dire en terminant.

Un homme se rencontre. Faible, obscur, ignoré, il aura pu essuyer les luttes d'une jeunesse orageuse. Souvent il aura gémi, indigné qu'il était de ses passions et de ses infirmités ; et il aura succombé sous le faix du devoir. Cependant, irrité contre lui-même, il veut se relever et s'en va au dehors, loin de Dieu, chercher la force, le repos et peut-être la gloire. Mais une voix fidèle importune son cœur : « Ton secours est en moi seul. » Et enfin l'infortuné s'abaisse, il s'humilie et se brise sous la main divine, il confesse sa totale impuissance.

Anéanti, il a crié du fond de sa misère vers Celui qui peut seul et qui veut l'exaucer. Bientôt il est changé, régénéré ; il se montre chrétien intrépide, apôtre invincible. Le monde même le nommera grand ; l'Église, saint. Il remplira l'univers des travaux, des combats, des fruits de son zèle. L'onction divine le possède et le remplit. Ce sera, si vous voulez, un Augustin, un François

Xavier, défendant la vérité, conquérant les peuples à la foi de Jésus-Christ.

Un abaissement profond et sincère, une vive et persévérante prière, telle est donc, Messieurs, la voie qui mène aux forces divines. Par la prière, du sein de Dieu découle constamment la grâce dans le sein de ce pauvre, qui est l'humanité, et qui ne doit sentir si profondément son indigence et ses besoins que pour apprendre à remonter sans cesse, dans un humble et continuel désir, vers la source unique de tout bien; pour apprendre à rétablir sans cesse ce lien si précieux et si fragile qui unit l'âme libre à l'action des volontés divines. Alors le trouble et le malaise tombent, les fluctuations s'arrêtent. Il y a paix dans les orages, force dans les combats, lumière dans la nuit des opinions humaines. On vit de la foi, et l'on s'achemine vers le terme appuyé sur d'inébranlables espérances.

ONZIÈME CONFÉRENCE

LE FATALISME

ONZIÈME CONFÉRENCE

LE FATALISME

Monseigneur,

Quand on étudie attentivement la nature de l'erreur, et le déplorable travail de l'esprit humain en dehors de la foi dans tout le cours des siècles, on est forcé d'y reconnaître un caractère remarquable entre les autres.

L'homme en proie aux illusions du faux ne s'avoue pas entièrement à lui-même qu'il veut le faux, comme du reste on ne fait pas non plus le mal pour le mal seul. Mais dans le mal il y aura quelque bien, apparent au moins; dans le faux il y aura quelque vérité, qui fonderont, pour ainsi parler, les premières pensées de crime ou d'erreur. Puis à un point de la route on se sépare, on quitte le bien et le vrai, parce que sans guide et sans frein on excède ou on abuse.

Ainsi, Messieurs, la notion de Dieu est un abîme impénétrable. Dieu habite une lumière inaccessible à nos regards; et dans un sens nous savons bien mieux dire ce qu'il n'est pas que ce qu'il est. Ce mode de connaissance négative sur Dieu, si autorisé dans l'enseignement catholique, qu'un penseur atrabilaire s'en empare : il enchérira sur les négations et sur le mystère. Touchant la Divinité, se dira-t-il, il est impossible à l'homme de rien affirmer : Dieu n'est rien de visible ni de saisissable; donc il n'est pas : c'est l'athéisme.

Deux forces, deux esprits se disputent le monde : il y a lutte perpétuelle et violente entre ce qui est bon et mauvais, entre le vrai et le faux; l'histoire de six mille ans nous le raconte. Comment accorder cet antagonisme sous une cause première unique, sous un principe unique? On exagèrera la difficulté, on ne tiendra nul compte de la liberté humaine, qui en rend raison en grande partie; il faudra inventer un double principe, un double Dieu : c'est le dualisme.

Dieu est l'unité, l'infini, rien de plus vrai; il est la plénitude de l'être. Même dans un sens catholique, Dieu est tout, comme cause, comme centre et fin universelle de tout ce qui existe. Maintenant Dieu est le tout, ou bien il est tout être; il ne peut y avoir d'autre être que la substance infinie. Le monde est ou l'émanation, ou la forme, ou l'apparence de la substance divine, qui seule est le tout réel : c'est le panthéisme.

L'homme est naturellement libre; c'est son essence intime, c'est le cri irrécusable de sa conscience. L'homme est libre : mais comment avec la liberté accorder une action divine qui gouverne tout, qui dans l'homme doit concourir aux actions de l'homme? Pour sauver la liberté, on exclura, Messieurs, l'action divine et la grâce. On ne veut pas croire que Dieu, sans nécessiter la volonté, puisse l'incliner vers les œuvres salutaires et la soutenir libre. On aime mieux détruire l'élément divin pour ne conserver plus que l'élément humain : Dieu n'agit pas, ne concourt pas avec l'homme dans les actions humaines : c'est le naturalisme.

Ainsi, Messieurs, dans l'erreur tout n'est pas erreur. Dans les systèmes faux et opposés à la foi, on retrouve quelque chose de vrai qui répond à l'amour indélébile de la vérité en l'homme, et qui, le plus souvent placé hors des justes bornes par l'excès ou par l'abus, fait l'erreur. Ce que je remarque aussi pour exprimer une disposition profonde et sincère dans le cœur du prêtre. Il défend le dogme catholique; mais il sait que ceux qui le repoussent et s'égarent sont plus à plaindre qu'à blâmer, que l'erreur a pu naître d'illusions en quelque sorte généreuses, et qu'après tout un fond de vérité, comme l'amour même de la vérité, demeure ineffaçable dans les âmes même les plus dévoyées.

C'est pour m'adresser à cette conscience du vrai, vivante en tous, que j'expose les contrariétés dogmatiques entre le catholicisme et les erreurs diverses sur Dieu, sur l'âme. Puissent, Messieurs, toutes les convictions s'unir ici étroitement et se confondre !

Aujourd'hui, pour compléter ce qui regarde la doctrine de l'action divine, je dois vous exposer l'erreur du fatalisme : je serai forcé de remettre à une autre fois le dogme catholique de la liberté. Je tâcherai toujours de rattacher cette double exposition au besoin et à l'intérêt actuels.

Nous avons donc à parler du fatalisme dans cette Conférence.

I. P. Le fatalisme a été le plus souvent, Messieurs, et devait être l'exagération et l'abus du dogme vrai de l'action divine. La toute-puissance de la cause première et universelle imposant une nécessité absolue à toutes choses, on comprend que cette erreur devait se rencontrer sur le chemin des conceptions humaines.

Toutefois on lui a substitué en certains temps une impulsion aveugle et invincible de la matière ou de la nature, et c'est le genre de fatalisme qui a prévalu dans les opinions modernes opposées au libre arbitre de l'homme. Commençons par le premier et le plus ancien.

Ainsi donc, quant au fatalisme où domine l'élément divin, on le trouve sous les formes diverses de divers systèmes.

Tantôt c'est un fatalisme mystique. Des imaginations exaltées se livrent à la contemplation des choses divines, rendant ainsi hommage au grand besoin et à la grande destinée de l'âme humaine. Mais, sans le lien de la foi et de l'autorité dans la foi, sans règle et sans guide, s'abandonner aux facultés contemplatives, c'est courir la vaste carrière des déceptions et du délire. On va se croire possédé de l'esprit divin, transformé en lui : lui seul agira et dirigera. Alors, à ce haut degré d'union, les pensées, les désirs, les actes quelconques de l'homme, tout est divin : rien n'est plus humain ni libre; tout est commandé par l'esprit, même, Messieurs, les plus honteux opprobres des mœurs.

Tel fut l'illuminisme à peu près dans tous les temps, depuis l'illuminisme oriental, si effrayant dans son intensité, jusqu'à celui des temps plus rapprochés. On peut se rappeler en particulier l'histoire des gnostiques, des quiétistes et des sectes illuminées d'Écosse, d'Allemagne ou de France : je n'en veux pas redire les tristes déportements; il me suffit d'avoir signalé ce genre d'excès fataliste.

Il y a un fatalisme panthéiste, et même de toute nécessité le panthéisme est fataliste, puisqu'il y a unité d'être et de substance divine dans le grand tout, puisque dans l'univers il n'y a que des formes ou des émanations nécessaires de l'être unique et universel; alors, si l'on est conséquent, le moi humain disparaît et sa liberté avec lui. Alors il n'y a plus d'homme-individu; il est absorbé dans l'identité absolue, et il ne peut pas plus y avoir alors de liberté personnelle que de personne humaine. La conséquence est logiquement formulée dans la théologie indienne. Il est dit dans un des systèmes orthodoxes, au rapport du savant étranger qui les a interprétés, que l'âme n'est pas un agent libre et indépendant, puisqu'elle est partie de Brahma, l'âme universelle. Même idée chez les Grecs stoïciens, qui furent fatalistes rigides. Il y eut aussi le *fatum* vulgaire ou même philosophique des païens, ce destin supérieur à Jupiter et auquel Jupiter devait obéir.

Vous retrouvez quelque chose d'analogue dans d'obscurs hérétiques des premiers siècles et dans ces théories si vagues et si ténébreuses d'unité, d'universalité, de progrès, de nécessité, théories qui bourdonnent à nos oreilles comme un bruit sourd qu'on ne peut guère définir. Nous y reviendrons tout à l'heure.

Et par une étrange inconséquence ces hommes du fatalisme ancien comme du nouveau parleront sans cesse de liberté, de droits, de vertu même et de vice, de Dieu et de Providence ; le *forum* retentira de ces mots sonores. On s'étonne de ce prodige des contradictions humaines. Vertu, droits, liberté, avec un fatalisme panthéiste, au moins avec une aveugle nécessité! Qu'est-ce donc que le langage, si les noms les mieux consacrés peuvent ainsi perdre leur valeur?

Mais rien ne doit nous surprendre dans l'homme : il raisonne ou rêve suivant son caprice; il agit, il parle suivant ses intérêts et ses passions. Ou, si vous voulez, il a été infidèle, injuste envers la vérité ; il sera inconséquent et menteur à lui-même ; c'est le mot du prophète : *Mentita est iniquitas sibi.* Et d'ailleurs ne savons-nous pas qu'il y a de ces convictions intimes qui vivent dans l'homme malgré l'homme, qui s'échappent et se trahissent dans l'occasion? On professe hautement l'erreur, on croit la vérité.

On trouve encore un fatalisme qu'on pourrait nommer de prescience.

Quoi ! Dieu prévoit tout infailliblement et l'homme est libre ! Combien d'esprits dans tous les temps ne furent-ils pas tourmentés et arrêtés par ces deux idées à concilier ensemble? Les uns sacrifièrent la prescience divine, d'autres la liberté humaine. Il fallait garder l'une et l'autre, l'une et l'autre invinciblement démontrées et essentielles dans Dieu, dans l'homme.

Vous me dispenserez, Messieurs, de vous rappeler ici les notions les plus élémentaires qui vous sont à tous familières. Chacun en effet conçoit que la prescience divine, comme prescience, est la connaissance, non pas la cause des événements. Dieu sait et prévoit toutes choses telles qu'elles sont. Il prévoit comme nécessaires les choses nécessaires, il prévoit comme libres les actes libres, et sa prévision ne change rien à leur nature.

D'ailleurs en Dieu nulle différence des temps. C'est pour nous, pauvres créatures finies et bornées, qu'il y a un passé et un avenir. L'infini n'a pas été, ne sera pas, à proprement parler ; il est, et toujours il est. Pour lui tout est présent, c'est le privilége de la simplicité de son être à la fois et de son éternité. Or je vois un homme marcher : ce n'est point parce que je le vois qu'il marche ; mais parce qu'il marche, je le vois tel.

Dieu voit ou prévoit l'action de l'homme : ce

n'est point parce que Dieu a prévu que l'homme agit ; mais parce que l'homme agit, Dieu l'a prévu. L'homme agit donc librement. Ce n'est pas dans la prescience qu'est la difficulté, elle est ailleurs ; nous le verrons plus tard.

On a peine à croire que des esprits distingués et sérieux aient ici reculé devant une apparence d'opposition entre deux vérités incontestables. Cicéron crut ne pouvoir sauver la liberté de l'homme qu'en renonçant à soutenir la prescience divine, et c'est à ce sujet que saint Augustin a dit de lui : « Pour faire les hommes libres, il les a faits sacriléges. » *Ut homines faceret liberos, fecit sacrilegos.*

Il y a eu depuis l'origine du christianisme, et par le plus déplorable abus de ses doctrines, un fatalisme prédestinatien. Je rattache à ce titre, parce qu'ils s'y rattachent sous une idée commune, tous les systèmes fatalistes du prédestinatianisme ancien, ainsi que les opinions de Mahomet, de Wiclef, de Luther, de Calvin, de Baïus, et enfin le jansénisme. Je les rappelle en fort peu de mots.

Par le péché originel, dit-on, la liberté dans l'homme fut éteinte et détruite. L'action divine toute seule, par la prédestination ou par la réprobation antécédente, sauve les uns, damne les autres, en nécessitant et déterminant invinciblement ceux-ci au mal, ceux-là au bien. Tels sont les deux affreux principes auxquels se réduit en définitive tout le système des prédestinatiens rigides.

L'Église condamna dans tous les temps cette doctrine impie et cruelle. Elle condamna dans les conciles d'Arles et de Lyon au ve siècle, dans celui de Mayence au xie, les prédestinatiens qui deux fois avaient voulu, comme plus tard les jansénistes, abuser au détriment de la foi catholique des enseignements orthodoxes de saint Augustin; prédestinatiens que le jansénisme prétendit, avec une insistance vraiment plaisante, n'avoir jamais existé. On sent bien pourquoi Abeilard, poursuivi par le zèle salutaire de saint Bernard, dut entendre condamner au concile de Sens et abjura lui-même ensuite des erreurs analogues.

Le fatalisme mahométan n'avait pas besoin de censure, mais bien de la foi armée du moyen âge, qui sut du moins le repousser du centre de la catholicité.

Les sombres pensées de Wiclef avaient préludé, on le sait, à la réforme. Luther accepta l'héritage; comme Wiclef, il enseigna le plus désespérant fatalisme.

Luther écrivit contre Érasme un livre qu'il intitula, dans le genre de style qui lui est propre : ***De servo arbitrio***, titre qu'on peut et qu'on doit traduire ***Du serf-arbitre***, au lieu du libre arbitre. Voici textuellement ce qu'on y lit entre autres choses : *Hoc imprimis necessarium et salutare christiano nosse, quod Deus... omnia incommutabili et œterna, infallibilique voluntate, et providet, et proponit,* ET FACIT. *Hoc fulmine sternitur et conteritur penitus liberum arbitrium...* Et plus bas : *Quidquid fit a nobis, non libero arbitrio, sed* MERA NECESSITATE FIERI... C'est assez clair; Luther le répète souvent, et donne ces principes comme l'expression de la foi chrétienne.

Telle fut donc, Messieurs, la désastreuse doctrine du fondateur de la réforme : « Voici, dit-il, ce qu'il est surtout nécessaire et salutaire au chrétien de connaître : c'est que Dieu, par son incommutable, éternelle et infaillible volonté, prépare, dispose et fait tout. C'est le coup de foudre, *hoc fulmine*, qui renverse et écrase complétement le libre arbitre... » Et puis : « Tout ce qui est fait par nous, est fait non par libre arbitre, mais par pure nécessité. »

Mélanchton parla comme son maître. Il déduisit de ces principes les plus horribles conséquences, quoique plus tard il ait paru reculer comme effrayé, et mollir devant ses premières doctrines.

Calvin, qui ne mollit jamais; Zwingle, autre chef des réformateurs; Bèze, l'oracle de Genève après Calvin, et les théologiens protestants des premiers temps, enseignèrent tous le fatalisme le plus dur et le plus explicite. Leurs ouvrages, tels surtout qu'on les lit dans les éditions contemporaines et données par les auteurs mêmes, ces ouvrages en font foi.

C'est contre ces fausses, ces désolantes doctrines que l'Église, armée à Trente de toute son autorité, en reproduisant les propres paroles des réformateurs, a dit anathème à ceux qui soutenaient « que le libre arbitre de l'homme, après le péché d'Adam, a été perdu et éteint...; qu'il est une pure fiction introduite par Satan dans l'Église...; » à ceux qui soutenaient « que l'homme excité et mû par la grâce divine ne coopère pour rien en donnant son consentement...; qu'il ne peut pas, s'il le veut, ne pas consentir, mais se trouve comme quelque chose d'inanimé et de purement passif sous l'action de Dieu. » Anathème à ceux qui soutenaient « qu'il n'est pas au pouvoir de l'homme de faire ses voies mauvaises, mais que Dieu opère formellement et produit par lui-même nos œuvres mauvaises aussi bien que les bonnes; en sorte que la trahison de Judas est le propre ouvrage de Dieu non moins que la conversion de saint Paul. » Cette proposition ainsi formulée était de Mélanchton [1].

[1] Conc. Trid., sess. 6, can. 4, 5, 6.

Tel fut le fatalisme des premiers réformateurs ; nettement exprimé, il fut condamné par le concile de Trente dans les termes mêmes dont s'étaient servis les auteurs.

Je sais bien, Messieurs, qu'aujourd'hui la réforme est fort loin de la doctrine de ses pères ; elle semble plutôt pencher tout entière vers l'extrême opposé au fatalisme. Cela devait être ; on le lui prédit à sa naissance : Variation est le titre qui convient à l'histoire de l'erreur. L'indépendance rationaliste qu'elle enfante, en brisant le lien d'unité, la dévore elle-même ou la déchire en tous sens, de façon à ne laisser plus aucune consistance pour asseoir un corps de société ou de doctrine. Ainsi l'illuminisme hideux des anabaptistes, le rationalisme effréné des sociniens, les deux extrêmes opposés, sortirent dès l'origine et directement du principe de la réforme.

Le jansénisme, après Baïus, au milieu des subtilités les plus compliquées et les plus déloyales, ne fut pas autre chose que le dur calvinisme, c'est-à-dire le fatalisme le plus réel, celui-là même qui avait été déjà si formellement condamné dans le concile de Trente. Ce fut toujours l'action divine et nécessitante et irrésistible. On imaginait une balance pour peser les affections de l'âme ; elle penchait nécessairement et invinciblement sous le poids ou le degré le plus fort de grâce ou de cupidité. Il n'y avait plus d'énergie ni de détermination active et propre dans l'homme depuis la chute originelle; mais une masse de perdition, une masse de prédestination antécédemment fixées dans les décrets divins, et seulement un instinct de spontanéité nécessaire sans choix libre : voilà tout le partage fait au genre humain par le jansénisme. C'est l'analyse succincte et fidèle des définitions de l'Église sur ce point; et voilà, Messieurs, tout le jansénisme.

Vous ferez grâce, sans doute, à ce résumé historique du fatalisme astrologique, si répandu cependant au sein des religions et des philosophies anciennes, comme dans les superstitions vulgaires plus récentes. J'observerai avec vous en passant que l'école païenne d'Alexandrie, dont on a tant fait l'éloge quelquefois, était essentiellement une école d'astrologie et de magie. J'en appelle ici au témoignage impartial de ceux qui auraient eu le courage de consulter par eux-mêmes les monuments avérés de la doctrine de Plotin, de Porphyre, de Jamblique et de Julien l'Apostat. Au moins quand on exalte si fort ces philosophes, serait-il juste de rendre hommage à la haute portée de leurs principes et de leurs opérations nécromanciennes et théurgiques. Mais ils défendirent l'erreur, ils combattirent le christianisme, c'en est assez pour gagner les affections de certains hommes, peut-être à leur insu, du reste.

De tout cela que nous est-il demeuré ou revenu de nos jours en ce genre de fatalisme? C'est ce que nous devons maintenant considérer.

II. P. L'erreur qui éloigne de la foi fait le malheur de l'homme et du monde.

Malheur de l'intelligence : non, il n'y a pas alors la paix, le repos de la conviction dans la lumière; l'âme n'a pas son aliment et sa vie; inquiète, elle cherche et se débat; ce ne sont que ténèbres, doutes et angoisses; on ne trouve plus ainsi pour l'esprit la demeure au sein de la vérité.

Erreur loin de la foi, malheur de la volonté, source de désespoir et de crime. Livrez l'homme au fatalisme, une main de fer pèse sur lui; de la sorte une grande partie au moins du genre humain est à jamais et par avance irréparablement vouée au mal, à la fureur divine, à l'affreuse réprobation; alors, quoi qu'on fasse, on perd ou tout espoir, ou toute crainte. J'irai donc tête baissée, et je vivrai de rage et de crime. Et si la force de la nature, si la main secourable de la Providence n'arrêtaient pas, ne rendaient pas heureusement inconséquents la plupart des hommes, où en serions-nous avec ces logiques de l'erreur?

Cependant, chose étrange ! voyez qui l'on accuse de cruauté, d'intolérance, et quelles voix s'unissent pour accuser.

Une voix s'est écriée, mille voix ont répété : Plus de liberté, elle est éteinte, c'est un vain titre. Dieu seul choisit, dispose et fait tout dans l'homme, la vertu et le vice ; toute espérance est donc inutile, tout effort de bien est condamné. Et alors l'homme a célébré son ère d'affranchissement, il a chanté l'heure arrivée de sa liberté, sa gloire et son triomphe.

L'antique foi répondait : L'homme est libre. A tous elle ordonnait d'espérer ; elle commandait de vouloir, de croire au secours divin, toujours assuré ; elle disait anathème à quiconque n'espère pas.

Cette Église, on la fait passer pour l'ennemie du genre humain : elle est intolérante, cruelle ; elle enchaîne et asservit les intelligences et les cœurs. Et seule elle disait à l'homme : Tu es libre ; et seule elle veut sauver tous les hommes !

En vérité les bras tombent quelquefois de surprise et de lassitude à la vue des injustices et des aberrations humaines. Mais une haute leçon ressort ici de ce triste spectacle, note indélébile de vérité, sceau divin apposé à la foi. Regardez bien autour de vous : contre une Église et sa foi toutes les erreurs, toutes les passions, toutes les fureurs sont unies, bien qu'étrangement divisées entre elles. La vérité est là, elle est une ; elle seule peut être en butte à la fois à toutes les divergences et à toutes les attaques, parce que seule elle est opposée à toutes les erreurs. On ne peut haïr, déchirer, persécuter, outrager à ce point que la vérité.

Cherchez bien, Messieurs : quelle est cette foi, cette Église ? Cette foi, cette Église est la mienne, elle est la vôtre. Et profonde est ma joie quand je songe au bonheur d'en être l'enfant soumis et dévoué.

Mais après tout, dans ce débat de doctrines, que nous revient-il donc à nous, hommes du XIXe siècle ?

Ce n'est pas, non, je m'empresse de le dire, le fatalisme où domine l'élément divin. Mais ne trouverions-nous pas autour de nous des indices de système où dominerait je ne sais quelle puissance vague et fatale de la nature, de la matière ou de l'humanité ?

Tacite et plusieurs autres auteurs, en écrivant l'histoire, avaient au moins douté si tous les événements étaient soumis à une aveugle fatalité.

Leucippe et Démocrite d'Abdère, tous deux de l'école physicienne d'Élée, avaient introduit dans la philosophie grecque un fatalisme matérialiste, un *fatum* mécanique au moyen des atomes. Le premier nommait la nécessité mère des mondes.

L'Inde philosophique n'omettait aucune erreur; elle enseignait entre autres choses que l'âme était soumise à l'action nécessaire et fatale d'un certain nombre de penchants ou d'organes peut-être. D'autres, parmi les sophistes anciens et aussi parmi les anciens hérétiques comme Manès, admirent une fatalité inhérente au vice incorrigible du corps et de la matière.

Le XVIIIe siècle avait placé une partie de sa science et de sa bonne foi au service d'un système analogue. Vous savez, Messieurs, à quel point prévalut alors le matérialisme fataliste de la nature. Tous les penchants d'une nature viciée furent déclarés légitimes, irrésistibles : aussi quel code précieux de morale!

Enfin, du plus au moins, tous les temps ont produit de ces hommes qui s'abusent et s'endorment sur la foi pratique d'un axiome de ce genre : Après tout il n'arrivera que ce qui doit arriver.

Il est donc bien vrai de dire : Rien de nouveau sous le soleil. Ainsi on peut saisir dans les dispositions d'esprit qui nous environnent un fatalisme historique, un fatalisme matérialiste ou phrénologique, un fatalisme pratique.

Un fatalisme historique. Vous lisez tel ouvrage récent d'histoire : de graves événements, des bouleversements étranges y sont racontés. Un certain talent y apparaît, je ne veux pas le nier.

Mais jusqu'ici les grands hommes qui avaient écrit l'histoire, aussi bien que les chroniqueurs des vieux âges et les païens même quelquefois, dans une suite de faits voyaient l'action providentielle supérieure et l'action des libertés humaines. Ils voyaient le bien et le mal; la vertu, la justice, les bonnes mœurs à louer; le crime, l'injustice, la corruption à flétrir et à réprouver.

Dans les compositions historiques dont je parle, c'est différent. Il n'y a plus ni bien ni mal, ou plutôt tout est bien, même les actes les plus contradictoires. Il n'y a plus ni Providence ni liberté réelle; plus de crime ni de vice, plus d'injustices ni de passions coupables à signaler. Il n'y a plus d'erreur ni de vérité à distinguer. Non, tout passe et s'écoule comme une eau courant sur sa pente. Il semble qu'on assiste seulement à une succession de faits indifférents et tous nécessités fatalement. Les choses sont toujours ce qu'elles doivent être : c'est un développement progressif et inévitable de l'humanité ; c'est la force indéfinie des événements qui amène tout. C'est un fond vague de panthéisme, un je ne sais quoi sans couleur, sans caractère, sans nom dans le langage. L'auteur n'en sait peut-être guère davantage lui-même. Mais enfin il faut traduire et nommer sa pensée : le fatalisme historique, ou politique si l'on veut, en est l'expression.

Fatalisme phrénologique. Sans vouloir aucunement faire de la satire, on peut définir au vrai la phrénologie : la science ou l'art de classer les facultés intellectuelles et affectives de l'homme suivant les organes du cerveau ; elle n'a pas fait autre chose, que je sache, jusqu'à présent. Je ne veux point au reste discuter ici tout le système, ce n'est pas le lieu ; je m'en tiens à mon sujet, aux conséquences fatalistes.

Si l'on admettait franchement un principe spirituel d'opération, un moi immatériel et libre dans l'homme, comme cela est sincèrement démontré même par les bases phrénologiques, d'abord il faudrait le dire nettement, ce qu'on ne fait pas, ou du moins ce qu'on ne fait qu'avec un langage incertain et embarrassé. Il faudrait ensuite avertir que l'âme demeure maîtresse d'elle-même, indépendante dans sa conscience pour choisir le bien ou le mal, le juste ou l'injuste, malgré la classification organique des facultés et des penchants. Il faudrait bien clairement exprimer que le cerveau ou les penchants ne sont pas toute l'âme ; que les diverses circonvolutions cérébrales, qu'il plaît d'assigner comme organes de pensée ou d'affection, ne sont que les instruments ou les véhicules de l'âme; que l'âme est toujours le moteur et l'agent véritable, quoique liée sous certains rapports à l'opération de ces organes. Alors, Messieurs, ni la foi ni la science chrétienne ne verraient précisément une contrariété dogmatique dans la phrénologie. On pourrait sans inconvénient accorder un degré de probabilité conjecturale à quelques-uns de ses aperçus. Ce serait tout simplement la vieille et réciproque dépendance entre l'organisme et l'esprit, que l'étude de l'homme et l'expérience confirment. Ce serait ajouter un chapitre à l'observation des faits intérieurs et aux classifications de l'école écossaise, ce qui est fort permis. Il est permis encore, si l'on veut, de soutenir l'innéité des pensées et des penchants suivant tel ou tel développement, tel ou tel amoindrissement d'organes, pourvu qu'on admette un spiritualisme libre.

Mais si, sérieusement et avec une tendance trop marquée, on considère l'organisme comme tout l'homme; si l'on semble faire exclusivement dépendre d'organes ou de penchants organiques les croyances, les idées, les affections, les actions religieuses, morales, domestiques et civiles, comme le fait trop explicitement la phrénologie; si avec elle encore, et par une sorte d'affectation, c'est à l'organisation qu'on paraît uniquement rapporter tout ce qu'on avait nommé le crime jusqu'ici; si au nom de la phrénologie on demande, comme on l'a fait, une réforme générale dans l'éducation, dans les lois politiques et pénales, dans les jugements, réforme basée sur la connaissance organique de l'homme; si l'on se plaint hautement que les notions reçues de liberté, de vertu, de religion sont toutes abusives; si l'on n'a pas craint de dire que le cerveau secrétait la pensée comme tel organe secrète la bile, tel autre le sang; si dans la nombreuse nomenclature des organes il n'y en a pas un seul pour le choix, pour l'élection, la délibération, la liberté, pour la faculté de faire ou de ne faire pas; je le demande, Messieurs, au bon sens, à la sincérité, à la science impartiale et vraie, n'y a-t-il pas là plus que de la physiologie conjecturale, plus qu'un simple jeu d'imagination? C'est visiblement une tendance au matérialisme, et au matérialisme fataliste : on légitime par là tous les penchants les plus cruels et les plus honteux, comme autant de nécessités organiques.

Et cela sur quoi fondé? Sur rien · nulle base, nulle preuve. Remarquez-le, je vous prie, c'est le propre de ce temps. On met en avant, on lance pour ainsi dire en l'air une théorie arbitraire; on ne daigne pas l'appuyer de démonstration ni de raison. N'importe ; elle circule et répand l'erreur, qui trouve toujours une correspondance active dans les sociétés humaines.

Mais la vérité, la liberté possèdent dans l'homme, suivant l'expression légale ; et pour les déposséder, au moins faudrait-il quelque apparence de droit ou de raison contraire. Il y a mieux : nulle démonstration n'est possible pour les théories phrénologiques. Il faudrait pouvoir saisir sûrement par des faits les opérations intérieures de la pensée dans le jeu des organes. Dans la vie, après la mort, la chose est physiquement impossible. Il nous suffit des plus simples données du sens commun, pour voir évidemment que le scalpel ne saurait disséquer ni atteindre la pensée ou l'affection ; il y arriverait encore moins qu'au principe de la vie ; et la vie lui échappe entièrement.

C'est donc, Messieurs, avec des suppositions purement gratuites et arbitraires qu'on voudrait contredire toutes les voies unies de la conscience, de l'autorité, de l'expérience, de la saine raison et de la foi, qui dans tous les siècles proclamèrent le libre arbitre de l'homme, aussi bien que l'unité et l'immatérialité du principe pensant. Dans la prochaine Conférence nous vous rappellerons avec ses bases la doctrine catholique sur la liberté, et alors apparaîtront mieux encore tout le vice et le néant du matérialisme fataliste.

Mais ici je ne puis m'empêcher d'exprimer un vœu qui s'élève dans mon âme. Parmi ceux qui m'écoutent, peut-être s'en trouve-t-il un certain nombre que leurs études destinent à l'exercice du grave ministère dont l'objet est le soulagement de l'humanité souffrante. Bien qu'étranger aux sciences qui les occupent, qu'ils me permettent, au nom de la religion et de la patrie, de les adjurer de préserver leur intelligence et leur cœur des influences matérialistes, plus à redouter pour eux que pour d'autres. Qu'ils observent avec constance tous les détails de l'organisme humain. Oui ; mais qu'ils sachent aussi tenir fidèlement leur esprit élevé au-dessus de la matière; qu'ils reconnaissent dans le plus merveilleux mécanisme son admirable et invisible auteur, et cette substance cachée à nos yeux, cette âme impalpable, auguste et réelle image de la Divinité, qui anime et vivifie tous les organes. Alors au milieu de tant d'infirmités à guérir, ils sauront mieux leur consacrer des soins généreux et même les comprendre, en se rappelant la puissance, la dignité de l'homme et ses destinées immortelles, trop souvent en lutte avec ses instincts brutaux et ses penchants grossiers.

Il existe enfin, Messieurs, un fatalisme que nous avons nommé pratique.

Peu d'hommes ont la conscience entière de leur liberté; quelques-uns même s'en dépouillent ou parviennent à s'en croire dépouillés : je m'explique.

L'homme est en proie à une lutte intestine qui le divise et l'oppose à lui-même. Chacun le sent, et saint Paul en a témoigné éloquemment pour tous quand il a dit : « Je vois une loi de combat dans mes membres. » *Video legem in membris meis repugnantem*[1]. Mais on l'a senti et remarqué surtout à une première époque de la vie, où la foi et la vertu demeurant encore vives et pures, les passions naissaient déjà fortes et ardentes. Dans cette lutte intérieure, les sophismes intérieurs ne manquent pas d'ordinaire : on en trouve abondamment à opposer aux douces mais exigeantes lumières de la raison et de la grâce. Ne pourrait-il pas arriver facilement un jour qu'on en vînt à douter de son propre pouvoir, de l'assistance divine, de la possibilité d'une victoire continue? On aime à se persuader l'existence d'une loi de nécessité à laquelle on ne fait que céder en obéissant à des penchants naturels après tout.

[1] Rom., vii, 23.

Ainsi en vient-on, Messieurs, à supposer dans sa conduite une véritable nécessité pesant sur l'homme. Ce n'est pas le fatalisme panthéiste, ce n'est non plus ni le fatalisme protestant ou janséniste ni le fatalisme matérialiste; mais ce qui revient au même pour les conséquences, c'est le fatalisme pratique : l'expérience nous le montre malheureusement trop répandu. Et fasse le Ciel que je ne retrace pas ici l'histoire de plusieurs de ceux qui m'entendent!

Le sophisme des passions l'emporte. A sa conscience, à des avis salutaires, on répond : Je ne puis pas. Et l'on finira quelquefois par ne plus croire même à la vertu. L'existence de la vertu est certaine cependant comme l'évidence, elle est certaine comme la foi divine; et il est aussi également certain par la foi et par l'évidence, que Dieu ne commande rien d'impossible, sans quoi il se renierait lui-même, il renierait sa vérité, sa justice, sa sainteté, sa bonté. Il est de foi l'oracle de saint Paul : « Je puis tout (pour le bien commandé) en Celui qui me fortifie. » *Omnia possum...* Vous ne pouvez pas, dites-vous; c'est donc que vous ne voulez pas. Mais vouloir, c'est prier, ne l'oubliez point; et vous ne priez pas.

Ah! Messieurs, depuis quelques années des voix sinistres se sont élevées, qui attaquent la position sacrée faite par l'Église à ses ministres, dès l'origine, pour la plus grande partie du monde catholique. On parle de joug intolérable, de joug antisocial, imposé au prêtre par la loi du célibat.

Pourquoi cette position, cette loi établie, gloire du sacerdoce, pourquoi? Entre beaucoup de raisons et des plus graves, que l'on pourrait apporter, en voici une que j'indique en passant : il faut que la vie du prêtre au moins proteste en faveur de la liberté de l'homme contre un fatalisme sensuel et pratique. Mais aussi la vie du prêtre est une vie de prière, sachez-le bien ; sa force est là.

Il nous restera maintenant, Messieurs, après la nomenclature des erreurs, à vous exposer la doctrine catholique sur la liberté intime de l'homme ; et j'ose penser que ce sujet vous paraîtra digne encore d'attention et d'intérêt. Mais dès à présent il n'aura pas été inutile d'étudier à cet égard le travail des aberrations humaines en dehors du catholicisme.

Deux extrêmes opposés nous ont apparu, outrepassant, l'un, les bornes de la liberté de l'homme, l'autre, la vérité de l'action divine: le naturalisme et le fatalisme. Et si nous y réfléchissons bien, nous verrons que l'un et l'autre viennent aboutir et se confondre dans un même résultat, qui est l'anéantissement de toute loi morale.

Il y a donc un cercle où l'erreur est condamnée à tourner toujours ; elle s'agite enfermée dans d'étroites limites, elle croit avoir franchi d'immenses intervalles, avoir parcouru des directions toutes contraires ; et voilà qu'on la retrouve au vieux point de départ où toutes les contradictions sont forcées de revenir.

Si le fatalisme paraît exagérer l'action d'une puissance supérieure jusqu'à détruire la liberté de l'homme, il ne détruit cependant pas moins que le naturalisme l'idée de l'action divine et même l'idée de Dieu. Le naturalisme détruit le Dieu actif, le Dieu sage et puissant, régulateur suprême de l'humanité. Le fatalisme retranche Dieu tout à fait, s'il est joint au matérialisme ; ou tout au moins il retranche le Dieu saint, juste et bon ; car il le fait auteur de tous les maux et de tous les crimes, auteur de la violation même de ses lois, des lois divines. Dans le fatalisme, il n'y a plus mérite et démérite, distinction sur laquelle cependant, au jugement de Kant, vrai cette fois, repose principalement comme sur sa base l'idée de l'être souverain. Des deux côtés Dieu est retranché, détruit ; le résultat est le même : l'athéisme.

Si le naturalisme paraît exalter la liberté de l'homme et l'affranchir de tout joug, qui ne voit par les théories et par l'expérience que c'est pour livrer l'homme sans résistance à tous les caprices des penchants naturels, seule direction, seule autorité alors à reconnaître ? Mais aussi alors il n'y a plus pour l'âme qu'une véritable servitude, car il n'y a pas de tyrannie plus oppressive et plus asservissante que les penchants non réprimés de la nature. La dénomination d'être libre, la dignité en l'homme ne sont plus que de vains mots.

Le fatalisme fait de même : sous la nécessité de fer qu'il impose, vous retrouvez forcément la fougueuse indépendance des passions. Si elles entraînent, la toute-puissante fatalité entraîne avec elles ; quel frein demeure ? Aucun évidemment.

D'une part donc et de l'autre, même fin et même principe : l'indépendance de tous les penchants.

Je vois deux bannières levées : sur l'une je lis désespoir, sur l'autre licence ; et je dis : Marchez ensemble, vous êtes alliées ; mais funeste alliance ! Sur un autre drapeau, je vois écrit : Espérance et combat. Je m'y range, car j'y trouve l'union de l'infirmité humaine et de la puissance divine. Là je trouve un appui pour l'ordre et la liberté, mais appui qu'entretient et vivifie une courageuse prière. La prière, Messieurs, va chercher au ciel et en fait descendre la grâce et le secours divin.

DOUZIÈME CONFÉRENCE

LA LIBERTÉ HUMAINE

DOUZIÈME CONFÉRENCE

LA LIBERTÉ HUMAINE

Monseigneur,

Il y a cet avantage à rapprocher de l'exposition catholique les opinions humaines contraires, qu'un esprit exempt de préjugés sur le seul récit des doctrines pressent le vrai, et retrouve, s'il est attentif, la conviction naturellement chrétienne dont parlait Tertullien.

Dans ces longs et pénibles labeurs de recherches entreprises par l'erreur loin de la foi, on reconnaît dès la première vue des caractères si marqués d'excès, d'abus et de contradiction, que rien n'y satisfait la raison et le besoin de vérité qui est en nous.

Après un examen sincère de tous ces divers systèmes, on dira : Non, il ne peut pas en être ainsi ; et la doctrine vraie doit être celle qui s'éloigne des extrêmes violents, qui se place dans la modération et dans la paix, et correspond comme d'elle-même à la voix intime de la conscience, quand on l'écoute tranquillement. Heureux qui sait être ainsi le disciple docile de ce maître intérieur !

Aussi, Messieurs, sous l'empire de ces convictions rassurantes, on serait tenté de transformer le mot connu du sophiste impie, poëte quelquefois religieux, et de s'écrier : Si la notion catholique de la liberté humaine n'existait pas, il faudrait l'inventer. Mais elle existe, grâce à Dieu !

Nier l'action divine pour établir la liberté humaine, ou admettre une action supérieure fatale en détruisant la liberté, cela ne peut pas être vrai. Il faut que Dieu agisse en l'homme, et que sous l'action divine l'homme soit libre. Ce dernier et double principe, vous le savez, est conforme à la foi : l'alternative opposée n'est que l'erreur.

Foi de la liberté humaine sous l'action divine, sujet grave que nous allons maintenant considérer. Et je ne crois pas m'abuser en persistant à le croire, Messieurs, en rapport avec vos intérêts et vos besoins. On doit aimer à rechercher ou du moins à se rappeler sûrement quelle conscience il faut avoir de sa puissance et de sa faiblesse intimes, quelle certitude il faut concevoir du secours divin et de sa force. En l'examinant avec vous d'après ma foi et la vôtre, puissé-je par la grâce divine vous révéler vous-mêmes à vous-mêmes, mieux qu'il n'en a été peut-être jusqu'ici pour plusieurs! Alors j'aurai rempli une grande partie de ma mission.

Sur la doctrine catholique de la liberté humaine trois questions se présentent :

Quelle est cette liberté dans le sens vraiment catholique ?

Quels fondements lui donner ?

Comment l'accorder avec l'action divine ?

Je vais tâcher de répondre à ces trois questions.

I. P. Ce que c'est que la liberté : il n'est rien de plus simple, ce semble. Tous le savent; la nature et le sens commun le disent.

Messieurs, bien formuler sur ce point la science orthodoxe, éviter les écueils, préciser les mystères, car il y en a; s'arrêter aux limites du dogme et de l'opinion, n'est pas la tâche théologique la plus facile, je ne crains pas de le dire. Toutefois assez de données sûres et claires ont été fixées par les définitions de l'Église, pour déterminer les éléments nécessaires. Et si j'ajoute aux principes de la foi définie quelques développements ou quelques conséquences, ce ne sera jamais, croyez-le bien, que la doctrine la plus communément reçue dans l'Église : ce seront les conclusions les plus fidèlement déduites des principes définis. Quelle est donc précisément, sous l'action divine, la liberté intérieure de l'homme suivant la doctrine catholique? Je vais vous le dire.

La liberté dont nous parlons est pour l'homme la faculté de choisir entre deux idées ou deux actes contraires, entre la détermination de faire ou de ne pas faire une chose. Et cette énergie d'élection propre entre oui et non, entre bien et mal, sans aucune nécessité qui enchaîne ou détermine intérieurement la volonté à un point fixe, cette énergie de choix constitue précisément la liberté telle que l'entend la foi catholique. On la nomme aussi indifférence active, pour signifier que l'homme délibérant entre deux objets, avant de se prononcer et d'agir, possède indifféremment le pouvoir de prendre par lui-même l'un ou l'autre parti; et qu'il ne sort de cette indifférence que par son activité propre et pleinement volontaire. En un mot, je puis parler, je puis me taire; je puis vouloir le bien, vouloir le mal; agir ou ne pas agir; et cela par une force intime que je porte à mon gré d'un côté ou de l'autre : je suis libre.

Mais pour mieux connaître la nature et les conditions de notre liberté, il faut avoir le courage d'en étudier la génération même dans l'histoire de l'homme selon la révélation. C'est là que nous trouverons en fort peu de paroles et dans la langue de la foi, plus de science véritable sur l'âme humaine que dans tous les livres de psychologie ou d'anthropologie imaginables.

Il y eut un état primitif d'innocence et de justice originelle : l'état présent est l'état de la nature tombée mais réparée. L'homme primitif était libre, l'homme tombé l'est encore. L'humanité sortant des mains du Créateur, et représentée tout entière par le premier homme, reçut une destination ou fin surnaturelle ; c'est-à-dire que par un bienfait de Dieu, librement ajouté à l'action même créatrice, l'homme fut élevé à un état au-dessus de sa nature : il fut destiné à une possession, à une vue de Dieu, placée bien au delà des exigences et des forces naturelles. Et cette notion tant oubliée est réellement la notion vraie de l'état présent de l'homme : c'est-à-dire que telle est toujours sa fin et sa destinée véritable et dernière.

Il faut donc entendre ainsi, Messieurs, la destination de l'homme, sa condition présente, et comprendre en ce sens sa fin surnaturelle : l'Église l'a expressément décidé contre Baïus [1].

---

[1] Prop. damn., 21, 26.

Dieu, juste et sage dans ses œuvres, dut en conséquence donner et donna en effet à l'homme, dès l'origine, des moyens proportionnés à sa fin, des moyens surnaturels : l'homme reçut ainsi le don de la grâce, force mystérieuse et divine, dont l'existence et la nécessité sont révélées, dont l'essence intime nous est inconnue. Dans l'économie de la réparation après la chute, l'homme tombé garde donc avec la liberté la destination surnaturelle primitive. Par les mérites du réparateur divin, il reçoit, tous les hommes reçoivent les grâces proportionnées, c'est-à-dire surnaturelles, pour arriver à leur fin. Aussi n'est-ce point en ce qui concerne la liberté, la fin de l'homme ou la grâce même, qu'il faut chercher la différence, essentielle au moins, entre l'état d'innocence primitive et l'état de chute réparée ; mais surtout dans ce privilége immense, perdu, hélas! sans retour pour le temps de la vie, privilége de sujétion parfaite de tous les penchants à la raison et à la grâce. Maintenant, Messieurs, il nous faut habiter et combattre avec la révolte intérieure et continue des sens et des penchants; mais nous combattons libres et secourus.

Par la grâce surabondante de la réparation promise et donnée à tous, tous peuvent et doivent observer les préceptes qui obligent et qui réclament leur exécution de la conscience. Tous peuvent, libres qu'ils sont, dans les circonstances où ils se trouvent placés, correspondre à la vocation surnaturelle. Tous peuvent librement choisir le mal et le bien ; ils portent dans les mains de leur conseil la mort et la vie, ils peuvent embrasser la réprobation ou la gloire ; à chacun il sera rendu selon ses œuvres : ce qu'il aura voulu et choisi lui-même lui sera donné dans la plus exacte justice. Et Dieu apparemment possède dans sa puissance et sa sagesse, sans qu'il ait besoin de nous les dire, les moyens d'être juste, bon et fidèle envers tous.

Telle est donc la doctrine de l'Église.

Sous l'empire de l'action divine et avec elle, tous les hommes, Messieurs, sont libres de périr ou de se sauver. Même au sein de l'erreur, du paganisme, de l'hérésie, du schisme, même au fond du gouffre des plus invétérés désordres, ne l'oubliez jamais, l'homme est libre, et libre jusqu'au dernier souffle d'existence ; nécessité à sa perte éternelle, il ne l'est jamais. Ce qu'il a de bonne foi l'excuse pour ce qu'il n'a pu connaître ; ce qu'il a d'ignorance invincible est sans crime : mais sa liberté le rend juste ou coupable, sa liberté, avec la grâce toujours et pour tous présente, en face des obligations senties par la conscience. Docile et sincère, la grâce avec la liberté le conduirait plutôt par la main d'un ange, s'il le fallait, jusqu'aux vérités nécessaires et aux sources du Sauveur. C'est le mot, vous le savez, proclamé il y a longtemps et mille fois répété, du roi de nos écoles à propos des infidèles et des sauvages.

Que les ressorts de l'action divine, que les moyens providentiels nous soient inconnus en particulier et pour chacun, peu importe : belle merveille après tout que nous ignorions une chose de plus! Ce qui est certain, c'est que telle est la doctrine catholique. Sous l'action divine et même par elle, tout homme est libre, réellement libre de perdre ou de sauver son âme, de faire bien ou mal. Et trop souvent les hésitations à l'égard de ce principe ne viennent que de la foi mal entendue.

Sans doute, Messieurs, je ne puis me donner à moi-même la force et les secours divins qui sont nécessaires ; mais ils sont promis, offerts à tous : je puis les recevoir, je puis les rejeter.

Sans doute Dieu pourra toujours à son gré fléchir les volontés libres, même les plus rebelles; mais en les inclinant vers lui et vers son amour, il les laisse libres encore. Il donna la liberté à l'homme : il la respecte comme l'œuvre de ses mains et ne la retire jamais. Ainsi même en accomplissant un acte de vertu salutaire et surnaturelle, le pouvoir de ne le point accomplir existe réellement en l'homme. Oui, Messieurs, réel et impérissable sera toujours ce pouvoir de résister à l'action de la grâce ou de consentir au bien avec elle.

Sans la grâce, il est vrai, l'homme est incapable d'atteindre à sa fin, qui est surnaturelle ; mais cette grâce est unie à sa volonté quand il est nécessaire, s'il n'y met point obstacle.

Sans cette précieuse assistance d'en haut, toute action de la nature n'est pas vice, non. Il reste à l'homme la faculté propre de faire quelque bien naturel, celle d'exercer quelques vertus morales. Les païens purent avoir certaines vertus, le mécréant peut avoir les siennes sans la grâce, j'en conviens. Mais alors une gloire, une prospérité temporelles en seront la récompense. « Des vertus vaines n'ont que de vaines récompenses : » *Vanivanam*, a dit saint Augustin. Les actions et les vertus pleines, pleines de mérite, de gloire et d'éternel avenir, ne se trouvent que dans l'exercice de la foi, sous l'influence de la grâce, loin des vues humaines de l'orgueil et des passions. Et puissé-je vous convaincre à jamais de votre pouvoir de vivre suivant des vues vraiment supérieures et divines !

Ainsi l'homme est libre, libre de consentir ou de résister à l'action de Dieu. Et l'expression de la notion catholique est telle : L'action divine fortifie la liberté, loin de la détruire.

Cette notion n'écarte pas tous les mystères; la foi veut en conserver : mais avec la présence auguste du mystère l'esprit et le cœur sincères sentent ici la lumière et la paix de la vérité.

J'ai exposé ce qu'est la liberté humaine dans le sens du dogme catholique. Sur quoi est fondée cette doctrine? Je dois maintenant vous le dire. Comment s'accorde-t-elle avec l'action divine? Nous le verrons aussi.

II. P. Ce que l'Église nous enseigne, Messieurs, est vrai ou faux; il n'y a pas de milieu évidemment. Or si c'était faux, que mettre à la place? Quant à la liberté de l'homme et à l'action divine, le choix serait à faire entre le naturalisme et le fatalisme : tout le travail humain aboutit là. Nous avons vu qu'il faut fuir ces doctrines de désespoir et de licence; qu'il ne reste de raisonnable et de possible que cet enseignement de la foi : Dieu agit, et l'homme est libre.

Mais certes l'Église dit vrai. Dieu environna son autorité du témoignage éclatant des faits. Ces faits de dix-huit cents ans attestent que la sanction et l'approbation divines furent inséparablement unies à cette société qui enseigne et qui dure toujours la même. Et c'est ainsi que, par les faits, la véracité divine est nécessairement attachée à la doctrine de l'Église.

Croire à l'histoire et avoir la foi, ce serait donc, si l'on voulait, avec la grâce, la même chose en un sens; et cela suffirait pour fonder sainement dans son esprit la doctrine catholique : les faits m'attestent l'institution divine d'une autorité dans la foi; hors de là tout est abîme; je me soumets heureux.

Toutefois, sous cette grande vue d'autorité enseignante qui domine tout, Messieurs, et dont vous sentez tous le besoin, chaque point de la foi conserve et montre ses raisons et ses bases. Mais dans les controverses et les disputes, ce sera bien à l'autorité qu'il faudra en revenir après tout. Autrement qui décidera? Pour les procès il faut des juges, ou bien il n'y a plus qu'anarchie et désordre.

Parmi ces raisons et bases de la notion catholique de la liberté, j'en choisirai une à laquelle toutes les autres peuvent se rapporter : ce sera l'action divine elle-même prouvant la liberté. Raisonnablement il n'y aurait d'opposable ou de contraire à la pleine liberté de l'homme, que l'action même de Dieu dans l'homme. Si donc c'est l'action divine qui démontre, qui fonde et même qui produit la liberté, quelle difficulté peut-il rester? Et loin d'apercevoir incompatibilité et contradiction, il faudra retrouver l'accord le plus parfait.

L'action divine est la Providence d'abord. Elle apparaît auguste et puissante dans l'ordre et la vie de l'univers. C'est un livre où l'intelligence de tout homme peut lire. Ce livre s'adresse à ma raison et parle aussi à mon cœur; à ma raison il demande sa conviction, à mon cœur, son amour. Les uns les donnent, les autres les refusent: pourquoi, si ce n'est qu'ils sont également libres, et que l'action divine a son langage fait pour la liberté de l'homme et prouvant cette liberté?

L'histoire, les châtiments des nations, les révolutions des empires et la succession des peuples, tous les grands faits de l'humanité sont encore un haut enseignement de la Providence, une école élevée où elle dicte ses leçons; le génie en convint dans tous les temps: encore ici nous avons donc devant nous l'action divine. Elle châtie la corruption orientale au milieu de laquelle les peuples s'énervent, s'usent et languissent; elle châtie la Grèce voluptueuse qui s'asservit. Cette Rome que transporta une fièvre de gloire, qu'enivra le sang des peuples, des martyrs, qui but aussi à la coupe de prostitution, elle est déchirée par les tyrans, foulée aux pieds des barbares. Et du milieu des clameurs et des ruines, on entend une voix : « La vertu élève les nations, le vice fait leur misère. » *Justitia elevat gentem, miseros autem facit populos peccatum* [1]. C'est la voix du juge qui punit les coupables.

Une philosophie orgueilleuse a méconnu la vérité, elle s'est abandonnée aux folles conceptions de l'erreur; elle se traînera dans la fange et l'ignominie des passions, et les fruits de ses mains seront maudits.

Et c'est d'un coin méprisé de la Judée que sort la vérité, l'Évangile vainqueur. Il écrase, il broie tous ces vains systèmes échafaudés par le mensonge, et ils meurent. Écrasé, broyé lui-même, ce semble, sous le marteau des tyrans et la haine des sophistes, l'Évangile s'élève, s'étend et triomphe. La lutte, une fois commencée, varie, ne cesse pas; et cette lutte, Messieurs, est l'histoire tout entière, quand on sait la comprendre.

Quoi donc! Combat du châtiment et du crime, de la foi et de l'erreur, de la vérité et des passions; combat de Dieu contre l'homme et de l'homme contre Dieu : c'est l'histoire! mais c'est la liberté même dans ce qu'elle a de plus caractéristique; ou bien c'est un rêve, une dérision sanglante. Les noms et les faits de châtiment, de justice, d'ordre, de vertu, de vérité, d'erreur, de crime, de croyance, de piété, ne seraient, sans liberté, que des vête-

---

[1] Prov., xiv, 34.

ments faux de quelques scènes mimiques, ou des sons d'automates ; ce serait la pierre qui tombe, la machine qui joue, l'animal qui broute ou qui dévore.

Il y a, je crois, une histoire des faits sérieux, une Providence, et en tout cela l'action de Dieu : il faut donc qu'il existe aussi une véritable liberté dans l'homme sous l'action divine et à cause de l'action divine.

Il y a une Providence : ah! depuis le fumier de Job et les pleurs de Jérémie, depuis l'agonie du jardin de Gethsémani et la mort du Calvaire, que d'infortunes illustres ou cachées dans l'exercice de la vertu! On peut lire, Messieurs, comme une vaste inscription enveloppant l'univers, comme l'option présentée à l'homme : Veux-tu grandir, sois coupable. Veux-tu souffrir, sois vertueux. Et quand, à l'exemple du grand Moïse, le chrétien répond avec sa foi : *Je préfère souffrir*[1] *:* quoi! ce ne serait pas un libre héroïsme!

Non, Messieurs, je ne crois pas que rien puisse mieux établir la liberté humaine, que cette préférence donnée par l'homme en lui-même à la souffrance avec la vertu sur la prospérité avec le crime. Que de nobles victimes l'attestèrent dans tous les temps!

---

[1] Hebr., xi, 25.

Mais surtout que l'homme vraiment chrétien, saintement ennemi de lui-même, à la façon de l'Évangile, déchire les séduisants bandeaux de l'erreur, et ne craigne pas d'envisager toute l'austère vérité de la foi; qu'il l'embrasse, la serre contre son sein, et, comme une croix poignante, la fasse pénétrer jusqu'à son cœur, séjour de tant d'illusions et de désirs; qu'il s'arme alors de prières et de privations, qu'il lutte contre le soulèvement des passions, contre le torrent de l'exemple, qu'il s'arrache l'œil, la main, et cette couronne d'une existence enivrante et fortunée; que seul ainsi, caché aux yeux des hommes, et peut-être livré à leurs calomnies et à leurs mépris, il chérisse ses souffrances et ses combats, parce qu'il marche à la suite du Maître qu'il aime : voilà, Messieurs, quel est le chrétien généreux et fidèle. J'en vois dans vos rangs; une action marquée de Providence et de grâce apparaît en leur vie. Mais si ce n'est pas aussi en même temps chez eux l'action délibérée, l'énergie vraie du choix, vouloir contre vouloir, pouvoir contre pouvoir, si ce n'est pas le vainqueur de soi malgré soi, ou l'élection de l'âme libre et forte, si ce n'est pas là enfin la liberté intime sous l'action intérieure et divine dans le combat intérieur, il faut renoncer à toute langue et n'en parler aucune, car elles ne signifient plus rien.

L'action divine intérieure est en nous :

A Caïn il fut dit : « Le crime est à tes portes ; mais si tu veux, la passion t'obéira et tu la domineras. » *Statim in foribus peccatum aderit ; sed sub te erit appetitus ejus, et tu dominaberis illius* [1]. Le Seigneur disait, par la bouche du Sage : « Combien de fois j'ai appelé ! Vous avez refusé de venir [2]. » Le Sauveur dans l'Évangile : « O Jérusalem, combien de fois j'ai voulu rassembler tes enfants comme l'oiseau rassemble ses petits sous ses ailes, et tu n'as pas voulu [3] ! »

Suivant ces paroles sacrées, et durant tout le cours des siècles, l'enseignement catholique n'est, c'est évident, que la reconnaissance constante et simultanée de la double action libre de Dieu et de l'homme ; et l'Église condamne également une liberté sans la grâce, comme une grâce sans liberté. Origène veut toujours « une force de facultés pareille entre deux partis. » *Parem inter utramque partem vim facultatum ostendant* [4]. Tertullien, « que le libre arbitre soit comme une porte ouverte sur deux issues. » *In utrumque exitum libertas patuit arbitrii* [5]. Saint Jérôme disait : « Ni la vertu ni

---

[1] Gen., VII. Is., IV, 7.
[2] Prov., I, 24.
[3] Matth., XXIII, 37.
[4] Orig. *de Princ.* l. 3.
[5] L. II. *adv. Marc.*

les vices ne nous attirent par la nécessité; autrement s'il y a nécessité, il n'y a pas de couronne[1]. » Et saint Augustin, après avoir en mille endroits de ses ouvrages défendu si vaillamment la liberté contre Manès, comme la grâce contre Pélage, concluait par ces mots : « La liberté! mais c'est ce que les bergers chantent sur leurs montagnes et les enfants dans les rues. »

La nuit nous prendrait, Messieurs, à vous raconter les bases évidentes du dogme catholique, et il faut finir. Mais j'en ai dit assez, j'espère, pour vous fixer sur les fondements de la double notion d'action divine et d'action libre de l'homme, et pour vous faire sentir, au moins autant qu'il est nécessaire, que l'action divine elle-même suppose, établit et produit la liberté humaine.

Non, je ne nommerai pas nécessité cette force invisible et cette vie supérieure, que je sens dans ma force et dans ma vie. Je ne dirai pas que l'organisme seul fait le vice, la vertu, le juste, l'injuste ; le mot du fatalisme pratique : Je ne puis pas, ne saurait être vrai contre la foi et contre l'intime conviction. Descendant au plus profond de mon âme, je sais que j'y retrouve Celui en qui seul tout respire, se meut et existe. Là il agit, conserve,

---

[1] Apud Aug., l. *de Nat. et Grat.*, c. LXV.

crée, produit sans cesse mon être, mon action, ma liberté. Auteur du bien de l'homme avec l'homme, Dieu agit en nous parce qu'il faut que le bien ait pour cause l'auteur de tout bien. Mais dans ce combat intime du cœur entre le bien et le mal, avec la pente à forfaire, avec l'inspiration qui me relève, ma conscience est la voix du Dieu créateur et conservateur de mon être, qui me dit et me fait libre.

Aussi quand je vois, Messieurs, se presser autour de cette chaire ces assemblées si mémorables par ceux qui les composent, tandis que la parole d'un prêtre descend dans les consciences, qu'est-ce autre chose que la religion mise aux voix pour chacun, quoique obligatoire et imposée, une grande délibération commencée et quelquefois peut-être plus pressante qu'on ne voudrait dans le secret du cœur? Que si plusieurs résistent et si plusieurs cèdent, inconséquence dans les premiers, conséquence et courage dans les seconds, tous du moins expriment par là et exercent leur liberté. Et mille fois oui, la liberté existe et agit en l'homme sous l'action de Dieu, vous le sentez bien. Vous n'aurez donc plus désormais de doutes sérieux dans vos esprits, je ne le crois pas, sur les deux choses prises séparément. Mais vous me demandez encore, et il faut bien que je vous réponde, comment accorder l'une avec l'autre l'action divine et la liberté humaine ?

III. P. Comment la cause première, unique, toute-puissante, l'agent et le moteur universel, Dieu, comment peut-il donc agir constamment dans l'homme, produire le bien avec l'homme, et laisser le bien libre, le mal libre à l'homme? Nous touchons ici à la grande question, la grande et même la seule difficulté digne de ce nom sur la liberté humaine, sur l'action divine : la difficulté qui égara tant d'esprits, qui enfanta aussi tant de travaux.

Dieu, cause, agent premier, moteur universel et tout-puissant, agit constamment, inséparablement dans l'homme, et l'homme agit librement! Comment cela se peut-il faire?

Je ne me tromperai pas, vous me permettrez de le croire, en lisant ici au fond de vos âmes que vous ne le comprenez pas. Et cet aveu, j'en conviens, me cause une vive joie. Ma réponse, à mon tour, pourrait être fort courte et fort simple : elle le sera. Mais je vous dois de la faire précéder de quelques observations.

Une Providence naturelle, surnaturelle et morale, une action divine extérieure et intérieure, suppose, établit et produit même la liberté de l'homme, s'adresse à elle, à elle surtout : nous venons de le montrer. On demande comment l'une et l'autre s'accordent ; il faudrait dire : Comment ne s'accorderaient-elles pas ? puisque l'une évidemment suppose l'autre.

Deux causes simultanées, totales et même libres, d'un seul et même effet, libre aussi, peuvent exister : en cela rien qui répugne, les choses humaines en offrent quelques exemples ; toutefois elles ne nous donnent que des comparaisons imparfaites, fausses même en certains points, si on voulait trop les presser.

Un infirme ne peut ni se soutenir ni marcher seul : un aide lui est donné qui le soutient, et même le fait se mouvoir, on peut le supposer ainsi. Le malade agit bien lui-même et agit librement ; il pourrait ne pas vouloir et ne pas faire ; l'aide agit aussi, produit même le mouvement et l'action : l'effet est libre et commun à tous deux.

Le maître prend la main de l'enfant, ils écrivent. L'enfant écrit, le maître écrit. L'enfant peut consentir, peut résister ; nous supposons que le maître ne veut point user de force et de puissance. Ici, Messieurs, vous voyez encore un seul acte, écrire, un acte libre, et deux causes totales simultanées. L'action de Dieu et l'acte intime de l'homme sont bien autre chose sans doute. Je ne prétends pas donner de parité parfaite, je n'en connais pas. Mais pourquoi dans l'action de la grâce ne se passerait-il pas quelque chose d'analogue?

On demande comment s'accordent l'action divine et la liberté humaine. Parmi les théologiens catholiques, les uns, tout énergiquement mystérieux et s'appuyant sur la toute-puissance elle-même, ont pensé que Dieu produisait l'acte salutaire de l'homme, mais le produisait libre; que Dieu ainsi créait la détermination libre de l'homme, en tant que libre, et ils n'ont vu là aucune impossibilité.

D'autres ont préféré une connaissance intermédiaire et conditionnelle en quelque sorte, au moyen de laquelle Dieu se dirigerait dans ses décrets et dans son action sur l'homme. Ainsi Dieu, d'après cette science première conditionnelle, connaîtrait ce que fera l'homme en telle et telle circonstance, avec tel ou tel degré de grâce : Dieu, suivant cette connaissance, accommoderait sa grâce et son action de manière à produire le consentement et l'acte de l'homme sans les nécessiter aucunement.

Je ne veux ni ne dois m'étendre sur ces systèmes, qui sont demeurés dans le domaine de la simple opinion, et qui n'ont rien de contraire à la foi. Mais au moins ils valent, ainsi que d'autres encore, comme hypothèses probables; ce qui suffit dans tous les cas pour ôter à l'esprit le moindre doute de voir ici une contradiction, une impossibilité.

Impossibilité, contradiction entre l'action de Dieu catholiquement entendue et la liberté de l'homme, il n'y en a pas; car il y a mystère enfin et profond mystère. Eh bien! Messieurs, qu'en conclure? Voyez comment on a souvent procédé contre la foi.

Dans les sciences, dans toute marche raisonnable et logique, on va et l'on conclut du connu à l'inconnu.

Pour raisonner contre nos mystères, c'est l'inverse qu'on adopte: la logique est alors de procéder de l'inconnu au connu, ce qui est le renversement du bon sens.

Les deux points, les deux faits connus et établis selon la foi et la raison, selon la tradition, l'expérience et l'évidence elle-même, ce sont l'action de Dieu, la liberté de l'homme.

Voici comme on a raisonné: L'action de Dieu ou la grâce ne peut pas s'accorder avec la liberté de l'homme qui était le lien inconnu à chercher; donc Dieu n'agit pas, ou l'homme n'est pas libre.

La logique eût été, elle est bien encore de dire: Deux faits sont constants: Dieu agit, et l'homme est libre; donc le lien existe, l'accord est certain, quoique inconnu. Et c'est, Messieurs, la seule conclusion raisonnable à tirer avec la foi.

Nier que Dieu agisse, c'est nier que Dieu soit; car ce serait lui ôter un attribut essentiel de son être, la raison de cause première et d'action première universelle. Nier que l'homme soit libre, la folie est par trop grande. Rien ne peut ébranler ces deux faits; qu'on le comprenne ou qu'on ne le comprenne pas, ils s'accordent donc infailliblement tous deux ensemble, et l'un ne peut pas détruire l'autre. Telle est la logique, tel est le vrai bon sens, la vraie critique; et c'est la foi.

Où en serions-nous, Messieurs, si, à raison de faits inconnus ou faute d'un lien de connexion connue, il fallait abandonner des faits établis et certains?

Qu'est-ce que la matière dans son essence? On dispute, on l'ignore; il y a là un profond mystère. Allez-vous nier l'existence des corps, leur composition, leurs qualités?

Comment le mouvement est-il transmis? Comment, pourquoi un corps mû en meut-il un autre? Vous constaterez le fait, la loi: la raison en est demeurée un mystère, et un mystère impénétrable. Irez-vous nier le mouvement et sa transmission? Cependant le lien de connexion vous manque réellement.

Comment mon âme et mon corps sont-ils unis ? Comment l'esprit agit-il sur le corps ou sur les organes ? Question insoluble, lien de connexion inconnu : nierez-vous l'âme, le corps, l'action réciproque ?

La raison, l'autorité, l'évidence, la foi établissent deux choses : Dieu agit, l'homme est libre ; donc il y a accord. Je le crois certes sans le comprendre. Et très-heureuse occasion pour abaisser notre raison orgueilleuse : nous en avons tant besoin !

Il y a accord : Dieu agit, et l'homme est libre. Dieu a donc pu donner la liberté en prévoyant et permettant l'abus. L'abus, c'est l'homme abusant librement des dons de Dieu et de l'action même divine. Dieu a tout fait, il a tout donné, moyens et grâces pour empêcher l'abus ; seulement il a laissé l'homme libre : quelle répugnance en cela ? Autrement Dieu aurait en même temps donné et repris la liberté. A l'homme seul de s'en prendre à lui-même, s'il abuse. Le vice, les passions, le crime sont donc tout autre chose, Messieurs, que des monomanies ou des nécessités organiques. Prenons-y garde : avec de pareils systèmes où irions-nous, grand Dieu ! Pauvre société, déjà tant ébranlée, où tomberait-elle à la fin ? Dieu agit, mais l'homme est libre ; si avant ou pendant l'assaut du crime et des passions, l'homme voit, pense, connaît, délibère, consent, dites donc alors : Il y a crime, il y a passion coupable.

Messieurs, il faut terminer et conclure. Il me semble qu'une conviction s'élève ici dans l'âme : celle du besoin de la foi, et d'une foi d'autorité.

Au milieu de tant de fluctuations et de tant d'orages de la pensée humaine, en présence de tant et de si redoutables mystères qui nous environnent et nous pressent, quand le génie, hélas! heurte et se brise contre l'écueil, on cherche un abri, un asile.

Il n'y en a qu'un seul au monde, c'est la foi et l'autorité dans la foi : c'est l'Église ; tout ce qui est dehors cherche encore à tâtons.

Là du moins on se rassoit et l'on respire.

Là du moins l'homme comprend, il croit qu'en Dieu et par l'action de Dieu, il est libre.

En Dieu et par son action même, je suis libre ; libre enfin de ressaisir un moment ma pensée au milieu du tourbillon qui l'emporte, et de m'interroger sur ma route et sur mon terme ; libre de dessiller mes yeux, de ne plus me bercer de vains rêves, de chimères ou d'erreurs ; de me dire : Il y a donc une vérité, une foi! libre, Messieurs, quoi qu'on en puisse penser et dire, de ne plus courber la tête sous le joug brutal des sens et des passions, mais de la relever confiante et pure vers les joies de l'esprit et une noble indépendance.

Puissiez-vous bien le comprendre! Car ici la pratique du fatalisme est fréquente et commune. Puissiez-vous bien comprendre qu'à l'union divine seule est destinée votre âme par delà cette triste terre; qu'ici-bas elle commence par la prière, par le combat et par la grâce, pour terminer par la possession assurée et par la gloire immortelle!

TREIZIÈME CONFÉRENCE

LE LIEN RELIGIEUX

TREIZIÈME CONFÉRENCE

LE LIEN RELIGIEUX

Monseigneur,

L'action divine a créé : elle conserve et gouverne l'univers ; elle opère dans l'homme sans altérer la liberté de l'homme. Dieu créateur, conservateur et souverain dispensateur, concourt ainsi par une action toujours vivante au développement libre de l'activité humaine. C'est ce que nous avons recueilli jusqu'ici de l'exposé catholique, en le rapprochant des contrariétés de l'erreur sur quelques points de dogme religieux.

Dans ces études rapides sur Dieu, sur l'âme, une chose vous aura frappés sans doute, Messieurs, c'est qu'on peut bien décrire l'histoire de l'erreur, mais non celle de la vérité à proprement parler. L'erreur a ses phases de naissance, de divergence, de variation et de mort. En dehors des bases de la foi, le travail incessant de l'esprit humain, quoique borné, enfante perpétuellement des contradictions successives d'idées et de faits, qui donnent à la suite de ses égarements tout le caractère historique; c'est même ce travail intime de doctrines contradictoires au sein de l'humanité qui fait surtout son histoire vraiment philosophique, ou la philosophie de l'histoire.

Mais pour la vérité catholique, il semble qu'on ait tout dit quand on a dit : Elle est telle. Ce n'est pas qu'elle ne présente aussi certains traits anciens d'évolution et de progrès, certaines manifestations diverses, suivant l'économie de la préparation et de l'institution évangéliques. Au fond cependant, tous le savent, la religion et la vérité catholiques se résument dans l'unité, l'unité continue et identique. Vous remontez à l'origine du monde; vous redescendez par les traditions mosaïques jusqu'aux dernières des traditions chrétiennes, vous retrouvez toujours un Dieu créateur, une Providence, une chute, une réparation, une grâce, une liberté révélées. La foi est ainsi toujours semblable à elle-même, parce que l'unité est le caractère absolu du vrai; tandis que l'histoire de l'erreur, au contraire, offre sans cesse les vicissitudes et les variations contradictoires. L'erreur naît, change et meurt, caractères inaliénables du faux, depuis le fétichisme le plus multiple jusqu'à l'athéisme, depuis le naturalisme le plus licencieux jusqu'au fatalisme le plus dur, et ainsi de même en suivant toutes les catégories d'idées qui se rapportent aux divers points de doctrine religieuse.

Pour un esprit attentif, la question catholique tout entière pourrait donc se réduire à ces termes : Où se trouve l'unité persévérante? Car la vérité, comme Dieu dont elle émane, doit être une.

Cette observation s'applique encore, Messieurs, à l'étude de la loi suprême de l'humanité, de ce lien qui doit unir l'homme à Dieu, du lien religieux, que nous devons maintenant considérer.

Dieu agit, et l'âme est libre : entre l'action divine et la liberté humaine quel est le rapport, non plus de simple alliance, mais de devoir? Quelle correspondance doit s'établir? Quel nœud rattache l'une à l'autre?

Messieurs, une loi existe, loi religieuse, fondement de toutes les autres. Chacun sent bien, en effet, et avoue qu'il ne saurait pas plus y avoir, pour l'être intelligent, de loi sans liberté que de liberté sans loi; autrement tout ici-bas serait livré au caprice, au désordre et aux abus, sans frein, sans règle, sans raison aucune. A la liberté il faut le devoir.

Quelle est donc cette loi souveraine de l'âme intelligente et libre? C'est demander, Messieurs, ce qu'est dans son principe et son essence le lien religieux. Sujet grave encore. Exposons les variations de l'erreur et l'unité catholique sur ce point.

I. P. Jamais, que je sache, aucune religion, aucune philosophie d'erreur n'ont prétendu totalement exclure de la nature humaine la notion de loi. Même pour le matérialiste et pour l'athée, il y aurait au moins la loi honorable des appétits brutaux.

Mais il faut dire, Messieurs, que quelque chose d'impérissable vit dans l'homme : la conscience, la conscience du devoir, de l'obligation, de la loi intime et souveraine. Dieu l'a gravée, cette loi, dans les cœurs; elle s'y est étrangement altérée, jamais effacée complétement; et toujours et partout vous en retrouverez l'expression plus ou moins religieuse.

Ainsi, pour remonter à ce qu'il y a de plus ancien dans l'historique de l'erreur, la théologie orientale, sur le lien premier religieux, présente des idées sublimes, mais bientôt poussées jusqu'au délire par l'exaltation mystique et panthéiste.

On y lit, suivant les *Recherches asiatiques :* « La

« religion est l'échelle par laquelle les hommes
« montent au ciel. Sans la dévotion envers Dieu
« les hommes ressemblent aux arbres du désert.
« Ainsi le premier devoir de l'homme est d'aimer
« et d'honorer Dieu. »

C'était bien, c'était encore la parole des traditions primitives. Vous savez tout ce qu'y ajoutèrent les folies et les superstitions des religions populaires de l'Orient; inutile de vous en entretenir. Toutefois il faut tenir compte en son esprit de ces déplorables interprétations données par d'innombrables masses au lien religieux.

Mais voici les maximes favorites du bouddhisme philosophique : « Le devoir, remarquez bien,
« le devoir consiste à éteindre ses désirs, son in-
« telligence, son action; à cesser d'être, pour se
« confondre avec le néant par l'absorption en
« Dieu. Quand on a ainsi anéanti toutes ses facul-
« tés, on devient semblable à Foe... » C'est consolant. Vous voyez là, Messieurs, l'abus extrême de la grande vérité, de la grande loi, qui est pour l'homme la nécessité de tendre à l'union divine. Et le plus souvent cette sorte d'excès et d'abus s'exprime par le panthéisme mystique.

Quelquefois l'illuminisme allemand et le quiétisme des siècles précédents montrèrent à cet égard une affinité remarquable d'erreur : c'est-à-dire la folle absorption en Dieu ou l'anéantissement de la personnalité et de l'activité de l'homme, le moi panthéiste, le rêve d'une réalité universelle et déiforme : voilà déjà de tristes superfétations du travail et du délire humains sur le lien religieux.

La Grèce, peu contemplative et peu profonde, qui ne sut guère être sérieuse qu'en se jouant, et qui n'écouta les leçons de la philosophie qu'au milieu des fleurs des jardins; la Grèce, avant la fusion de l'orientalisme et de l'hellénisme à Alexandrie, n'approcha pas du mysticisme exalté de l'Inde. Elle rechercha cependant la loi souveraine et intérieure de l'homme; car il fallut bien la rechercher toujours. Or voici ce que nous offre la philosophie hellénique.

Pour les uns la loi suprême de la béatitude et de la fin à atteindre fut la tranquillité d'esprit, le contentement, ou, ce qui revient au même, la volupté. Je vous cite les propres termes de diverses écoles : et nous retrouvons la vaste et trop universelle invasion du sensualisme comme fin unique et dernière de l'homme. Pour d'autres ce fut de se suffire à soi-même, d'être modéré.

Dans la vieille école italique, c'était la très-parfaite connaissance des nombres qui constituait la fin de l'homme, en comprenant sous ce titre toute la science philosophique.

Dans l'école stoïque, il fallait avoir la même vertu que Dieu. Le stoïcien devait dire à Jupiter : Vous n'avez pas plus de vertu que moi ; ce qui n'était pas au reste porter bien haut ses prétentions.

Suivant le philosophe de Stagyre, l'illustre précepteur d'Alexandre, à la vertu il faut joindre la santé et la richesse : et, sauf la vertu, c'est, Messieurs, l'avis de beaucoup de monde.

Enfin, dans l'école socratique, quelques traits de vérité apparaissent. Anaxagore peut en être considéré comme le père : il disait qu'il fallait tendre à être libre par la connaissance des choses d'ici-bas : maxime intelligente et vraie, mais incomplète. Socrate plaça la loi suprême dans la vertu et la justice propres de chacun ; Platon la fit consister à être semblables à Dieu autant que nous le pouvons.

Ce furent là sans doute de beaux éclairs de génie et de raison, des rayons ressaisis de cette lumière qui éclaira l'homme dès l'origine ; mais ce n'était point la véritable expression de la loi, comme nous le verrons.

J'omets à dessein, Messieurs, toutes les affreuses et immorales inconséquences de la sagesse païenne qui se retrouvent jusque dans ses sommités les plus couvertes de gloire. J'omets toutes les orgies légales du culte établi, qui n'était que le règne consacré des passions ; et je ne veux plus parler du syncrétisme alexandrin, qui travestit une dernière fois le lien religieux en spéculations païennes. L'incohérence, la folie, la divagation des idées, souvent l'opprobre des doctrines, ce fut là réellement, malgré quelques lambeaux déchirés et incomplets de vérité, le chaos philosophique ancien.

Le christianisme parut, mais le travail de divergence ne cessa pas, et ne devait pas cesser. Le christianisme avait restitué et fixé la notion fondamentale de la destinée humaine et du lien religieux ; la grande masse des esprits s'y tint comme à la demeure établie. Mais un trop grand nombre aussi voulut en remuer les bases et asseoir des fondements nouveaux.

L'hérésie, qui déraisonna sur toutes choses, dévia peu cependant sur ce point. On trouve bien quelques hérétiques obscurs, dès le premier siècle et vers les temps du moyen âge, qui prétendirent altérer grossièrement la foi de la béatitude et de la fin dernière de l'homme ; ils tombèrent flétris et méprisés.

Mais altérer la nature du lien religieux en soi, nier la loi fondamentale de l'homme, serait au delà de l'hérésie ; ce serait plus qu'une fausse croyance. Il était réservé à la philosophie moderne, surtout à la philosophie du xviiie siècle, d'aller jusque-là et de renouveler à cet égard le déplorable chaos de doctrines qui ne s'étaient plus reproduites depuis le christianisme établi.

Cependant, ne l'oubliez pas, Messieurs, on chercha toujours, et l'on cherche même encore la loi suprême de l'homme. Trop souvent chacun fait la sienne; mais il en faut une. L'homme, enveloppé, pour ainsi dire, dans un réseau de dépendance et de devoirs, se débat en vain pour en sortir.

Tantôt ce fut l'intérêt propre dont on fit le mobile unique et universel, c'est-à-dire que l'on proclamait la loi suprême de l'égoïsme. Des noms trop fameux l'enseignèrent, trop de cœurs l'ont retenue et adoptée.

Tantôt c'était l'intérêt public dont on faisait, comme dans Rome antique et à la Chine, l'objet d'une sorte de culte : en d'autres termes, on établissait l'idolâtrie de l'État. Je voudrais bien vous en parler un jour plus longuement : paganisme réel qu'on instituait, et qui existe encore pour quelques-uns.

Certains économistes ont mis en avant le système utilitaire. Pour eux l'utile est toute la base de la loi et du devoir : l'utile est cependant autre chose que le bien moral et la justice.

Enfin, pour un grand nombre, toute la destinée

de l'homme était de suivre les appétits de la nature.

Et que dire, Messieurs, de toutes les vagues opinions de nos jours, qui ont prétendu fonder ailleurs qu'en Dieu même et dans la foi, la grande loi, la fin suprême de la liberté humaine? Qu'on la place encore dans un sensualisme grossier, dans l'organisme et les penchants; ou bien qu'on dise que la religion n'est qu'un mode d'action plus ou moins énergique de quelques organes; ou bien encore que « l'abstraction religion est un code formulé par des hommes injustes et avides qui exploitent à leur profit le sentiment de vénération dont la nature nous a dotés pour d'autres fins[1]. » Que l'on imprime et qu'on publie ces choses de nos jours au nom de la phrénologie; que d'autres pensent qu'un sentiment religieux, une religiosité vague, un christianisme de poésie suffisent, toutes formes de culte et de croyance étant indifférentes; d'autres, que tout consiste dans le progrès social, dans le travail successif de civilisation, dont la religion n'est qu'une part et un produit; qu'on ramène les abstractions mystiques et panthéistes, les rêves funestes de communauté et de

[1] Disc. de M. Broussais, séance annuelle de la Société phrénologique, Paris, 22 août 1835. — *Journal de la Société phrénol.*, octobre 1835, p. 401.

fraternité universelles, qu'on arbore un drapeau de spiritualisme incertain et de morale indéfinie, sans base, sans fixité, et qu'on appelle tout cela religion du temps, mouvement religieux ; qu'enfin on se livre sans frein et sans mesure à toute l'indépendance rationaliste ou rêveuse, qu'en foule on se laisse aller à l'aventure, sans réflexion, sans croyance arrêtée, sans règle aucune de penser ni d'agir, balancé qu'on veut être dans les tristes illusions d'une molle indifférence et de molles opinions : Messieurs, qu'est-ce que tout cela? Tout ce travail indécis d'idées qui nous entoure, qu'est-il, sinon le produit de caprices arbitraires et de perpétuelles inconstances, le châtiment même et la maladie incurable de l'esprit d'erreur.

Il y a plus encore : de ce travail religieux qui se fait autour de nous, en dehors du catholicisme, qu'est-il résulté? On obéit un moment à des illusions qu'on peut croire généreuses, et puis on arrive à ces tristes excès, à cette folie de conceptions, à ces inventions monstrueuses qui s'évanouissent bientôt, il est vrai, mais non sans laisser dans les âmes des traces profondes de leur cruel passage.

Eh quoi! il n'y a donc plus même une vie possible de quelque durée dans l'erreur. Le dirai-je?

Hélas! non. Une erreur forte, ardente, suivie et constituée, est désormais impossible : et je suis réduit, Messieurs, à le déplorer.

Une erreur passionnée et puissante est une crise redoutable, je le sais, qui peut être fatale, mais peut aussi être salutaire. C'est la crise qui sauve ou qui tue. Mais une tiède, une vague, une morne indifférence, ce n'est pas la mort, ce n'est pas la vie, ce n'est plus même un espoir de vie. Et n'allons-nous pas ainsi de nos jours, flottant languissamment sans mourir, sans vivre, sans la vérité, sans une erreur, et comme nageant parmi toutes les erreurs? Où allons-nous donc?

Je n'aperçois plus que deux voies : la paresseuse et languissante indifférence qui descend au plus profond abîme; la simple, énergique et puissante voie catholique qui conduit à la vie.

Je me résume.

L'intérêt, les sens, l'idéalisme, la civilisation prétendue ou l'état social, l'indifférence vagabonde, la vagabonde religiosité : voilà donc tout ce que l'homme a trouvé pour fixer sa destinée; voilà, fidèlement nommé et analysé, tout l'effort principal de l'esprit humain en dehors de la foi, sur ce qu'il y a de plus intime et de plus essentiel dans la nature raisonnable, sa loi et sa fin dernière, ou le lien fondamental de religion.

L'intérêt, les sens, c'est l'immoralité, l'opprobre, l'égoïsme consacrés.

L'idéalisme est la nuit où l'on rêve.

La civilisation : l'invoquer contre la foi chrétienne est mentir aux faits. La religion a produit la civilisation ; voilà l'histoire. La civilisation, dans ses abus et ses excès, a corrompu et détruit la religion, jamais ne l'a produite : c'est là encore l'histoire.

L'indifférence est le vaisseau qui flotte pendant le sommeil du pilote, voguant au hasard.

Le vague des sentiments et des opinions religieuses est un nuage ténébreux et fantastique qu'on prend pour un être animé.

Non, ce n'est point là tout l'homme ; il ne s'est point donné l'existence, il ne saurait se donner davantage la loi et la destinée de son être. Il doit les retrouver, non pas les faire. Pour les faire, mille petits esprits se sont agités, épuisés en vain depuis six mille ans. Il semble qu'ils aient voulu démolir pièce à pièce le majestueux édifice de la foi, bâti des mains du Très-Haut. On dirait la troupe d'animaux pygmées qui s'empressent pour miner et détruire la masse indestructible de la montagne. Un passant vient, et son pied les écrase.

Rappelons maintenant la vérité catholique.

II. P. Messieurs, puisque en toute sincérité nous ne trouvons dans le ferment des opinions humaines qu'une laborieuse impuissance, où irons-nous? Où aller, puisqu'il n'y a de consistance nulle part, si ce n'est à cet enseignement toujours un, le seul grave, le seul autorisé, la foi catholique?

Quelle est donc suivant la foi cette vérité principe ou fondamentale, cette loi intime et suprême de la liberté humaine, cette condition essentielle de notre être, sa nature et sa destination véritables?

Quoi! le génie, l'humanité tout entière et la durée des âges l'auraient cherchée vainement sans la pouvoir déterminer.

Un livre expression calme et naïve de nos symboles, dépositaire des plus sublimes leçons qui furent jamais données à la terre; ce livre, l'un des premiers dont votre enfance balbutia la lecture, que votre jeunesse a trop tôt oublié peut-être, que je dois vous rappeler, Messieurs; ce livre nous enseigna la grande loi, la haute destinée de l'homme.

Je pourrais ici orner mon langage de mots sonores, je pourrais puiser aux sources les plus élevées de l'éloquence et de la philosophie chrétiennes; je le pourrais, je ne le veux pas; ma conscience me le défend.

Pour m'élever bien au-dessus de la philosophie,

de la science et du génie, au-dessus de toute législation et de toute éloquence, je dois parler la langue la plus familière du christianisme.

Le curé de campagne demande à l'enfant : « Pourquoi avez-vous été créé ? » L'enfant répond : « Pour connaître, pour aimer, pour servir Dieu. » Et toutes les écoles, toutes les sociétés savantes et politiques, toutes les méditations des plus profonds penseurs qui ne partirent pas de cette loi constitutive de l'humanité, sont à jamais convaincues d'ignorance et de folie.

Vous cherchez la science de l'homme, vous scrutez sa nature, vous analysez et classez les facultés de son âme, vous recherchez péniblement les conditions du bien-être privé et social, les fondements de l'ordre, des mœurs, des lois, et vous n'avez pas retrouvé dans vos souvenirs cette sublime simplicité de l'enseignement catholique !

Elle exprime tout cependant, tout l'homme, sa nature, sa fin, sa loi première et souveraine, et la base même des sociétés. La longue durée des siècles n'y saurait rien changer ; la loi de tendre à Dieu comme à la fin suprême et dernière est la grande loi de la destinée humaine : puissiez-vous, Messieurs, la bien comprendre !

Ces monuments sacrés, qui seuls nous racontent l'origine et la destination divine du genre humain, nous disent que l'homme, en recevant le souffle précieux de la vie, reçut ineffaçables au dedans de lui-même l'image et la ressemblance de son auteur. Dieu est connaissance et amour; c'est là son essence, sa personnalité, sa vie. Le terme infini de cette connaissance et de cet amour en Dieu, est Dieu même. L'être spirituel de l'homme, image de l'Être divin, est tout entier destiné à connaître et à aimer l'infini, à le chercher pour s'unir à lui au sein de l'immortelle béatitude. Telle est la nature et tel est le principe du lien religieux.

Moïse recueillit ces traditions augustes et primitives. Tout chez les Hébreux, gouvernement spirituel et civil, état, foi, sacerdoce, sacrifice, prophètes, tout se résuma dans ces antiques paroles du législateur au désert : « Et maintenant, ô Israël, qu'est-ce que le Seigneur ton Dieu demande de toi, si ce n'est que... tu marches dans ses voies, que tu l'aimes, que tu le serves de toutes les forces de ton cœur et de ton âme[1]. »

Jésus-Christ, saint Paul après lui et l'Église enseignèrent que toute loi ancienne ou nouvelle se réduit à ce mot : *Vous aimerez : Diliges*. Mais cet amour est le choix libre et fort qui cherche Dieu, sa justice, son règne et sa gloire, qui tend à lui

---

[1] Deut., x, 12.

pour l'atteindre et pour le saisir, comme parlait le grand Apôtre.

Loi de la fin divine, loi de tendre à Dieu : telle est la foi, la grande loi du christianisme. Elle est tout pour l'humanité, elle est sa destinée suprême ; c'est réellement tout l'homme, Messieurs, que ce devoir de tendre vers Dieu par une vie fidèle. Pauvres raisonneurs que nous sommes ! où allons-nous donc forger tous nos systèmes ?

Saint Augustin, dont l'esprit a offert peut-être le type le mieux prononcé du métaphysicien hardi et pénétrant, en même temps que son cœur présentait celui de la piété la plus douce et la plus ardente, saint Augustin, dans deux de ses innombrables ouvrages, entre autres dans la *Cité de Dieu* et dans le livre de la *Vraie Religion*[1], a pénétré jusqu'aux entrailles de la grande loi de l'humanité, il a épuisé par ses recherches la nature du lien religieux. Je ne puis citer ici ses éloquentes méditations sur ce sujet ; j'en puis seulement rappeler quelques nobles pensées :

Ipse enim fons nostræ beatitudinis, ipse omnis appetitionis est finis. Hunc eligentes, vel potius religentes... Unde et religio dicta perhibetur, ad eum dilectione tendimus, ut perveniendo quiescamus :

---

[1] *De Civit Dei*, l. X, c. III, n. 2. — *De vera Religione*, n. 111, 113.

ideo beati quia illo fine perfecti. Bonum enim nostrum de cujus fine inter philosophos magna contentio est, nullum est aliud quam illi cohærere.

« Dieu donc, suivant saint Augustin, est lui-même la source de notre béatitude; lui-même il est la fin de tout désir. En le choisissant pour notre fin, ou plutôt en le ressaisissant, car nous l'avions perdu, nous tendons vers lui par un amour de prédilection, pour nous reposer en lui après l'avoir atteint. Tel est le sens du mot religion. Bienheureux alors, parce que la possession de la fin est le complément et la perfection de notre être, Dieu comble nos désirs et met sur notre âme le dernier sceau du bien en nous unissant pour jamais à lui-même. Ainsi ce bien souverain, dont la nature et le terme sont tant débattus par la philosophie, n'est autre que de s'unir et d'adhérer pour toujours à Dieu [1]. »

Telle est, Messieurs, la langue élevée du catholicisme d'après l'un de ses plus dignes organes. Puissions-nous l'avoir pleinement adoptée pour la nôtre! Puissions-nous surtout dans ce moment sentir un rayon de la lumière divine descendre au fond de nos cœurs, les ouvrir à la paix et les remplir de ces convictions vives et pures!

---

[1] Aug., *de Civ. Dei*, l. X, c. III, n. 2.

Vous contemplez alors, comme d'un asile sûr et retiré, l'agitation des choses humaines. Vous vous dites : Pourquoi tout ce tumulte et ce désordre? Pourquoi cette fluctuation des pensées et des désirs, ce malaise et cet ébranlement général des sociétés? Pourquoi? C'est que la loi première d'ordre et de vie est méconnue, laissée bien loin. La science, le génie, le courage, les vertus mêmes et le zèle du bien public ne nous manquent pas, je le veux. Mais on les sépare de Dieu; ce sont des branches arrachées à leur tige et à leur sève, elles meurent desséchées et stériles.

Il y a de tout ceci, Messieurs, une raison que je voudrais vous faire méditer profondément. Dieu est le principe et le centre, le maître et la fin de tout ce qui existe.

Principe, il donne l'être, il crée. De la source vient et dépend le ruisseau; de Dieu, l'homme. Le père ne peut dispenser l'enfant de ses devoirs envers l'auteur de ses jours; Dieu ne peut dispenser l'homme du devoir qui le lie envers l'auteur de la vie. Dépendre de Dieu est donc la loi première et fondamentale.

Centre de tout ce qui existe, Dieu, suivant l'expression de saint Jean Damascène, est cet océan immense de l'être, où tout reçoit, conserve et rapporte le mouvement et la vie. Au sein même de l'immensité de la nature et de l'action divine, l'activité humaine s'exerce; libre sans doute, mais pour choisir entre la vie et la mort de l'âme : la vie, si la liberté s'attache et s'unit à Dieu, centre unique de la vie véritable; la mort, si le cœur de l'homme s'en va chercher ailleurs son bien et son repos, comme la mer ne voit sortir de son sein que pour mourir les êtres qu'elle renferme et qu'elle nourrit. Aussi, d'où viennent autour de nous, sensibles à l'œil chrétien, tant de signes de décomposition morale et sociale? C'est que les esprits et les cœurs sont hors de la voie; ils ont voulu marcher, être heureux hors de Dieu. Pas d'autres raisons, Messieurs, mais raison nécessaire du désordre et des crimes qui nous contristent, la loi de tendance et de fin dernière n'est pas socialement accomplie.

Dieu est maître : certes l'infini est roi et roi absolu. Il règne, il commande, il gouverne avec la toute-puissance même.

Le souverain, peuple ou roi, abdique-t-il ses droits quand il en communique, par une simple et libre délégation, la participation ou l'exercice? Dieu communique, délègue à l'homme l'intelligence, la force, l'être. Mais Dieu peut-il donc par là perdre ses droits sur l'homme? Maître et souverain de l'homme, Dieu a pu, a dû même lui dicter des lois. Ces lois, les connaît-on? les recherche-t-on? Dieu a pu encore se substituer sur la terre une autorité visible, une autorité qui enseigne, juge, règle en son nom. S'il l'a voulu, qui l'en empêche? Il l'a pu. Est-on bien sûr qu'il ne l'ait pas fait? Et s'il l'a fait, quelle est la conséquence? Obéir.

Si l'on y réfléchissait, Messieurs, sérieusement: l'homme vivre indépendant de Dieu! mais c'est le délire du crime ou de la folie! Tendre à Dieu et dépendre de Dieu, voilà donc la loi fondamentale et suprême.

Dieu est la fin, la fin unique et suprême de tout ce qui est; Dieu, seul de toute éternité, seul heureux, seul parfait, seul puissant, n'a pu trouver que lui-même à qui offrir et dédier l'âme humaine. L'Infini a tout fait pour lui-même, comme disent nos livres saints. L'homme est voué, consacré à Dieu, seule fin digne de Dieu. Intelligence, il lui faut la vérité; amour, il lui faut le bien. Or la vérité, le bien absolus et parfaits sont en Dieu et sont Dieu même. L'homme est donc fait pour Dieu.

On le sent: le feu ne dit jamais, c'est assez; il lui faut l'aliment qu'il consume et qu'il dévore. Les fleuves s'écoulent à la mer, et jamais la mer ne surabonde. L'âme est un feu qui dévore, un gouffre qui engloutit: pour la rassasier et la remplir il ne faut rien qui finisse. Il lui faut l'infini, il faut Dieu pour satisfaire l'homme. A l'homme donc de tendre fidèlement vers Dieu, de dépendre toujours de Dieu, et suivant les liens mêmes que Dieu établit et imposa.

L'on conçoit ainsi, Messieurs, et la gloire de Dieu et la fin de la création remplies par la soumission et par la tendance confiante de l'être intelligent et libre vers son auteur. L'on conçoit ainsi le bien et le mal : mystère impénétrable sans la loi de la fin et de la gloire divine. Le bien est ce qui mène à Dieu et nous fait reposer en lui ; le mal, ce qui éloigne de Dieu et veut chercher ailleurs pour l'homme le repos et le bonheur. Ainsi se définit et s'explique le lien religieux par la nature même de l'homme : c'est la loi de tendre à la fin qui est Dieu ; et c'est assez, je pense.

Messieurs, quand un homme illustre dans la science eut découvert et proclamé la grande loi du monde physique, la loi de l'attraction universelle, on salua avec transport cette glorieuse conquête du génie, on l'étudia, on l'étudie sans cesse. De cette loi-principe on vit se dérouler comme une vaste conséquence la merveilleuse ordonnance et l'ensemble de l'univers. On put y lire l'unité, la stabilité des immenses mouvements du système du monde ; et l'on se plut à admirer cette puissante action d'un centre dominateur régissant la constante fidélité des corps qu'il attire.

Mais on n'y vit pas, ou du moins on voulut bien rarement y voir la faible et imparfaite image des lois du monde religieux et moral. Dieu aussi attire, appelle à lui les esprits et les cœurs : la grande loi des intelligences est de se mouvoir constamment autour de ce foyer immense de lumière, de bonheur et de vie ; et quoi qu'on en ait, mille forces régulatrices avertissent et pressent en secret d'y tendre.

Cependant l'homme est libre : libre, il s'arrache à l'unité du système divin, il brise l'ordre et le cours des mouvements de son âme, la livre à toutes les forces perturbatrices des passions, et s'en va, comme un astre égaré, errant à l'aventure, instrument et jouet du plus cruel désordre.

Nous frémissons à la seule pensée de l'hypothèse d'un renversement des lois de la nature, qui emporterait loin de son orbite l'un des vastes corps qui se meuvent dans l'espace ; et nous ne daignons pas même légèrement ressentir l'affreux renversement des lois du monde moral qui emporte loin de Dieu la masse des nations.

Messieurs, une foi vive le ressent et le déplore. Elle déplore ces incertitudes et ces agitations cruelles des sociétés qui n'ont plus été contenues et cimentées par le lien religieux, qui n'ont plus été ce qu'elles devaient être, la barque sûre du passage pour arriver au port.

La foi déplore ces fluctuations du doute, ces longues résistances et ces déviations honteuses, subies avec le joug du vice; et ces lueurs d'espérance sitôt éteintes, et ces demi-désirs étouffés, et ces craintes cachées, ce trouble, ce malheur intime, qui fatigue de jeunes âmes égarées loin de leur route.

La foi, sa fixité, sa vie, peuvent seules vous rendre la lumière et la paix. Vous le savez bien.

Puissiez-vous, Messieurs, dans ces grands jours qui vont bientôt venir, en faire la douce expérience, et marquer encore de vos pas généreux cette voie véritable qui conduit au Dieu de toute justice et de toute sainteté!

LA RAISON ET LA FOI

QUATORZIÈME CONFÉRENCE

LES DROITS DE LA RAISON

QUATORZIÈME CONFÉRENCE

LES DROITS DE LA RAISON

Monseigneur,

Au milieu des travaux et des efforts perpétuels de l'esprit humain pour conquérir les grandes solutions philosophiques et religieuses dont il a besoin, parmi ces routes divergentes suivies trop souvent avec l'entraînement d'illusions déplorables, quand on entend le gémissement de cœurs oppressés sous le poids de leurs incertitudes, comme si rien n'avait encore été réglé ni fixé pour eux depuis soixante siècles, dans ce débat toujours subsistant où l'on réclame si ardemment, en présence de la foi de l'Église, les libres droits de la raison, il paraît convenable d'écouter ces plaintes et de rechercher ce qu'elles peuvent avoir de légitime.

Pour mieux répondre à ce besoin, il faut se demander sérieusement ce que c'est donc en soi que la raison de l'homme, et quelle est sa nature véritable : car, le croirait-on ? cette question est encore douteuse pour plusieurs.

Que faut-il donc penser, Messieurs, de l'intelligence humaine ? Est-elle une lumière sans nuages, un pouvoir sans limites, une faculté sans lois et sans devoirs ? Seule a-t-elle reçu la mission de tout connaître, de tout déterminer entre la créature et son auteur sans aucune voie tracée, sans aucune autorité régulatrice ? L'indépendance de la raison humaine est-elle absolue, égale en tout à celle de la Sagesse infinie ? La raison de l'homme est-elle infinie elle-même, comme on a semblé l'insinuer de nos jours ? Vous ne pouvez le penser.

Ou bien, au contraire, la raison n'a-t-elle ici-bas ni force, ni droits, ni mission aucune ? Est-elle un jeu inutile ou funeste d'abstractions et de chimères ? Poursuit-elle toujours la vérité comme un fantôme, incapable de la saisir et de l'embrasser jamais ? Est-elle un flambeau tristement éteint, n'exhalant qu'une vaine fumée, et n'a-t-elle plus, n'eut-elle à aucune époque les flammes célestes du vrai pour héritage ? Est-ce que par sa nature notre intelligence ne possède pas du moins un domaine propre où elle vit et règne en maîtresse ? Ou doit-elle, aux pieds d'une barrière de ténèbres éternelles, s'incliner pour mourir en silence sans action, sans énergie, sans liberté?

Non, il n'en est pas ainsi, Messieurs, et la raison est quelque chose de grand et de réel dans l'homme. Que faut-il donc penser à la vue de ces luttes pénibles où l'esprit humain s'épuise en vains efforts pour se connaître et se définir lui-même, n'y parvient pas, ce semble; et néanmoins, afin de s'affranchir de la foi révélée, s'arme des doutes vieillis du temps passé ou des songes aventureux du présent?

Messieurs, permettez-moi de poser ainsi la question, et de choisir pour objet de nos recherches en ce moment la raison humaine, ses droits et ses devoirs. Toutefois, vous le savez à l'avance, la philosophie, quelque belle et quelque noble qu'en soit l'étude, ses graves méditations sur la nature de l'âme et de la raison ne peuvent nous servir que dans un sens et pour un but vraiment catholiques.

Aujourd'hui, pour vous rappeler ce que c'est que la raison de l'homme créé de Dieu et racheté par Jésus-Christ, pour mieux comprendre ensuite nos devoirs à l'égard de la foi et de l'Église, je voudrais exposer d'abord les droits naturels et vrais de notre intelligence.

Ces droits sont marqués par l'étendue même et

par la force de la raison. Les droits de la raison et son étendue véritable, telle est en ce moment la matière soumise à vos réflexions. Ainsi peut-être arriverons-nous à des notions justes et saines sur la nature intelligente de l'homme, placé en présence des enseignements de la foi du Sauveur; et c'est là tout le dessein de cette première conférence sur la raison humaine.

Messieurs, ce n'est pas sans un profond sentiment de consolation que je vous retrouve autour de cette chaire. Le Dieu qui nous rassemble daignera, je l'espère, me conserver dans vos cœurs une bienveillance qui m'est chère, et donner à ma faible parole l'onction et la vertu que je désire uniquement pour la plus grande gloire de Dieu et le salut de vos âmes.

I. P. On se demande avec étonnement, Messieurs, comment il a pu se faire que, durant tout le cours des siècles, tant d'incertitudes et d'incohérences soient venues entraver et obscurcir les recherches laborieuses dans lesquelles l'âme s'étudiait elle-même.

L'histoire de la philosophie est en grande partie l'histoire des travaux entrepris par l'esprit humain pour parvenir à se connaître; ce sont aussi les archives non-seulement les plus curieuses, mais encore les plus instructives de toutes, si nous savons en profiter. Quand on veut mûrement y lire et résumer ensuite attentivement les données philosophiques sur l'objet qui nous occupe, sur la nature de l'âme, sur la puissance et les droits de la raison, on trouve deux systèmes principaux en présence.

Les uns, frappés des impressions extérieures et sensibles qui accueillent l'homme au berceau, qui l'environnent et l'accompagnent dans toutes les phases de l'existence, frappés des relations entretenues sans cesse au dehors par l'action nécessaire des organes et des sens; les uns, dis-je, ont cru que le fondement de nos connaissances, la puissance réelle de la raison et son empire devaient surtout être placés dans l'expérience. C'est ce qu'on a nommé l'empirisme; et je n'entends pas ici par ce mot exprimer seulement l'abus, mais aussi l'usage de l'observation et de la sensibilité, considérées suivant quelques-uns comme la source de nos connaissances.

L'autre système, d'un spiritualisme plus noble et plus élevé, place le pouvoir premier de l'âme dans l'idée même purement intellectuelle. Ainsi, au moyen de l'idée pure, la raison conçoit et développe la vérité par son énergie intime et propre. C'est l'idéalisme, qu'ici non plus je ne veux pas nommer seulement comme un excès. L'expérience donc et l'idée pure, telles sont, je crois, les deux bannières distinctes sous lesquelles on peut ranger le plus grand nombre des théories laborieusement enfantées sur le principe de nos connaissances et sur la force intellectuelle de l'âme. Les uns ont semblé tout rapporter à l'expérience, les autres, à l'idée.

Il faut s'arrêter, Messieurs, avec l'œil de la considération attentive sur ces dispositions exclusives et contraires d'hommes qui furent nommés sages au sein de l'humanité.

Des esprits positifs, et défiants peut-être à l'égard des pures spéculations de la pensée, s'emparèrent de la matière et des sens, s'y établirent comme au siége même de la réalité, et prétendirent y recueillir les seules données certaines, les principes, la connaissance et les idées de toutes choses. L'intelligence, pour ceux d'entre eux du moins qui l'admettaient distincte de la matière, était à la fois la faculté passive recevant les impressions des sens, et la faculté active qui élaborait, exprimait et développait les idées ainsi communiquées.

L'Orient, qui semble porté de préférence aux extrêmes, construisit, à l'aide de l'empirisme le plus exagéré, une philosophie sensualiste et athée où l'on peut découvrir le panthéisme matérialiste avec ses combinaisons les plus effrayantes. Les derniers travaux sur la philosophie des Indous nous ont fait mieux connaître ce monstrueux système, si c'est connaître toutefois que d'assister à la représentation du plus affreux chaos.

L'abus de l'empirisme produisit chez les Grecs les tristes folies de Démocrite et d'Épicure, pour qui chaque idée était une particule de matière. Malheureusement les matérialistes modernes et certains phrénologistes n'ont approché que trop des erreurs grossières de l'empirisme épicurien. Ce n'est pas à eux, grâce au Seigneur, qu'appartient l'influence philosophique en nos jours.

Le célèbre philosophe de Stagyre, Aristote, et plus tard Locke, choisirent aussi l'empirisme pour leur système ; ils firent de l'expérience et de la sensibilité la base première de la connaissance et de l'idée. Rien suivant eux, conformément au vieil adage, ne serait dans l'intelligence qui n'eût été auparavant dans les sens. La sensation ferait naître la pensée. Aristote cependant, quoique philosophe empirique, ne doit pas être mis au rang des matérialistes. L'interprétation si remarquable de sa philosophie par les Arabes, son règne absolu dans toutes les écoles catholiques au moyen âge, ne furent point une erreur sur l'esprit fondamental de sa doctrine; et l'enseignement philosophique fut redevable à cet étonnant génie de notions vraiment précieuses touchant la nature de la raison et le légitime emploi de ses nobles facultés.

Locke s'égara visiblement jusqu'à compromettre, par l'empire trop exclusif qu'il décernait à la sensation, les notions les plus intellectuelles et les plus nécessaires, celles sur lesquelles repose à peu près toute la philosophie, les notions entre autres de l'être, de la substance, de l'infini et de la cause. Condillac ne fut que le copiste de Locke; il le traduisit par la sensation transformée. C'était dans ce système, Messieurs, et avec cette langue philosophique que nous étions formés il y a trente ans à la plus grave des sciences; il m'en souvient encore. Mais nous avons vécu bien longtemps depuis lors, et nous avons su mieux comprendre que les sens ne sont pas le principe unique des opérations de l'âme.

Telle est, Messieurs, en peu de mots, l'histoire de l'empirisme, de cette philosophie qui s'appuie à peu près exclusivement sur l'expérience et sur les sens comme base et comme source de nos pensées.

L'idéalisme forma une philosophie plus élevée. Son histoire nous rappelle les noms les plus glorieux et les plus beaux génies.

Ce ne fut pas assurément un génie médiocre que celui qui présida à la formation du système idéaliste oriental. Mais aussi il semble qu'il prit à tâche de dépasser toutes les bornes et d'épuiser, pour ainsi dire, toutes les puissances de l'erreur. Auprès de l'idéalisme indien et du panthéisme mystique des védas, qui en font partie, l'Allemagne elle-même ne nous présente que de pauvres et pâles reflets, malgré toutes ses rêveries transcendentales. Le disciple de Brahma s'isole de toute la nature sensible, qui n'est que l'illusion ou maïa; il se perd lui-même de vue, retranche toutes les fonctions et tous les signes de la vie propre, s'anéantit pour n'être plus que l'idée, l'esprit de Brahma : ce que nous sommes, Messieurs, dispensés de vérifier, en observant toujours que les extravagances les plus excessives de la spéculation humaine ne sont qu'un abus de la vérité. L'union mystique et intime de l'âme avec Dieu par la contemplation intellectuelle et pure, est un état rare, mais possible et vrai, même durant la vie : heureux celui qui est appelé à le connaître et à le goûter! On en a fait le panthéisme idéaliste des parfaits de l'Inde et d'autres systèmes analogues.

L'école italique, fondée par Pythagore dans la grande Grèce, reçut de son maître, qui l'avait rapporté de longs voyages, l'idéalisme oriental modifié ; de là les nombres ou formes purement intellectuelles, n'existant que dans l'idée et constituant le principe universel de la nature ; de là aussi, pour l'école métaphysique d'Élée, cette substance une, éternelle, infinie, comprise par la seule pensée, objet unique de la science et réalité unique, tandis que tout le reste n'est qu'illusion et apparence vaine : ce qui conduisait à l'idéalisme absolu ; de là enfin le monde intelligible de Platon et ses idées substantielles, ainsi que les notions générales, qui suivant lui ne viennent point par les sens, mais sont innées dans nous et constituent pour l'âme la règle intérieure et sûre de la vérité.

Platon admettait toutefois le monde sensible et le témoignage que les sens en rendent à l'âme ; mais il n'y voyait guère ni l'objet ni le moyen de la science certaine et véritable. Encore aujourd'hui, convenons-en, malgré un mélange de bien graves et bien déplorables erreurs, on ne saurait lire les ouvrages de Platon sans admirer la hauteur de son génie et la dignité avec laquelle il conçut et exprima la nature spirituelle et immortelle de l'âme humaine. On y reconnaît aussi, non moins que dans Pythagore, les traces palpables des traditions primitives et mosaïques, conservées dans cet Orient que l'un et l'autre avaient visité.

Dans Platon s'était personnifié l'idéalisme, l'empirisme dans Aristote. Il fut donné à ces deux philosophies païennes, qui du reste résument toutes les autres philosophies, de régner encore longtemps dans les écoles à côté du dogme chrétien, mais sans aucun danger pour la foi. Les Pères de l'Église sur les matières philosophiques adoptèrent volontiers un platonisme épuré ; Aristote fut le philosophe préféré de la scolastique. Peu importe après tout, on peut choisir entre l'un et l'autre. Et remarquez ici, Messieurs, je vous prie, l'injustice ou la préoccupation habituelle de ceux qui reprochent au catholicisme d'appesantir un joug tyrannique sur les intelligences. L'Église est la véritable patrie de la liberté, elle a toujours laissé le champ ouvert pour les investigations et les systèmes de l'esprit humain, pourvu qu'ils ne touchassent point au dogme défini : et les deux plus grands noms du paganisme ont pu régner en paix dans les écoles chrétiennes.

Descartes parut, génie entreprenant et hardi, mais sincèrement croyant. Il arbora le drapeau de l'idée. Mallebranche le déploya noblement après lui. Tous deux exagérèrent, il est vrai, la portée de leurs principes ; ils crurent arriver à des conséquences que leur philosophie elle-même ne renfermait pas.

Descartes, païen, fût tombé dans des abîmes ;

Mallebranche eût partagé son sort. Catholiques, malgré quelques erreurs ils sont demeurés en possession d'une gloire méritée.

Il doit leur suffire d'avoir rétabli dans la philosophie le règne de cet idéalisme religieux et vrai, que Platon avait trouvé dans les traditions orientales, que saint Augustin et saint Anselme consacrèrent en quelque sorte par la sanction du génie catholique, et que préféra, à la suite de ces saints docteurs, la philosophie si éminemment spiritualiste de Fénelon et de Bossuet ; on peut y joindre encore Leibnitz.

Tous ces grands hommes, nobles représentants de la philosophie chrétienne, eussent été bien dignes de la fixer à jamais. Ils l'ont fixée du reste pour les esprits vraiment calmes et sages.

Sans renoncer assurément au secours de la méthode expérimentale, à laquelle une part doit toujours être faite, comme nous le dirons, ils constituèrent la nature, la dignité et la vie même de l'âme dans l'idée ou dans la vue intime du vrai, qui est encore l'image ou la participation de l'intelligence suprême, de ce Verbe divin, type infini de l'idée pure et principe générateur de la vie tout immatérielle des esprits. La condition première de la raison est donc la perception intellectuelle de la vérité en soi-même.

On eût pu s'arrêter là, Messieurs, et poser des bornes quant à ce point. Des spéculateurs ardents et inquiets ne le voulurent pas. L'idéalisme allemand naquit. Il se nomma d'abord la raison pure, puis la philosophie de la nature, puis le moi, l'absolu et enfin l'identité. Sous ce terme, Hégel est arrivé à reproduire le dernier degré de l'idéalisme oriental, le panthéisme de l'idée ou l'identification même du sujet pensant avec tout ce qu'il conçoit. Plus d'autre réalité, plus d'homme ni de Dieu, sinon l'idée concevant tout, créant tout et devenant ainsi la seule chose existante, si même elle existe.

Platon, Descartes, Mallebranche avaient du moins profondément respecté la réalité objective des choses, et reconnu aussi formellement l'existence du monde extérieur et sensible, tout en replaçant au sein même de l'idée le siége des vérités premières. Kant refusa toute réalité objective aux conceptions de la raison pure ; il n'y avait plus que des conséquences à tirer pour arriver à l'effrayant et absurde idéalisme de Hégel, qui absorbe tout, anéantit tout, l'idée même nécessairement et la raison comme le reste.

Tel est, Messieurs, le dernier fruit de la licence effrénée des opinions philosophiques. On a peine à imaginer qu'elle puisse aller au delà.

Des hommes qui ne manquèrent certainement ni de force ni d'étendue dans l'intelligence, se sont enfoncés à travers de ténébreuses abstractions. Méprisant les enseignements de la tradition, les travaux des vrais sages et toutes les données du sens commun, ils se sont enivrés de leurs propres pensées. L'orgueil de l'esprit et ses illusions, qu'ils se dissimulaient peut-être à eux-mêmes, les ont entraînés loin, bien loin du but; tout a vacillé devant eux, tout est devenu mouvant à leurs regards, leur vue troublée n'a rien aperçu de stable et de certain. Il n'est plus demeuré pour eux que la pensée, seule réalité, seul Dieu créateur et seul monde habitable. Nuit profonde où n'apparaissent plus que les sombres lueurs d'un rêve. Messieurs, vous le sentez bien : la foi, la foi était la terre de refuge et de salut; ces hommes n'avaient plus la foi : la pierre angulaire, le Christ permanent dans l'Église était transformé pour eux en vague phénomène, en évolution nécessaire de l'idée, pas autre chose.

Mais alors la vie véritable a fui de ces âmes; elles sont devenues comme des sceptres errants dans l'immensité sans aucun lien avec les êtres; et la fin de ces inqualifiables chimères ne saurait être que le désespoir dans une négation universelle et absolue.

Qu'il est donc nécessaire, Messieurs, de demeurer soigneusement en son bon sens, d'éviter les extrêmes, de ne pas ébranler toutes les bases, de chercher un lieu pour s'asseoir, et de fixer aussi dans de justes bornes la nature, les droits et l'action de la raison humaine! C'est ce que nous allons tâcher de faire, maintenant que nous avons résumé dans un tableau rapide les travaux philosophiques à cet égard.

II. P. Trois choses, Messieurs, je l'énoncerai franchement, trois choses suivant moi constituent la raison de l'homme, ou du moins en déterminent les droits : l'idée, l'expérience, le besoin d'autorité.

Si l'on ne veut reconnaître que les droits de l'idée, on risque de se perdre dans le gouffre des abstractions; si l'on s'en tient à l'expérience, on courbe la dignité de l'esprit sous le joug des sens; si l'on veut en tout l'autorité et la foi, on rend l'autorité et la foi impossibles pour la raison. C'est ce qu'il faut bien comprendre.

Trop généralement les philosophies scindent l'homme et le divisent violemment. Qu'on l'accepte tout entier avec sa vue intellectuelle, sa force expérimentale et son besoin de vérités divines et révélées, on aura la raison tout entière et toute la philosophie. Car c'est ainsi seulement que les desseins du Créateur sont remplis et la haute économie de nos facultés satisfaite : un exemple illustre va l'établir.

Lorsque Descartes voulut se rendre compte de la nature intime de l'intelligence, et prétendit recommencer méthodiquement toute la chaîne des connaissances humaines, il prononça le mot devenu si célèbre : Je pense, donc je suis. Il semble au reste qu'il aurait pu dire aussi bien : Je pense et je suis, ou bien j'existe et je pense. Car nous trouvons également au dedans de nous la conscience de notre pensée et de notre propre existence. Ces deux vérités sont évidentes au même degré pour la raison ; c'est presque par une seule et même perception de notre âme que nous connaissons et notre pensée et notre existence.

Par là nous comprenons, Messieurs, que pour avoir la notion vraie de la raison de l'homme, il faut unir sainement l'élément empirique et l'élément idéaliste, c'est-à-dire l'idée conçue et l'expérience sentie. Et c'est ce que signifient ces deux mots : Je pense, j'existe : expression, l'une du monde logique ou de la pensée, l'autre du monde sensible ou expérimental.

Ces deux éléments, l'idée et l'expérience, constituent donc à proprement parler tout le règne intelligent de l'âme, sa nature intime et le fonds même de notre raison. Aussi quand, dépouillés de tout préjugé, libres de toute préoccupation et de tout système, dans le calme et le silence, nous nous interrogeons nous-mêmes, quand nous voulons contempler le fond le plus intime de notre nature spirituelle, et retrouver ainsi la base et comme la raison constitutive de la raison même, nous rencontrons l'idée, l'idée indépendante des sens et qui n'a pu en venir. Telles sont les notions premières de l'être, du vrai, du bon, du juste, auxquelles on peut joindre l'amour nécessaire de la béatitude et le besoin d'agir pour une fin qui soit complète et dernière : notion plus ou moins précise, plus ou moins aperçue dans l'enfant et dans l'homme, mais qui dans tous constituent le fonds naturel et premier d'intelligence.

L'homme en ce sens est une idée créée, comme Dieu est une idée incréée; et la preuve, quant à nous, en est facile. On n'apprend rien à qui ne sait rien. Comment apprendre ce qu'on ne sait pas encore, disait de Maistre, si ce n'est en vertu de ce qu'on sait déjà ? Il faut nécessairement une idée pour acquérir une autre idée.

Remontez, remontez en effet autant que vous le pourrez; quel sera le point d'arrêt, la raison première de notre raison, sinon Dieu même, intelligence éternelle et infinie, qui éclaire tout homme venant en ce monde, suivant la parole de saint Jean, en lui donnant les idées premières? Ou bien si vous n'admettez pas ce principe, vous n'aurez que des effets sans cause, des résultats sans commencement et sans point de départ. Lire en soi-même ou comprendre, c'est donc, Messieurs, à vrai dire, retrouver l'intelligence et l'action divine qui se manifestent par les idées. Saint Augustin, dans son livre *de Magistro*, le pensa ainsi; hors de là point de vraie philosophie.

Mais notre âme est, Messieurs, une intelligence unie à des organes et à des sens susceptibles d'impressions; elle joint ainsi, à la vie intellectuelle de l'idée, le pouvoir de l'expérience ou la connaissance expérimentale.

Ainsi nous éprouvons le sentiment de notre propre existence, le sentiment de l'existence de notre corps et de l'existence d'autres corps; et cette expérience sensible, unie au fonds d'idées que nous portons en nous, est la source féconde des sciences qui s'appliquent à l'étude de la nature créée et visible.

Cependant, on doit en convenir, quelque idée préexiste toujours à l'expérience, comme l'agent préexiste à l'action, la lumière à la vue des objets.

Telle est donc, Messieurs, pour l'homme intelligent à la fois et sensible, le double élément constitutif de connaissance et de raison : l'idée et l'expérience.

Il faut aller plus avant, et pour mieux apprécier encore la nature de la raison et ses droits, il faut se rappeler que l'idée et l'expérience s'exercent l'une et l'autre soit par l'intuition, soit par le raisonnement. Ainsi il y a des vérités évidentes ou d'intuition, il y a des vérités de raisonnement ou de déduction ; et les unes et les autres, les vérités d'intuition et celles de déduction, se rencontrent également dans l'ordre idéal ou purement intellectuel, et dans l'ordre expérimental ou sensible. C'est là tout simplement, Messieurs, et sans système, que se trouve la force raisonnable de l'homme, dans une vue première et intuitive de la vérité, si elle est évidente par elle-même ; et, si elle ne l'est pas, dans l'étonnante et féconde faculté de la déduire de principes évidents ou antérieurement connus. En deux mots, l'évidence et le raisonnement, telle est notre vie intellectuelle : double et admirable puissance, qui, agissant tour à tour sur le domaine de l'idée et sur celui de l'expérience, régit le monde intérieur, que nous nommons la raison.

L'âme est un port d'où sortent et où rentrent mille vaisseaux explorateurs des terres inconnues; il faut bien un môle et un rivage d'où ils se dirigent au dehors, auquel ils reviennent et se rattachent. Sans quoi ce serait un voyage sans patrie, une fluctuation sans repos, ou plutôt ce serait le naufrage et la mort. Tel est le doute: voyage de l'âme dans l'océan des connaissances humaines, sans un lieu de départ ni de retour; et cela parce qu'on a rejeté les principes certains et premiers, les vérités premières et évidentes, qui sont le fonds même de l'âme, son port et son rivage fixes au milieu du mouvement incessant et périlleux des recherches intellectuelles; sans ces bases, il serait impossible de rien admettre de certain dans sa raison; elle serait alors l'œil qui n'a pas la faculté de voir, elle ne tiendrait jamais non plus un premier anneau de la chaîne qui doit s'unir aux autres anneaux. La raison alors ne pourrait pas même une première fois procéder du connu à l'inconnu, elle ne pourrait point apprendre ce qu'elle ne sait pas au moyen de ce qu'elle sait déjà, car elle ne saurait rien : ce qui est cependant l'unique voie, la voie logiquement nécessaire pour arriver à la possession de toute vérité.

Ainsi pensèrent, Messieurs, Platon, saint Augustin, saint Anselme, saint Thomas, Descartes, Mallebranche, Fénelon, Bossuet, Leibnitz.

Mais, direz-vous, on regarde comme évident

ce qui ne l'est pas, on se trompe sans cesse à cet égard.

Ah! Messieurs, il n'est que trop vrai, nous sommes souvent trompés ; mais c'est presque toujours que nous nous trompons nous-mêmes.

« D'où viennent nos erreurs? » demandait Fénelon. Et il répondait : « De la précipitation de nos jugements[1]. »

Saint Augustin et saint Thomas avaient reconnu aussi la même cause de nos tristes erreurs ; mais ils en ajoutaient une autre que l'âme de Fénelon avait eu peut-être plus de peine à énoncer : *Peccata animos fallunt*, disait saint Augustin : *Forte omnis qui errat, peccat*, disait saint Thomas ; ils ne supposaient donc guère tous les deux que l'erreur pût être entièrement exempte de culpabilité.

Mais pourquoi cela, Messieurs, pourquoi? C'est qu'on affirme là où il fallait s'abstenir et s'arrêter, jusqu'à ce que la vérité mûrement cherchée nous apparût manifeste, ou décidément obscure et inconnue. Et très-peu d'hommes savent s'arrêter et s'abstenir à propos : voilà d'où viennent tant d'erreurs.

Au reste, quant aux moyens d'éviter l'erreur,

---

[1] *Christianisme présenté*, etc., t. I, p. 215.

j'en parlerai dans la prochaine conférence, où je traiterai des devoirs de la raison : en ce moment je ne veux que rétablir ses droits véritables. Le premier des droits de la raison, je le reconnais, est l'évidence ; et son pouvoir fondamental est l'intuition soit intellectuelle, soit sensible : foyer divin d'où jaillissent à la fois les flammes du génie et ses lumières paisibles, nos guides nécessaires et ordinaires dans la vie intelligente et pratique.

Un second droit naturel de la raison est le droit de raisonner et de déduire.

L'ancre a été jetée, le fond reconnu certain. Mais bientôt on lève l'ancre de nouveau, on s'élance à la conquête de terres nouvelles ; on reviendra jeter l'ancre au port. Ainsi une vérité est admise, elle est certaine ; elle repose au fond de l'âme. On part, on avance avec prudence, on rencontre de nouvelles idées : elles ne sont pas évidentes. On les compare aux premières : elles s'accordent, conviennent et s'identifient avec ces principes évidemment connus ; on les admet sûrement.

Tel est, Messieurs, le raisonnement même, dans toute sa force et sa simplicité.

Il procède logiquement du connu à l'inconnu, et ne peut déduire ou conclure définitivement une vérité que lorsque sa convenance parfaite avec une autre vérité connue a été évidemment et clairement perçue.

La science, Messieurs, n'est pas autre chose.

Avancez donc avec courage, ô vous zélés propagateurs de la science, vous avez dans l'idée conçue un principe évident, ou bien dans l'observation et l'expérience un fait certain. Vous avez le point d'appui et de départ.

Les vastes champs de l'inconnu vous sont ouverts. Vous pouvez appeler à vous les êtres innombrables qu'ils renferment. Mais bien rarement ces êtres nouveaux vous seront manifestés par eux-mêmes. Vous rapprocherez, vous comparerez, vous constaterez une merveilleuse et divine convenance entre ces objets et les vérités déjà acquises; alors vous pourrez juger, et vous saurez, vous connaîtrez.

Telle est la science, tel est le légitime emploi des nobles facultés de l'âme, telle est la force et le pouvoir de déduction qu'elle possède. Elle déduit les vérités nouvelles des vérités anciennes et certaines par les rapports communs entre elles, et forme ainsi la chaîne admirable des connaissances humaines, qui se déroule devant nous avec ses indissolubles anneaux.

Honneur, Messieurs, à la raison quand elle sait chaque jour ajouter à ses conquêtes! Elle remplit la mission que le Ciel lui donna sur la terre; elle use ainsi légitimement de son droit, du droit de raisonner et de déduire.

Mais qu'arrive-t-il donc? La raison cherche, elle avance, elle franchit les espaces. Tout à coup sa vue s'obscurcit, sa vigueur s'arrête; elle chancelle comme l'homme ivre, elle se débat en vain dans les ténèbres.

Messieurs, loin de la portée, loin de l'œil intelligent de l'âme, hors de la limite de ses idées et de son expérience naturelles, s'étendent encore les immenses régions de la vérité. Car il y a par delà encore l'invisible, il y a l'incompréhensible, et nous n'en pouvons douter. Dieu avec son essence intime habite la lumière inaccessible, et il faut bien connaître Dieu. Il y a aussi loin de nous, et dans un ordre tout humain, les lieux, les faits et les temps écoulés.

Mais pour nous en tenir à la connaissance de Dieu, après certaines notions rationnelles sur la Divinité, ni l'intuition ni la déduction ne peuvent plus nous servir. Car il s'agit de pénétrer les profondeurs de l'infini et de mesurer l'éternité. Nous ne comprenons pas, nous ne voyons pas, nous n'avons plus le secours immédiat de l'idée et de l'expérience. Qui viendra donc à notre aide?

Messieurs, nous avons alors la foi pour avancer

encore : la foi, don du Seigneur et glorieuse extension de la raison, source abondante de connaissances assurées, et dont la sublime prérogative est de rendre certain l'incompréhensible et l'invisible, suivant le mot de saint Paul : *Argumentum non apparentium*.

La foi, sachez-le donc, ajoute à la raison, bien loin de la restreindre; elle donne à la raison ce que la raison n'a pas, ne peut pas avoir par elle-même.

L'évidence et le raisonnement ont cessé; ils ont rencontré leurs limites. La foi commence, elle est un besoin placé dans la nature même intelligente par son auteur. Devant la pensée de Dieu et des choses divines, en présence de l'infini, que la raison recule, c'est faiblesse; qu'elle avance, elle s'égare. Mais si elle saisit l'autorité, l'autorité divine elle-même, qui s'est démontrée à l'homme et qui fonde la foi, l'homme alors marche d'un pas assuré à sa conquête et parcourt en vainqueur les régions invisibles.

Vous ne croyez pas, et peut-être que vous avez en pitié ceux qui croient. Prenez garde. Croyants, nous avons comme vous la raison, comme vous et avec elle, nous allons jusqu'à ses limites; nous admettons tout ce qu'elle admet.

Mais là où vous vous arrêtez, nous avançons;

là où vous vous épuisez en vain, nous possédons, maîtres paisibles ; là où vous balbutiez, nous affirmons ; là où vous doutez, nous croyons ; où vous languissez incertains et malheureux, nous triomphons et nous régnons heureux.

Mais la foi s'applique au mystère, vraiment oui ; et là même est sa grandeur et sa dignité. La raison s'applique à l'intelligible ou au visible ; mais la foi, Messieurs, ajoute à la raison ce que la raison n'a pas ; elle apporte des convictions certaines et fécondes sur l'incompréhensible même, sur Dieu et les choses divines ; et néanmoins la foi, distincte de la raison, laisse la raison exercer librement son empire dans tout ce qui peut avoir pour appui naturel de certitude l'idée ou l'expérience, pour moyen naturel de connaissance l'évidence et le raisonnement. La foi s'appuie sur l'autorité comme motif de croire, mais la raison ne peut et ne doit croire qu'en présence d'une autorité raisonnablement acceptable et certaine. Nous en convenons assurément, et nous l'avons mille fois rappelé.

Telle est, Messieurs, fort en abrégé mais suffisante, l'économie de nos connaissances, de notre nature intelligente et de ses droits. Trois états ou trois espèces de connaissance et d'affirmation : l'évidence, le raisonnement, la foi ; trois voies ou moyens qui nous conduisent à la connaissance certaine : l'idée, l'expérience, l'autorité ; et c'est tout l'homme intelligent. Il fallait rétablir des notions saines et succinctes à cet égard.

La prochaine conférence rapprochera les devoirs de la raison de sa nature et de ses droits, et montrera ainsi la foi catholique souverainement conforme à toutes les exigences raisonnables de l'esprit humain.

Il y a donc véritablement, Messieurs, en l'homme de nobles et grandes facultés, que la main libérale du Créateur lui départit, et qu'il ne voulut jamais retirer ou enchaîner après les avoir données. Aussi la religion divine apportée à la terre par Jésus-Christ se réjouit-elle des glorieux efforts du génie et de la science humaine, qui toujours, quand ils s'exercent dans un ordre légitime et naturel, assurent le triomphe des vérités révélées, science de Dieu même et couronnement de l'intelligence de l'homme.

La foi qui nous soumet à la parole divine ne fait que nous délivrer de ténèbres et d'incertitudes infranchissables à toutes les forces de la raison ; et quand Dieu, sa nature et ses décrets éternels sont ainsi fixés par la vérité même suprême et infaillible, quand la foi est en possession paisible de son domaine, alors notre intelligence peut sûrement parcourir, sonder, mesurer ce monde immense généreusement laissé à ses libres investigations; soit que, recueillie en elle-même, elle contemple sa vie intime et le fonds précieux de vérités spirituelles et pures qu'elle nourrit, cherchant ainsi à pénétrer les principes premiers et l'essence même des choses; soit que, reportant ses regards sur l'univers visible, la raison en étudie les phénomènes, en découvre les lois et saisisse au milieu du torrent des faits la haute économie du gouvernement du monde. L'homme intelligent est libre et grand à côté de la foi, ou plutôt sous ses influences tutélaires; ce sont des rayons partis du même foyer de lumière qui l'éclairent toujours. Mais qu'arrivée aux mystères divins, domaine exclusif de la foi, la raison sache les respecter pour ne point tomber dans les abîmes. Ainsi ses droits demeurent et ses devoirs sont remplis; ainsi elle règne par son obéissance même aux lois de sa nature : elle grandit et s'élève dans la science véritable; parce qu'au développement de toutes ses forces elle sait joindre le respect de ses limites, et mérite ainsi de s'unir à la lumière et à la gloire divines.

QUINZIÈME CONFÉRENCE

LES DEVOIRS DE LA RAISON

QUINZIÈME CONFÉRENCE

LES DEVOIRS DE LA RAISON

Monseigneur,

On en conviendra aisément, entre les sciences diverses auxquelles l'esprit de l'homme peut être ici-bas appliqué, l'une des premières par son importance et sa dignité est la connaissance même de la raison, de sa nature et de ses droits. Un grave intérêt s'attache à cette application intérieure, qui pénétrant le fond de l'âme, y retrouve et y contemple la vie intellectuelle avec ses nobles facultés, image et don glorieux du Créateur. Au sein d'un paisible loisir on aime à se rendre compte de cette action mystérieuse et divine, qui nous éclaire et nous dirige dans la recherche de la vérité.

L'idée spirituelle et pure, âme de notre âme et vue première de notre intelligence, est une sorte d'émanation de l'intelligence souveraine et la participation commencée de ce foyer infini de lumière, qui seul peut communiquer à l'homme la claire connaissance des choses. Ainsi la raison voit-elle directement un certain nombre de vérités, sans qu'on puisse leur assigner d'autre source que l'Être divin en qui nous avons nous-mêmes l'être, le mouvement et la vie; la vie surtout de l'intelligence et de la pensée, qui constitue la dignité de notre nature.

L'intuition et l'idée primitive sont donc le point de départ; et parce qu'elles sont circonscrites et bornées, nous devons avancer par la voie de l'expérience et par le travail du raisonnement. Nous constatons alors les faits intérieurs de l'âme et l'évidence qu'elle possède; nous constatons les faits et les objets extérieurs qui composent le monde visible et qui frappent nos sens; et sans jamais quitter le fonds régulateur des premiers principes, comparant avec eux, mesurant par eux ce que nous découvrons, nous arrivons à déduire et à conclure de ces principes des vérités et des jugements nouveaux. Vaste champ de la science et de la nature où la raison exerce ibrement ses droits et son pouvoir.

Tant que la raison demeure dans cette sphère de connaissances naturelles, qui lui appartient en propre, et pourvu qu'elle garde les lois rigoureuses de la déduction ou de l'expérience, la foi n'a rien à prétendre sur la raison. Mais quand il ne s'agit plus de l'intelligible ni du visible, quand nous ne pouvons plus voir ni comprendre, alors notre esprit trouve encore en lui-même une sorte de faculté et une sorte d'aptitude pour atteindre même l'invisible et l'incompréhensible par le moyen d'une autorité acceptable et certaine: c'est la faculté de croire, ou d'admettre une vérité par le motif d'autorité. Car, ne l'oublions pas, Messieurs, ce pouvoir de croire ou l'aptitude pour la foi est ici-bas une richesse et une force de l'âme, un don glorieux du Seigneur, puisque la foi ajoute à la raison ce que la raison n'a pas.

L'âme peut donc compter la foi parmi ses droits et ses puissances véritables. Par une destination spéciale et bienveillante, le Créateur a disposé l'âme pour la foi. C'est-à-dire que même naturellement l'âme a un incontestable besoin d'autorité; elle en réclame l'appui et le motif pour croire certainement une foule de choses, qu'elle ne voit ni ne comprend, et qu'il lui est souverainement nécessaire d'atteindre et de connaître, par exemple les faits du passé et les décrets divins. Elle est ici-bas l'enfant qui a besoin de soutien pour marcher.

Sans que je vous le dise, vous avez tous ajouté,

Messieurs, que pour la foi surnaturelle en la révélation, la grâce divine est absolument requise ; car il s'agit alors d'une aptitude et d'un acte supérieurs à toutes les forces de la nature. Mais il n'en est pas moins vrai, parlant en général, qu'au nombre des facultés et des puissances de l'âme, il en est une qu'on peut nommer la faculté de croire, et qui se manifeste en nous par un intime besoin d'autorité. Ainsi la foi, bien loin d'être contraire à la nature et à la raison, leur est parfaitement conforme ; elle est fondée sur les conditions constitutives de notre être naturel et social. Par exemple, sans autorité ou foi humaine pour admettre un passé, nous ne saurions vivre ni de la vie de famille ni de la vie de société, que les temps écoulés nous transmettent seuls ; nous ne saurions non plus profiter des trésors de l'expérience acquise avant nous ou loin de nous.

Tel fut, Messieurs, l'objet de notre première conférence. Elle tendait à vous rappeler la nature et les droits de la raison ; trois mots peuvent les résumer : l'idée, l'expérience, l'autorité. Trois actes ou fonctions de l'âme y correspondent : l'intuition, la déduction et la foi. A cet égard désormais nous nous serons suffisamment entendus, je l'espère.

Mais si les forces et l'étendue naturelles de la

raison lui assurent des droits, ses limites nécessaires lui imposent des devoirs. Vous parler des devoirs de la raison humaine et de la philosophie, surtout par rapport à la question religieuse, est aujourd'hui mon dessein. Le sujet mérite, Messieurs, votre attention. Cette conférence traitera donc des devoirs de la raison philosophiquement et religieusement envisagés.

1. P. Messieurs, tout pouvoir a des devoirs à remplir, et la raison est un pouvoir.

Le pouvoir sans devoirs n'est que despotisme et tyrannie; et toute tyrannie finit par l'abjection et la servitude.

Il en est ainsi de la raison : sans devoirs reconnus et remplis elle est un tyran insupportable et devient bientôt un esclave abject. Ses devoirs seuls sauvent ses droits, son honneur, sa liberté. Quels sont ces devoirs?

Le premier est l'étude.

L'étude! que ce nom rappelle à la fois, Messieurs, de souffrances pénibles et de douces jouissances; et qu'une vie studieuse mérite bien du Seigneur, autant que la culture des champs, une abondante moisson! Mais combien n'y a-t-il pas d'hommes qui après les premières années de la jeunesse demeurent totalement étrangers aux lois sacrées d'une étude attentive! Une incroyable légèreté, une indéfinissable nonchalance arrêtent et paralysent trop souvent la séve des talents les plus généreux. Il y a très-peu d'esprits studieusement attentifs dans le monde, très-peu : et la vérité souffre, la raison déchoit et s'affaiblit, la religion elle-même languit ou s'exile, parce que la raison a violé son premier devoir.

Fénelon l'avait remarqué avec une justesse profonde : « On manque encore plus de raison sur la terre que de religion, » disait-il; et il ajoutait : « Très-peu d'hommes peuvent suivre leur raison jusqu'au bout. » De là, Messieurs, tant d'erreurs et tant de maux. La jeunesse qui m'écoute n'a pas besoin, je l'espère, de mes sollicitations pressantes pour accepter les lois et pour embrasser les travaux courageux de l'étude qui développent sûrement la raison. Elle sent assez tout ce que la religion et la patrie ont droit d'attendre. Malheur à ceux d'entre vous, Messieurs, que l'avenir trouvera dépourvus de connaissances fortes et véritables! Plus que jamais vous devez vous efforcer de les acquérir.

Loin de nous donc la pensée que dans le voyage qui nous est imposé avec l'existence, pour arriver à la possession du vrai et du bien et pour remplir les desseins de la Providence, nous puissions retrancher les labeurs de l'étude! Non, non; et c'est afin de seconder votre courage, afin de servir vos intérêts les plus chers que je viens en ce moment caractériser devant vous une double et importante qualité de l'étude appliquée à la philosophie et à la religion.

Je parlerai tout à l'heure du devoir dont l'accomplissement doit féconder avec l'étude la lumière intérieure et pure de l'idée; ici, Messieurs, je veux vous dire que l'étude attentive doit surtout joindre à l'idée pure les données positives de l'expérience. Je voudrais donc une étude fortement appuyée sur l'expérience, et cheminant ainsi à travers les enseignements et les faits du monde extérieur et sensible avec confiance à la fois et défiance; je m'explique :

Avec une confiance forte qui accepte courageusement toute la réalité constatée des choses; avec une sage défiance qui se garde des illusions et de l'appesantissement causés par la matière et les sens.

Oui, il faut dans l'étude une confiance forte et saine qui s'appuie sur des réalités et sur l'expérience. Vraiment il semble quelquefois qu'au nom de la philosophie et de la raison on ne veuille plus qu'un monde idéal, quand d'un autre côté cependant on ne s'attache guère qu'aux intérêts matériels. Un idéalisme abusif, réaction extrême du spiritualisme, occupe les hautes régions de l'empire philosophique, et dédaigne de descendre dans le monde expérimental et sensible des faits. L'idée règne en maîtresse dans certains esprits; et idolâtre d'elle-même elle a réduit au moi pensant l'être, la substance; le fini, l'infini, la création et Dieu. On croit raisonner ainsi, on a cessé même de penser.

L'expérience, l'expérience doit être ressaisie d'une main ferme : et surtout, quand il s'agit de la manifestation des vérités religieuses, l'action courageuse de l'étude doit se reporter sur les inébranlables bases des faits sensibles et s'y reposer avec confiance; autrement tout périt, même le sens commun. Voilà cette première et importante qualité de l'étude dont je voulais parler.

Ainsi, pour choisir un grave exemple de la confiance forte et saine qui doit caractériser une étude vraiment philosophique de la religion, comment faut-il juger de la nature des faits évangéliques? Je ne parle pas ici de l'autorité du témoignage qui transmet ces faits; je parle d'un autre devoir de l'étude sérieuse qui consiste certainement à se former d'abord une notion juste des faits évangéliques tels qu'ils sont proposés, sauf à constater ensuite leur indestructible authenticité.

Or ces faits se présentent à nous comme exclusivement placés dans le domaine de l'expérience. Ils y sont, si vous le voulez, comme dans le champ clos du débat; et pour s'en convaincre il suffit d'ouvrir l'Évangile : ce sont des faits racontés, c'est une histoire.

Les témoins de ces faits existent-ils? Leur témoignage est-il certain et certainement transmis jusqu'à nous? C'est une question à part que je ne traite pas en ce moment. Mais ce que je veux dire, c'est que tous les faits évangéliques par leur simple énoncé, par leur nature même, s'ils se sont passés réellement, sont du domaine propre de l'expérience, non de l'idée ou de la théorie pure; c'est qu'ils ont dû frapper nécessairement tous les sens de ceux qui en furent les témoins; c'est que ces faits par tous leurs éléments constitutifs appelèrent une constatation facile, répétée, commune et tout expérimentale. Leur condition de faits, et la nature de l'âme qui perçoit les faits par une expérience sensible, journalière et irréfragable, commandent donc impérieusement d'asseoir avant tout leur étude sur les données les plus assurées de l'observation et de la sensibilité.

Qu'arrive-t-il, Messieurs? Veuillez bien l'entendre : Au lieu de procéder ainsi consciencieusement par des considérations appuyées sur l'ordre expérimental, et sans daigner même se souvenir qu'il s'agit de faits, sans daigner poser devant soi la seule et vraie question : Ces faits, que sont-ils? on oublie tout pour se jeter à l'aventure dans les champs de l'idéalisme et des théories, pour se nourrir de je ne sais quelles spéculations qu'on croira transcendantes, mais qui sont uniquement vagues, uniquement arbitraires et gratuites. Ce sont des faits qui sont énoncés, ils s'adressent évidemment à la connaissance expérimentale; jugez-les comme des faits, comme vous jugez à chaque heure les faits sensibles de votre vie. On ne le veut pas ; on prétend ne reconnaître que les droits de la raison, on méconnaît son droit et son devoir le plus certain, l'expérience et l'étude appuyée sur l'expérience. On construit *à priori* le christianisme, la religion, son développement progressif, son histoire. Non, non, ce n'est point là une noble et fidèle étude du vrai. Ah! Messieurs, serait-ce qu'on a peur de croire? Peut-être.

Mais si l'étude doit fortement s'appuyer sur l'expérience, et sous ce rapport être sainement confiante, elle doit aussi sous un autre rapport appeler à son aide une juste défiance.

Étudier les faits avec une forte confiance dans les données positives de l'expérience, est un devoir évident, irrécusable. Une prudente défiance, loin de le détruire, le confirme et le sanctionne.

Messieurs, l'erreur ne vient pas de la raison elle-même, qui est en soi une vue intérieure de la vérité. Ce qui n'est pas ne peut pas être vu : le faux est ce qui n'est pas; la raison ne voit donc pas le faux. Elle ne peut pas l'affirmer en elle-même, et l'erreur est l'affirmation du faux. L'erreur consiste donc surtout, faut-il dire avec Mallebranche, « dans un consentement de la volonté, qui a plus d'étendue que la perception de l'entendement, puisqu'on ne se tromperait point si l'on ne jugeait simplement que de ce que l'on voit[1]. »

Une volonté impatiente des bornes de l'intelligence, impatiente du joug de la réflexion, rebelle au temps et au travail que demande la connaissance de la vérité; la volonté ainsi disposée embrasse des lueurs trompeuses et se précipite dans des routes hasardées; l'orgueil l'y retient ensuite. Voilà l'erreur.

Il y a une effrayante mobilité dans l'esprit humain, une immense répugnance pour les méditations attentives; cependant on affirme hardiment, on ne juge pas.

Une foule de préjugés, d'habitudes, d'inclinations, de préoccupations, et la paresse d'esprit

---

[1] Mallebranche, *Recherche de la vérité*, liv. 1, c. IV, t. I, p. 36. Paris, 1772.

jointe à son orgueil, nous suivent, nous remplissent, nous tyrannisent à notre insu depuis l'enfance ; l'éducation n'en délivre pas. Nous voyons toujours malgré nous beaucoup de choses à travers ces impressions abusives des premières années, et nous affirmons ainsi. Qu'il y a, Messieurs, peu de raisons épurées et véritablement affranchies !

Enfin toutes les passions assiégent notre pauvre cœur, courbent notre liberté, et avec elle asservissent honteusement l'intelligence.

Le philosophe grec comparait ces tristes et grossières influences à un torrent qui déborde et inonde l'âme, ou bien encore à des clous qui l'arrêtent et la fixent dans les illusions et les penchants mauvais [1].

Telle est l'erreur. Il faut donc, Messieurs, une défiance prudente. Mais de quoi se défier? Des vérités premières et éternelles, inséparables de l'âme? Non. De l'expérience constante des faits ou des objets sensibles? Non. De notre orgueil, de notre précipitation, de nos préjugés, de notre ignorance, de nos passions et de nos illusions intéressées? Oui ; à la bonne heure, il faut s'en défier.

---

[1] V. Dacier, Œuvres de Platon, 2 vol. in-12. Paris, Anisson, 1699. Vie de Platon, t. I, p. 140. Ibid., t. II, p. 230. Phedon, versus med.

Mais comment se garantir de tous ces maux? Quelle est cette étude sagement défiante? Messieurs, nos erreurs viennent de notre cœur. Que la volonté soit droite et pure, qu'elle affirme moins, qu'elle s'arrête et s'abstienne beaucoup plus. Et puis?... Et puis encore qu'elle tourne vers la lumière incréée et infinie son énergie et son courage. Alors la raison redeviendra elle-même, c'est-à-dire qu'elle retrouvera le rayon céleste dégagé des nuages. Confiante à la fois et défiante dans ses recherches, la raison dira ce qu'elle voit, ce qui est constant; et devant ce qu'elle ne voit pas, elle dira : J'ignore; et elle le dira souvent, mais sans rougir.

Le christianisme aurait ainsi, Messieurs, de meilleurs juges. Ne craignons pas de l'avancer : sans les chaînes pesantes et trop souvent volontaires des préjugés et des passions, nous ne connaîtrions que la sainte liberté des enfants de Dieu et de l'Église, et le grand jour de la vérité se lèverait pour toutes les intelligences.

Messieurs, ne l'oubliez jamais et tâchez de bien comprendre le devoir tout entier, le grand et religieux devoir de l'étude. Trois conditions essentielles pour le remplir : une juste confiance dans les données de l'expérience, une défiance vraie des illusions, des préjugés et des passions, une volonté droite et pure qui se dirige courageusement vers Dieu.

A ces conditions de l'étude nous pourrions, si le temps le permettait, joindre un autre grave devoir de l'esprit humain : le respect dans la recherche de la vérité.

On a exprimé noblement une admirable loi quand on a dit : L'Église catholique est la plus grande école de respect. On n'en pourrait pas dire autant de la philosophie antichrétienne ; elle ne sait pas le respect.

Un orgueil intolérable, une inqualifiable présomption la pousse quelquefois jusqu'à penser que tout est encore à créer, tout, en philosophie et en religion ; et c'est un langage hautement avoué de nos jours. Rien donc n'a été fait encore? Non, rien.

Pygmée aux plus petites proportions, l'homme semble vouloir recommencer le monde, le monde même religieux, que tant d'intelligences puissantes, tant de génies merveilleux, il y a déjà longtemps, se sont accordés à respecter et à reconnaître comme consommé pour jamais.

Mais en vérité, devant cette majestueuse chaîne de siècles et de témoins, devant cette nuée de héros, de bienfaiteurs des peuples qui environne l'Église de tant d'éclat, il faudrait au moins le respect, le respect pour l'action d'une Providence attentive qui dut aussi dans les siècles écoulés enseigner l'humanité.

Il faudrait aborder avec respect ces antiques monuments de la tradition, où l'Église habite et demeure, pour ainsi parler. Il faudrait les étudier avec le respect de Dieu et de ses droits, qui veut et qui peut apparemment régner sur l'homme par l'autorité de ses enseignements et de ses lois; avec le respect pour l'homme, pour nos semblables, qui ont leurs droits aussi, leur langage, et qui possèdent en commun avec nous l'héritage de la vérité. Pourquoi donc s'isoler et s'enivrer de ses propres pensées? Avec le respect enfin pour soi-même, pour l'honneur de l'intelligence et de la dignité personnelle, que rabaissent si étrangement les folles présomptions et l'exaltation délirante des passions et des sens. Guerre violente, entretenue sans cesse au dedans de nous par nous-mêmes contre la vérité, contre la foi; ténèbres agitées où l'orgueil se débat, souffle, et violant toutes les lois de la justice et du respect envers l'homme et envers son âme, la livre et la rabaisse sous le joug dégradant des penchants mauvais.

La chair opprime alors l'esprit, c'est par l'orgueil qu'elle règne; elle est soumise par le respect que l'homme garde envers lui-même, quand incliné devant la majesté divine, il en vénère dans son âme l'image et le pouvoir. Il est ainsi averti tout à la fois de sa dignité, de sa faiblesse, du profond besoin d'un guide et d'une autorité suprême.

L'étude, le respect, le temps me forcent d'abréger. Un troisième et dernier devoir me reste à exposer.

II. P. Il faut bien, Messieurs, qu'il y ait eu un renversement étrange de l'ordre dans les idées de l'homme, puisque l'on semble affecter le paradoxe quand on prononce que pour la recherche et la conservation de la vérité, le devoir de l'âme est de remonter à son divin principe et de se mettre en rapport avec la vérité souveraine et infinie? Car c'est là le grave devoir que je viens vous rappeler.

Si notre esprit est trop souvent assailli de pensées vaines, troublé par mille distractions, agité par les passions du cœur; si la plupart des hommes éprouvent une si grande difficulté pour se fixer et se rendre attentifs; si les préjugés, si l'ignorance et la mollesse semblent imposés comme un joug à notre pauvre nature, comment ne pas songer que la pensée de Dieu replacée dans notre intelligence et la parole humblement adressée à ce Verbe divin, source et type de toute science et de toute sagesse, sont le plus sûr moyen de recueillir notre âme, de l'apaiser, de la fixer, de l'affranchir?

Pour entrer dans la région de la vérité et habiter au sein de sa pure lumière, pour y ramener et y maintenir fidèlement la raison, il est hors de doute qu'un secours puissant nous est nécessaire. Et à qui donc le demander, sinon à Celui qui nous créa pour le vrai en même temps que pour le bien? Dans cet humble et ardent amour de la vérité, amour qui invoque et qui prie, nous nous élevons, enfants des cieux, au-dessus des entraves et du bruit de cette terre; nous saisissons avec la conscience de nos immenses besoins l'occupation la plus pure, la plus grave, la plus sage et la plus forte, celle qui consiste à nous rapprocher de la vérité même souveraine et infinie. Nous pouvons ainsi retrouver, par une sorte de communication divine, le calme et l'attention réfléchie, attention qui est le regard tourné vers Dieu dont parlait Bossuet.

Il est bien triste, Messieurs, d'avoir à le dire en présence de la philosophie moderne : la philosophie païenne, au milieu de ses folles déviations, savait retrouver quelquefois du moins l'instinct religieux de sa mission, et ce qu'on pourrait appeler le devoir logique de l'invocation et du désir de l'âme qui soupire après la vérité. La philosophie orientale le proclama bien haut, tout en abusant étrangement de ces rapports à maintenir et à perfectionner entre l'âme et Dieu. Platon emploie un de ses dialogues, le *second Alcibiade* en entier, à recommander la prière comme le moyen philosophiquement nécessaire pour arriver à la possession de la vérité, non moins qu'à la possession de la vertu. Et dans un autre de ses dialogues intitulé *le Théatète*, le portrait religieux qu'il trace du philosophe doit nous faire rougir, si nous ne savons nous-mêmes nous unir à Dieu par une religion sincère.

Les philosophes vraiment chrétiens, ceux au nom desquels est attachée la gloire la plus belle et la plus pure, n'eurent garde de méconnaître ce premier devoir de la raison. Saint Augustin sut allier un esprit éminemment philosophique au cœur le plus tendre et le plus religieux. Dans plusieurs de ses ouvrages il définit profondément et détermine les conditions nécessaires pour la recherche et le maintien de la vérité. Voici quelques-unes de ses paroles : « Si la sagesse, dit-il dans le livre *De Moribus Ecclesiæ*[1], si la sagesse et la vérité ne sont point désirées de toutes les forces

---

[1] S. Aug., *De Moribus Ecclesiæ*, lib. I, § 31 et 32, édit. Bened., p. 699, B, t. I.

de l'âme, on ne saurait les trouver en aucune manière. Mais si l'on cherche comme il convient, alors la vérité ne peut point se soustraire et se cacher à ceux qui l'aiment... Demandez, et vous recevrez ; cherchez, et vous trouverez ; frappez, on vous ouvrira... C'est par l'amour qu'on demande, par l'amour qu'on cherche, par l'amour qu'on frappe : *Amore petitur, amore quæritur, amore pulsatur... Invocavi, et venit in me spiritus sapientiæ* [1]. »

Tel est, Messieurs, cet amour qui éclaire, parce qu'il invoque et désire la vérité. Amour de la lumière, il y conduit, il la donne, parce que Dieu ne se laissa jamais chercher en vain.

Saint Augustin, encore dans l'ouvrage *De Vera Religione* [2], trace éloquemment le devoir du sage. « Ne va pas au dehors, rentre au dedans de toi-même. C'est dans l'homme intérieur qu'habite la vérité ; et si tu y rencontres ta nature changeante et incertaine, passe plus loin, franchis les limites de ton être..., pénètre jusqu'au foyer de l'intelligence divine, où s'allume la lumière de la raison..., pénètre jusqu'à cette lumière véritable qui éclaire tout homme venant en ce monde. » *Noli foras ire, in teipsum redi, in interiore homine*

---

[1] Matth., VII, 7. Sap. VI, 13 et seqq. Sap., VII.
[2] S. Aug., *De Vera Relig.*, n. 72, 73, t. I, p. 773. E.

habitat veritas; et si tuam naturam mutabilem inveneris, transcende et teipsum... Illuc ergo tende, unde ipsum lumen rationis accenditur..., lumen verum quod illuminat omnem hominem venientem in hunc mundum.

Grande et noble philosophie du vrai que recueillit comme l'héritage du maître, le génie si juste, si profond et si calme de saint Thomas. Messieurs, quand j'ai nommé cette admirable gloire de l'ordre de Saint-Dominique et de l'Église, j'ai nommé celui qui me fut donné pour maître et pour guide. Et mon cœur retrouve encore avec bonheur dans cette grande et religieuse famille un illustre ami, un frère véritable, qui me précéda dans cette chaire, et auquel j'associerai toujours avec joie ma parole et mes travaux.

« Pour la connaissance de la vérité, disait simplement saint Thomas, la prière est nécessaire. » *Ad cognitionem veritatis..., necessaria est oratio.* Nécessaire pour arracher l'homme aux basses ténèbres de la terre et le porter jusque parmi les splendeurs des cieux.

Bossuet, d'accord en ce point avec Descartes et Mallebranche, explique admirablement, dans son *Traité de la Connaissance de Dieu et de soi-même*, la génération de la vérité en nous. « La connaissance de la vérité, dit-il, ne nous vient pas des objets extérieurs, si ce n'est occasionnellement, car ils sont sans action sur nous : l'âme est indépendante, et d'ailleurs les notions fausses arrivent trop souvent par les sens. D'où vient donc la vérité? De la vérité même..., de Dieu. Ainsi l'âme, pour concevoir la notion du vrai, se tourne vers Dieu par une volonté droite ; Dieu se montre alors; il nous montre la vérité, autant du moins qu'il veut paraître [1]... »

Relisez, Messieurs, je vous en conjure, le chapitre IV de la *Connaissance de Dieu et de soi-même*, par Bossuet. Il vous fera bien comprendre le grand devoir de la philosophie et de la raison : je veux dire ce désir, cette invocation sincère qui tourne les regards de notre âme vers Dieu, vérité souveraine et infinie.

Et ne croyez pas que je veuille traiter ici seulement d'une convenance morale et d'une pratique religieuse; si cela était, je le dirais. Mais non, Messieurs, je veux établir la nécessité profondément philosophique de ce devoir pour éclairer et diriger la raison.

Il y a une sorte d'attention fausse, compagne d'une imagination abusée, qui négligeant le positif des choses s'applique à de vaines illusions,

---

[1] Bossuet, *Connaissance de Dieu et de soi-même*, c. IV, § 9 et 10.

aime à se bercer de chimères, semble se créer tout un monde fantastique. On pourrait donner à cette disposition le nom de maladie du rêve. En philosophie, par exemple, on parlera une langue vraiment inconcevable; on se nourrira de spéculations exagérées; on produira un ordre d'idées forcées, inintelligibles; ou, si l'on s'entend encore soi-même, si l'on exprime ainsi une doctrine, ce sera celle de l'absolu, de la substance unique plus ou moins déguisée, et dont les diverses pensées des hommes ne sont que des formes passagères : ce sera donc le panthéisme de l'idée, affreux chaos et désorganisation morale de l'homme la plus avancée qui fut peut-être jamais.

Si, pour se préparer aux conceptions réglées et sages, on daignait se tourner vers Dieu, l'invoquer, comme la nature même l'inspire à tous les hommes, je ne sais trop, mais je doute que l'on rencontrât encore la théorie de l'absolu, du moi, ou de l'identité; je crois plutôt qu'on rencontrerait un avertissement salutaire et un guide intérieur qui ramèneraient aux vérités premières, simples autant qu'essentielles.

Au milieu des oscillations du temps et du vague des pensées, il faut une force puissante pour se renfermer dans le positif et le réel des choses :

sans la garde de la pensée de Dieu et du désir tourné vers lui, notre âme est le camp ouvert aux incursions dévastatrices de l'ennemi.

Car enfin l'objet principal de toutes les erreurs est Dieu même, l'incompréhensible, l'infini. La raison s'épuise à chercher la notion absolue de l'être qui est Dieu, hors des données positives et sûres. On fuit les routes battues; on affirme impertinemment ce qu'on ne comprend pas du tout : que faut-il, même en restant dans les limites de la philosophie naturelle? Il faut, Messieurs, le désir, l'amour de la vérité, ce désir qui invoque et qui prie.

Dieu est, il vit, pense, agit au fond de notre âme. Il n'est certainement pas notre intelligence substantielle, comme le délire allemand osa l'avancer; mais Dieu est en nous la source et la cause toujours présente de l'intelligence et de la vérité.

« Approchez-vous de lui, et vous serez éclairés. » *Accedite ad eum, et illuminamini*, disait le prophète [1]. Cette disposition est le mouvement intérieur qui nous porte vers Dieu et sa lumière. On retrouve alors, suivant l'expression d'un illustre philosophe, ce flambeau allumé au dedans de nous par la nature pour éclairer ce qui est obscur.

[1] Psalm. xxxiii, 6.

Mais désirer, chercher ainsi en Dieu même la vérité, c'est, Messieurs, croyez-le, un grand acte de sagesse et de courage. Nous sommes si intéressés à nous tromper et à nous séduire nous-mêmes, nous nous trouvons si facilement portés à chérir, à caresser nos idées propres, à les entourer d'une sorte de culte décerné par notre orgueil à lui-même, qu'il faut une volonté énergique et courageuse pour chercher en Dieu, pour demander à Dieu la vérité. Aussi un éloquent évêque a pu dire avec raison : « Donnez-moi une âme courageuse... et elle sentira qu'il n'y a de doutes réels que pour l'homme déterminé à ne pas les résoudre; et que s'il y a de l'ambiguïté dans le jugement intérieur, elle vient ordinairement non du défaut de lumières, mais du défaut de courage[1]. »

Ah! qu'il nous fut donné souvent de le reconnaître! et qu'il est donc bien constant que si l'homme tombe et s'égare, s'il s'enfonce dans des abîmes, c'est qu'une chose lui a manqué, le courage et l'amour religieux de la vérité.

Il appartient à la dignité humaine de recueillir paisiblement les facultés de l'intelligence, de les rendre attentives à la lumière intérieure qui est

---

[1] M. de Boulogne, t. III, p. 158. Paris, Leclère, 1826. Sur la vérité, I. P.

en nous, de les appliquer et de les unir à la source divine et infinie du vrai et du bien, comme le rayon se rattache au foyer. Raisonnez, creusez, méditez, très-rarement vous le pourrez et le voudrez peut-être. Ou si vous avez cru le pouvoir et le vouloir sans l'invocation fidèle de la lumière d'en haut, presque toujours vous n'aurez moissonné pour fruit de vos pénibles labeurs que des rêves agités et de violentes théories.

Voilà, Messieurs, quelques considérations qu'il me paraissait utile d'exposer pour mieux caractériser la recherche de la vérité et les devoirs de la raison. Nul d'entre nous ne saurait repousser le sens légitime et la religieuse nécessité de ces trois conditions : l'amour du vrai, l'étude, le respect : et puissions-nous les réduire en pratique!

Dans la prochaine Conférence je mettrai plus spécialement en présence la philosophie et l'autorité, afin de montrer que la foi même est aussi philosophiquement raisonnable que nécessaire; mais dès à présent osons descendre au dedans de nous-mêmes, pour y reconnaître les droits et les devoirs de la raison, en bien sonder la nature et comprendre la cause de nos erreurs et de nos maux.

Messieurs, nous nous aimons et nous nous recherchons nous-mêmes sans cesse. Cet amour bien entendu aurait dû établir autour de la vérité dans nos cœurs, la triple garde du dévouement, de l'étude et du respect. Mais, hélas! nous prenons aisément le change. Nous nous aimons bien plus pour nous livrer à de vains plaisirs et nous complaire dans l'orgueil de nos propres pensées, que pour embrasser le culte généreux et pur de la vérité. Nous nous élevons au-dessus de ce que nous regardons comme des précautions gênantes ou puériles; nous oublions la fidélité que doivent garder à Dieu toutes les facultés, tous les pouvoirs de notre âme : car ce sont des puissances qui doivent reconnaître un roi. Son culte et son amour sont délaissés, et les études religieuses aussi sont profondément dédaignées ou dirigées loin du but ou de la voie. On s'autorise soi-même à suivre toutes ses idées sans frein, sans mesure, sans égard pour les générations qui furent avant nous, ni pour Dieu qui les enseigna. On trouve devant soi la descente ouverte et facile; les penchants entraînent; on les relève à ses propres yeux, on les absout complétement pour qu'ils n'humilient plus. On se déguise à soi-même, on glorifie les tristes illusions et ses passions. Par orgueil l'homme tombe, tombe bien bas; et la vérité placée au-dessus et en dehors de cette intelligence abaissée, ressemble au rayon lointain qui passe et qui s'enfuit.

Messieurs, il faut alors suivre la leçon évangélique : pour ressaisir la vie, pour recouvrer l'honneur de la raison comme de la vertu, il faut le baptême laborieux des humbles désirs, il faut le travail des généreux efforts, il faut une confiante soumission envers Dieu, afin qu'il nous montre encore la vérité dans sa lumière céleste et pure. Vous accomplirez, Messieurs, ces grands devoirs, j'en ai la ferme espérance ; et avec l'ordre paisible de la conscience vous goûterez les chastes douceurs, les ineffables délices de la foi obtenue, conservée et chérie à jamais dans vos cœurs.

SEIZIÈME CONFÉRENCE

LA PHILOSOPHIE

ET

L'AUTORITÉ

SEIZIÈME CONFÉRENCE

LA PHILOSOPHIE ET L'AUTORITÉ

MONSEIGNEUR,

Si nous avons su concevoir la notion juste de la raison, de sa nature et de ses droits; si nous avons compris que toutes nos connaissances se rattachent à l'un de ces deux principes, l'idée ou l'expérience, mais avec un inséparable et profond besoin d'autorité; si l'on peut légitimement assigner comme fonctions de l'âme l'intuition, le raisonnement et la foi, il n'est pas difficile alors d'accepter dans sa conscience les trois devoirs éminemment philosophiques de la prière, de l'étude et du respect : de la prière, qui retrouve la lumière intérieure et pure de l'idée, la lumière aussi de la grâce; de l'étude, qui s'appuie courageusement sur les faits et les données de l'expérience ; du respect, qui s'arrête et s'incline devant une autorité imposante et certaine.

En remplissant ces devoirs avec courage, la raison de l'homme se trouverait bientôt, par le don du Seigneur, dans un accord parfait avec la foi divine et révélée ; et la philosophie ne prétendrait plus être en opposition avec l'autorité catholique. Le secours de Dieu fidèlement invoqué, une étude sincère, l'humilité de l'esprit et du cœur établiraient certainement avec la grâce notre demeure dans le lieu du rafraîchissement et de la paix : l'âme serait au port ; elle se reposerait dans l'abondance de ces eaux qui jaillissent jusqu'à l'éternelle vie.

Messieurs, une pensée m'arrête et m'inquiète : je me rappelle vos dispositions généreuses et les besoins réels de vos âmes, je me représente les seuls obstacles qui tiennent communément éloignés de Dieu des cœurs si bien faits pour lui ; et je me prends à regarder et à regretter comme inutile mon langage dans cette chaire. Seul, recueilli en présence du Seigneur, je me suis dit bien des fois : On ressent au sein de l'Église et dans la pratique de ses enseignements un bonheur si profond et si doux ; la conscience vraiment catholique est un asile si paisible et si assuré, qu'au lieu de ces recherches pénibles et de ces discussions laborieuses, il devrait suffire et il serait mieux, ce semble, d'offrir le tableau véritable des consolations élevées que la foi et la piété apportent aux âmes courageuses. Et n'est-ce point là en effet ce qui répond mieux que tout le reste aux questions et aux exigences secrètes de la conscience? Aussi dans ces heures précieuses et rares, il est vrai, mais qui se rencontrent toujours dans la vie quand elle n'est pas emportée hors de tous les souvenirs et de toutes les bornes; dans ces moments où l'on devient sincère, où l'on consent à chercher Dieu et à se retrouver soi-même, Messieurs, alors la connaissance et l'horreur du mal qui offense la bonté divine, la douceur et la beauté des vertus que son amour inspire, touchent, pénètrent, transforment un cœur longtemps ennemi des vrais biens et le ramènent dans la voie qui conduit à la vie. J'en rends grâces au Seigneur; vous l'avez senti, vous l'avez connu ce bonheur. Plus d'une âme ici l'a recouvré sans aucun doute et pourrait confirmer mon témoignage.

Cependant les besoins sont divers, nous ne saurions non plus l'oublier. A la fin de la sainte quarantaine nous aurons les jours accoutumés de recueillement et de retraite. Maintenant il nous faut encore instruire et discuter. Puisqu'on prétend éluder sans cesse la question véritable et les solutions données par l'Église, puisqu'on en revient toujours aux libres droits de la raison, que nous établissons aussi nous-mêmes dans leur vérité, puisqu'on prétend en leur nom repousser la foi; nous ne refusons pas de répondre à ces exigences tout en les déplorant, et nous obéissons à la loi que le temps présent nous fait à cet égard. Mais nous vous conjurons, Messieurs, de vous souvenir qu'une autre loi doit surtout vous régir et vous guider, cette loi intérieure et sacrée, qui en nous inclinant doucement vers la vérité, nous y rattache avec plus de puissance que toutes les paroles extérieures et tous les enseignements de l'homme.

Pour achever aujourd'hui, s'il est possible, d'écarter d'injustes répulsions, nous placerons directement en présence la philosophie et l'autorité catholique, c'est-à-dire l'Église. Nous demanderons franchement à la philosophie et à la raison tout ce qu'elles réclament et exigent de l'autorité et de la foi catholiques; et nous reconnaîtrons que la philosophie obtient avec le catholicisme tout ce qu'elle a le droit de réclamer, et qu'elle n'a aucun droit de réclamer ce qu'elle n'obtient pas. Voilà, Messieurs, ce qui doit nous occuper en cet instant : telles sont les deux pensées de cette conférence, veuillez les bien concevoir.

En acceptant le principe de l'autorité catholique, la philosophie obtient tout ce qu'elle a le droit de réclamer ; et ce qu'elle n'obtient pas, elle n'a pas le droit de l'exiger.

I. P. La raison, Messieurs, réclame avec justice pour l'homme quatre choses : le droit des idées et des vérités premières, le droit de l'expérience et des faits, les solutions fixes sur les grandes questions religieuses, enfin un principe fécond de science, de civilisation et de prospérité.

Par la foi et par la foi seule catholique, la raison obtient tous ces avantages : et, j'en conviens, elle a le droit de les exiger.

La saine philosophie d'accord en ce point avec la théologie la plus communément approuvée, a de tout temps demandé que dans l'analyse de la certitude on vînt se reposer en dernier lieu sur les premiers principes et sur les premières vérités, qui nous sont évidemment connues et qui constituent en quelque sorte le fonds même de l'âme. A ces premiers anneaux toute la chaîne des vérités admises, quelles qu'elles soient, doit nécessairement se rattacher ; sans quoi elles seraient comme des étrangers qui demeurent en dehors, qui n'ont point de place au foyer domestique et ne sont unis par aucun lien à la famille même.

Aussi l'Église catholique a-t-elle toujours entendu être acceptée raisonnablement, avoir toujours un lien dans l'intime raison de l'homme. L'Église n'a jamais prétendu faire admettre son autorité même infaillible et divine sans qu'elle se rattachât, avec la grâce, pour chacun des fidèles, à un principe intérieur de conviction personnelle. Voilà ce que nous enseignons et ce qu'il faut savoir.

Eh bien! Messieurs, au fond de l'âme vit et demeure un intime besoin d'autorité : il est impossible d'en disconvenir ; il forme comme la conscience universelle du genre humain. Besoin d'autorité pour les masses, même en des choses accessibles à l'intelligence, mais qui exigeraient des efforts et un temps hors de proportion avec l'état de la multitude; besoin d'autorité pour les esprits les plus cultivés et pour le génie lui-même, en présence de l'invisible, de l'incompréhensible, de l'infini qui se rencontre sans cesse au-devant des pensées de l'homme. Aussi voyez de toutes parts cette étonnante propension à croire le merveilleux et l'inconnu ; propension qui est dans la nature et qui n'est pas en soi un instinct de crédulité aveugle, mais bien plutôt la conscience d'un grand devoir et d'un grand besoin, celle du besoin de l'infini : car l'infini manque à l'homme; l'homme le cherche, et il doit le trouver.

L'autorité de l'Église, enseignant et définissant les choses divines et inconnues, est donc sous ce rapport en parfaite harmonie avec ce besoin immense et universel de la raison humaine, avec le besoin d'autorité, avec le besoin du merveilleux et du mystère. Et n'est-ce pas déjà se rattacher à un principe intérieur?

De plus, Messieurs, les fondements de la certitude morale ou historique appartiennent aux premiers principes et aux premières vérités de l'intelligence. Quant à l'acceptation certaine des faits, il n'y a rien dans l'âme qui soit exigé, si ce n'est un témoignage qu'on ne puisse soupçonner ni d'illusion ni d'imposture.

Mais en vérité nous prend-on pour des insensés, nous catholiques? Et comment donc croyons-nous?

Les apôtres, les martyrs, les Pères, les premiers chrétiens sont des témoins des faits contemporains ou presque contemporains. Leurs vertus, leur éminente sainteté, leur constance, leurs sacrifices, leur nombre, leur caractère et la haute science de plusieurs écartent à jamais du témoignage rendu par eux aux faits divins la possibilité même de l'erreur ou du mensonge.

Et que voulez-vous donc de plus? Qu'exigez-vous pour des faits?

Sincèrement, une tradition historique peut-elle

être plus grave, plus imposante, plus suivie, plus sacrée que cette tradition catholique sur les faits mêmes qui ont fondé l'Église et son indestructible autorité? Qu'y a-t-il ici de vraiment raisonnable et philosophique devant des faits certains et immobiles comme un roc?

Après tout, nous croyons, appuyés sur un témoignage primitif et irrécusable. Que peut demander de plus une philosophie saine et éclairée? Elle cesse de l'être quand elle cesse de croire.

Donc, Messieurs, si nous croyons, c'est autant pour servir les droits de la raison que pour en remplir les devoirs. La foi toute seule peut conserver ici la vérité des idées et la force de l'expérience, en consacrant et les premiers principes de l'intelligence et la certitude des faits. Or tous les faits primitifs du christianisme sont liés à l'institution de l'Église et de son autorité : un même apostolat, un même témoignage, une même origine, une même foi reproduisent les uns, établissent l'autre. Nous possédons ainsi une logique invincible; nous vivons par la force d'un syllogisme tout divin, type suprême de philosophie véritable; entendez-le : ce que Dieu même garantit et affirme est incontestable et certain; or Dieu, par les faits avérés de sa toute-puissance, garantit et prouve l'institution de l'autorité catholique, annoncée, établie, exercée en son nom; donc cette autorité est divine et certaine.

La conclusion serait-elle trop simple et trop évidente? Peut-être, Messieurs. C'est fâcheux, car c'est la vérité. Mais certes la philosophie n'est pas seulement ce qui est obscur, incohérent, insaisissable.

Vous le voyez donc, Messieurs, la philosophie pouvait légitimement réclamer les droits des idées ou vérités premières, les droits de l'expérience ou des faits; l'autorité catholique les sauve tous et les consacre par sa démonstration même.

Messieurs, ce que la philosophie peut et doit réclamer encore à grands cris, ce sont les solutions positives sur les grandes questions de la nature de Dieu, de l'âme et de ses destinées, sur le culte vrai à décerner au Créateur, sur les conditions de réconciliation et d'union avec lui. Oui, voilà ce qu'il faut résoudre. Le genre humain l'exige; il a l'immense besoin de solutions positives à cet égard.

Il y a déjà longtemps qu'il existe une philosophie séparée de la foi : qu'a-t-elle produit? Elle n'aime pas ces solutions, elle ne les réclame guère. Aussi que dit-elle sur les intérêts les plus sacrés, sur les intérêts immortels de l'humanité? Allons, qu'on le déclare au grand jour du xixe siècle. O honte! ce n'est qu'un chaos de contradictions et de désolantes incertitudes! Philosophie infirme! j'aurais voulu t'honorer et t'estimer; je n'ai pu que te plaindre et déplorer tes aberrations étranges.

Mais il y a aussi, Messieurs, une vraie et forte philosophie. Elle a demandé, elle a cherché la solution de ces grandes questions; elle n'a pu ni les trouver, ni les donner; et elle l'a glorieusement proclamé.

Seule l'autorité catholique a tout résolu, seule elle a donné toutes les solutions qui intéressent l'homme intérieur, l'homme religieux, l'homme immortel.

Il n'y aurait que ce seul fait en faveur de l'Église, il n'y aurait que l'expression de ce fait unique : l'autorité catholique donne seule la solution des plus graves et des plus inévitables questions sur Dieu et sur l'homme; seule l'Église affirme et définit tout sur ce point, entre les académies flottantes, entre les philosophies divergentes et incertaines, entre toutes les ignominies de la pensée humaine. Le phénomène est trop frappant, trop digne de remarque. Si la Providence n'est pas là, eh bien! elle n'existe nulle part; elle n'est pas : l'humanité est abandonnée. Quoi! il ne se rencontre au monde qu'un seul enseignement, qu'une seule autorité qui ait résolu ces immenses questions! une seule! Eh bien! c'est Dieu qui a parlé ainsi, ou bien il a cessé d'être Dieu et d'être père. Alors, troupes errantes sans pasteur et sans guide, les races humaines furent lancées par la main divine à la recherche d'une vérité dont la soif les dévore, dont la possession leur est impossible.

Mais dans les solutions de la foi il y a des mystères; et sans doute il ne peut pas n'y en point avoir : il s'agit de l'infini. Les mystères, Messieurs, sont un nouveau bienfait; ils fixent mieux, ils fixent à jamais l'esprit en présence des profondeurs divines, et ils sont les flambeaux du monde. Car la foi ne se borne pas à rallumer les flambeaux de la raison que nous avions éteints, elle y ajoute de nouvelles et célestes clartés.

Dieu se féconde lui-même et trouve dans son essence intime les termes réels et distincts de son activité infinie, sans que jamais une création, un monde lui aient été nécessaires. Le dogme de la Trinité nous le montre, et nous affranchit pour jamais de la doctrine des émanations et du panthéisme.

La Sagesse incréée s'incarne pour nous servir de modèle et nous instruire, mais surtout pour le rachat du genre humain par le sang d'un sacrifice tout divin. Et le besoin de réparation et de rachat est le cri de toute l'humanité.

Une communion touchante donne réellement à nos cœurs le Dieu rédempteur avec la plénitude de ses grâces, et notre âme soupire après l'ineffable union avec le souverain bien.

Ce sont là des mystères; mais au milieu de ces obscurités sacrées, les plus nobles idées de la nature et de la bonté divines, les plus nobles sanctions des espérances et de la dignité humaines nous apparaissent; et dans le sein même du mystère assez de lueurs nous dirigent pour élever l'âme aux plus heureuses et aux plus sublimes conceptions. Allez dire à saint Augustin, allez dire à saint Thomas que les mystères de la foi chrétienne entravent et arrêtent l'élan de la raison et du génie. Ils vous diront qu'ils n'ont de lumières que par les mystères, qu'ils n'ont connu que par eux le monde, l'homme et Dieu; et dans leurs étonnantes élévations sur la foi ils vous raviront d'admiration, vous inonderont de clartés divines[1].

Enfin, Messieurs, la philosophie et la raison réclament avec justice un principe fécond de science, de civilisation, mais d'ordre aussi, je pense.

[1] S. Thom., *c. Gent.*, l. I, c. VIII, p. 21, t. I, in-folio. Paris, 1641.

Pour la science, que faut-il donc? Des points de départ et des données fixes. L'esprit de l'homme avance peu ou avance moins dans la science parce qu'il manque de points d'appui. Les vraies découvertes sont rares; l'intuition puissante du génie n'apparaît qu'à de rares intervalles et dans un bien petit nombre.

Mais quand l'homme possède déjà quelque chose de la vérité, quand il a un sujet trouvé, un principe posé, une base arrêtée, alors il va, et peut se frayer des routes nouvelles, hardies et sûres à la fois.

Il y a, Messieurs, un perpétuel mystère dans la naissance de nos idées. Je veux parler des idées grandes et fécondes. D'où viennent-elles, où sont-elles avant d'exister dans l'esprit? Je vous le demande. N'est-ce pas Dieu qui les inspire?

Ainsi en est-il dans le monde intelligent. Avant l'autorité catholique, qu'y avait-il de bien certain sur la notion de Dieu, sur celle de l'âme, sur son immortalité, sa liberté, sur la fin dernière de l'homme, sur le désordre moral du monde, sur la réparation? La philosophie balbutiait en délire sur presque tous ces points; et maintenant ce qui est devenu certain à cet égard et ce qui demeure, c'est ce que la foi nous a montré.

Ingrats, nous l'oublions! Messieurs, la science véritable a grandi en partant des points d'appui fixés par l'autorité catholique. Dieu, l'âme, la création, l'esprit, la matière se sont trouvés tout à coup définis dans le catéchisme. La philosophie s'est alors épurée et agrandie.

Et ce que nous disons du principe de science, nous devons le dire du principe de civilisation.

Messieurs, l'autorité catholique est un principe civilisateur, précisément parce qu'elle fixe et définit. Elle pose des dogmes comme des barrières, elle établit seule dans la société des doctrines arrêtées et fondamentales.

Et quand il n'y a plus de foi définie dans les intelligences, quand il n'y a plus d'autorité qui enseigne souverainement les esprits sur les vérités religieuses, alors la raison et la pensée retournent à l'état sauvage. Je ne voudrais assurément rien dire ici d'offensant pour personne, j'exprime un fait : la logique du libre examen et de l'indépendance absolue de l'idée humaine s'est pleinement produite et développée de nos jours dans la philosophie de Hégel et dans les philosophies analogues ; et elles sont, ces philosophies, la subversion entière de toute réalité, et par suite de toute morale, de toute religion et de tout ordre social. Et les peuples remués jusque dans leurs fondements, toutes les bases intellectuelles et politiques ébranlées, ne signalent que trop, dans un grand nombre, les effets de l'abandon funeste qu'on a prétendu faire du pouvoir régulateur des croyances et des doctrines religieuses. Aussi, Messieurs, faut-il hardiment prononcer que l'autorité catholique est le palladium vrai et le gardien sauveur de la liberté même de penser; car elle lui évite la folie, ce qui est bien un grand service à lui rendre.

Ainsi donc, c'est la raison elle-même qui accepte l'autorité catholique, qui l'accepte et l'embrasse étroitement, parce qu'elle la voit éminemment acceptable et certaine. Au sein le plus intime des vérités premières, la raison droite et saine connaît bien et ressent l'immense besoin d'autorité et de solutions fixes sur les grandes questions religieuses. Et l'Église seule au monde lui apparaît remplissant réellement les conditions de cette autorité nécessaire. Antique, pure et sainte, le front ceint des gloires du martyre et du génie, l'Église poursuit jusqu'à nous sa marche majestueuse et calme au milieu des oscillations et des tempêtes. Elle tient déroulées dans sa main les traditions sacrées de l'Évangile et de l'histoire, qui ont marqué du sceau de l'institution divine son origine et sa durée. L'Église parle aux yeux, à la conscience, au bon sens, au cœur, à l'expérience. Elle parle le langage des faits et des vérités définies, qui rencontre toujours dans les âmes sincères, avec le secours divin, un assentiment généreux et paisible. La raison soutenue de la grâce attache alors sûrement à la colonne d'autorité les premiers anneaux de la chaîne; ses convictions les plus intimes s'unissent en Dieu même à la foi enseignée. L'homme éclairé d'en haut habite alors une grande lumière, loin de tout, loin des recherches et des anxiétés pénibles; et c'est ainsi qu'à l'ombre de l'autorité catholique et de sa doctrine, la société s'avance dans les voies régulières de la science, de la civilisation, de la force et de la prospérité véritables.

Ce que la philosophie a le droit d'obtenir, elle l'obtient en acceptant l'autorité catholique; nous l'avons vu. Ce que la philosophie n'obtient pas de l'Église, elle n'a pas le droit de l'exiger; nous allons le voir.

II. P. Il faut l'avouer, Messieurs, la philosophie a d'étranges prétentions quelquefois. Elle s'en est effrayée elle-même, et ses amis les plus dévoués ont paru modifier son langage. Je parlerai ici, Messieurs, clairement et sans détour; je ferai la part de chacun des deux grands pouvoirs du monde : la philosophie et l'autorité, selon tous les droits de la justice et de la vérité.

Placée en présence de l'autorité catholique, non, la philosophie n'obtient pas la sanction de cette déplorable et folle prétention de tout refaire, de tout recommencer et de tout créer de nouveau, à chaque moment de la suite des âges : prétention de tout inventer et découvrir pour la première fois, comme si rien n'avait encore été trouvé, le monde, la vérité, la religion, Dieu, l'homme, la société et la philosophie elle-même. Non, la philosophie n'obtient pas de se recommencer toujours, de tout remettre en question, de tout livrer à l'arbitraire et au caprice des spéculations abusives de chaque matin dans la vie des hommes, sans frein, sans règle, sans tradition, sans expérience, sans le souvenir, sans le respect de Dieu. Non, elle ne l'atteindra pas, parce que déjà l'humanité fut enseignée. Cette prétention toutefois domine dans beaucoup de travaux philosophiques de nos jours. Mais la raison ainsi entendue serait, Messieurs, en dernière analyse, la faculté du dévergondage ; et l'Église, l'autorité catholique ne saurait reconnaître et consacrer des prétentions pareilles. Première prétention sans droit et sans fondement : tout recommencer et refaire sans cesse.

La philosophie obtiendrait-elle de professer

l'indépendance absolue de la pensée humaine, en sorte que dans le domaine de l'intelligence Dieu fût l'inférieur, et la raison le maître? Non ; il faut savoir que Dieu règne, vérité souveraine, intelligence infinie; qu'à tous les titres il peut enseigner l'homme quand il lui plaît et commander par la révélation à la raison. Comment! vous pouvez révéler votre âme à vos semblables, et vous interdirez à Dieu le pouvoir de révéler la vérité à sa créature? Non, vous n'aurez pas le droit de déclarer Dieu incapable à ce point.

Il n'y a ici d'ailleurs qu'une grande question de fait. La raison n'a pas le droit d'échapper sans cesse à la langue des faits, à des preuves immenses de tradition et d'histoire, sans daigner se reporter sur le vrai terrain du débat et dans le champ clos du témoignage. Non, pour éluder la question des existences positives et historiques, il n'est pas permis de rêver à loisir, de se bercer dans des nuages et de construire *à priori* un monde, un christianisme aventureux et des systèmes sans fin, quand Dieu, créateur et réparateur, a bâti de ses mains l'univers catholique et l'Église. Le paralogisme et l'abus ne sont pas un droit. Les faits divins de l'institution primitive d'une autorité dans la foi sont la route où l'on marche appuyé, en laissant la trace de ses pas. Prétendre ne reconnaître d'autre voie, d'autre guide en religion que la raison spéculative et l'abstraction vague, c'est se perdre comme la fumée dans les airs. Nous ne tarderons pas sans doute, Messieurs, à trouver des historiens qui traduisent de la sorte les faits de Charlemagne et de saint Louis en purs phénomènes de l'idée ou bien en météores atmosphériques. Et n'avons-nous pas déjà des histoires qui semblent approcher de cette perfection nouvelle? Messieurs, à chaque genre de vérité sa certitude; aux vérités seulement intellectuelles la certitude métaphysique, aux lois de la nature la certitude physique ou d'observation, aux faits la certitude historique ou de témoignage; et cette dernière est absolue comme les autres; ne l'oublions jamais. Tâchons de vivre dans le monde positif et réel. Quand il s'agit donc d'une question de fait, la philosophie n'a pas le droit d'oublier l'histoire ou de la traduire en abstractions idéales.

En présence de l'Église et pour la fuir, la raison n'obtiendra pas non plus de retrancher le lien étroit et nécessaire entre la vérité et la vertu. Trop souvent on prétendra laisser la foi garder la morale; on se trompe, on ruine l'une et l'autre. Sans les dogmes il n'y a plus de base ni de sanction pour les préceptes. Il faut les croire divins et souverainement obligatoires pour obéir, ils ne sont tels que par la foi du dogme qui montre seul le législateur suprême. On l'a dit avec raison : Une morale sans dogme est une justice sans tribunaux, une loi sans pouvoir ni sanction. Et tel est le grave enseignement qui cette année est descendu de la chaire pontificale [1]. Qu'arrive-t-il en effet, la main sur la conscience? On élabore des pensées philosophiques et religieuses en dehors de toute croyance; on n'a plus dès lors aucune règle fixe des mœurs; d'où viendrait-elle? On justifiera bientôt le vice : on avait détruit la vérité, on détruira la vertu. Ainsi, pour n'avoir plus de morale, il suffit de n'avoir plus de dogmes. Ce n'est pas un droit de la raison, je pense.

La raison n'obtient pas devant l'autorité catholique la liberté d'inventer un progrès du dogme et de la morale religieuse semblable au progrès de l'industrie et des machines : et cela parce que Dieu a dû la vérité à l'homme, et que la vérité pour l'homme d'un temps est la vérité pour tous les temps. Elle est immuable comme Dieu même, son auteur et son type.

Oui, Dieu est venu, Messieurs, au secours de l'incertitude et de la mobilité humaines. Il a placé au milieu d'un horizon infini un centre immobile :

[1] Mandement de Mgr l'Archevêque de Paris pour le carême de 1844.

l'autorité, et l'autorité révélée. Nul progrès ne peut la changer. Il faudrait une révélation égale et contraire. Où est-elle?

Enfin avec ces religions progressives de l'idée, du socialisme ou de l'humanité, et je ne sais quelle autre encore, s'il fallait, pour avancer, changer à la manière dont les choses humaines, dit-on, progressent ici-bas, grand Dieu! ce serait faire descendre trop bas et l'homme et son auteur : l'homme, dont le besoin religieux serait alors le jouet légitime de toutes les influences et de toutes les rêveries passagères; Dieu, dont la connaissance, le culte, les lois, les éternelles prévisions seraient ainsi subordonnées aux variations des âges, aux chances des opinions, aux luttes et aux caprices des partis et des révolutions humaines.

Et si par le progrès l'on entend, comme il semble, une divinité qui se transforme fatalement et sans fin elle-même, et qu'on ne craint pas de nommer ; à la vue d'une aberration si triste, d'une méconnaissance si profonde de l'humanité, je n'ai plus le courage de rien dire, je ne sais que m'affliger en silence. Non, non, ce progrès n'est pas un droit; il n'est qu'une parole violente, jetée contre l'Église, sans signification et sans fondement. Le progrès, Messieurs, il est tout entier dans le retour à une foi immuable qui ramène sans cesse elle-même les esprits au foyer divin de toutes les lumières.

La philosophie n'obtient pas en présence de l'Église le droit à une indifférence totale, à une égalité absolue de toute doctrine, de toute croyance et de toute Église pour la conscience : car ce serait bannir la vérité de la terre, et rendre le monde inhabitable pour des êtres doués de raison.

Toutes les religions et tous les cultes, à vos yeux, sont égaux et indifférents pour la conscience et pour le bonheur des peuples. Cette indifférence philosophique est même le grand succès conquis par l'esprit moderne; il en est ainsi, dites-vous. Alors oui et non, affirmation et négation, schisme et unité, déisme et foi, panthéisme et christianisme, même l'athéisme, tout est uni, associé, confondu, également vrai, également sain, pur et bon. Telle est la logique d'une tolérance fausse et cruelle dont on fait si grand bruit. Plus donc de foi exclusive, à la bonne heure; quoi que l'on puisse penser ou dire, c'est toujours une même religion, une même Église où tous les esprits sont réunis, fort étonnés sans doute de se trouver ensemble. Mais on ne voit pas que c'est là se former un dieu pire que ceux du polythéisme. Dans le délire païen, toutes les aberrations, toutes les folies, tous les crimes étaient du moins partagés entre la foule des dieux et attribués à chacun dans des degrés divers d'infamie. Ici le perfectionnement nouveau confondrait et réunirait dans un seul, au même degré d'approbation et d'égalité divine, toutes les contradictions, toutes les erreurs, toutes les variations, toutes les ignominies, c'est-à-dire tout ce qu'il plairait aux hommes d'appeler religion et culte.

Messieurs, il faut plaindre ceux qui défendent avec tant d'ardeur un principe si fécond en déplorables conséquences. La vérité est une, essentiellement une, comme Dieu est un; elle est éternellement inconciliable avec le faux, qui est son contraire. Vous ne voulez plus d'autorité, plus d'unité de foi et d'Église, qu'avez-vous? Vous repoussez ces dogmes intolérants, ils attentent à la liberté, aux droits de la philosophie et de la science; ils arrêtent le développement de la civilisation et de l'amour vrai entre les hommes; alors, Messieurs, il n'y a de liberté, de science, de vertu et d'amour que là où ne se trouve plus la vérité, où même elle devient impossible. Elle l'est, impossible, dans l'égalité prétendue de toutes les croyances et de tous les dogmes aux yeux de la conscience humaine.

Au contraire, l'unité catholique de foi et d'Église est le lien parfait de la société, de la charité pour tous les hommes : ceux qui croient, on les tient étroitement embrassés; ceux qui s'égarent, on les cherche; le zèle, amour véritable, les appelle et les attire par tous ses efforts. Et telle est la raison même de la lutte soutenue avec constance par l'Église contre les séparations et les erreurs; elle mène et dirige ainsi avec force la barque du salut parmi les naufrages et les tempêtes, afin d'arracher à la mort les victimes ballottées çà et là au gré de tous les vents.

Pauvre voyageur, arrête; fatigué dans ta course au milieu des flots, éloigné de la route sans guide et sans boussole, tu vas périr. Insensé, tu cherchais un monde nouveau, il est trouvé; tu croyais commander en maître à l'Océan, Dieu seul y règne; tu dédaignais pour voguer au loin les routes vulgaires et les lois d'une longue expérience; tu voulais avancer toujours et conquérir toujours; tu prétendais n'avoir plus besoin du port ni du pilote, et tu n'as rencontré que déceptions amères, anxiétés cruelles, luttes violentes; trop souvent s'entr'ouvrit devant tes yeux l'abîme du désespoir et de la mort. Regarde, près de toi navigue en paix le vaisseau vainqueur des mers; seul il t'offre un refuge assuré et te promet le voyage sans péril.

Messieurs, pourquoi donc ne pas monter sur la barque du salut? Pourquoi ne pas se jeter enfant soumis dans les bras de l'Église? Par l'assistance et la mission divines elle a conquis tous les mondes nouveaux de la science et de la pensée; elle a dissipé un jour les ténèbres de l'erreur comme le vent chasse les nuages; elle a présenté à l'homme, à côté des merveilles sublimes de la puissance et de la sagesse infinies, tout ce qui pouvait éclairer, relever la raison humaine et la satisfaire, en réglant le cœur, en calmant la conscience. Elle plaça des bornes salutaires, creusa un port tranquille pour le départ et le retour de l'intelligence. Tout en laissant ouvert et libre aux investigations du génie le vaste océan des connaissances, elle traça néanmoins la voie de la foi, imposa la loi de vie, et n'interdit aux hommes que le crime et le malheur. Telle apparaît dans la réalité l'autorité catholique. La philosophie, qui la blasphème, la méconnaît. Qu'elle règne à jamais dans vos esprits et dans vos cœurs, cette autorité tutélaire; qu'elle veille sur les jours comptés de votre pèlerinage; qu'elle soit toujours pour vous le repos et l'abri dans les orages. Messieurs, je connais vos cœurs, je sais les troubles de vos âmes, vous me les avez souvent confiés. Entrez au port que l'Église vous ouvre, vous y trouverez la paix et le bonheur.

DIX-SEPTIÈME CONFÉRENCE

LA BESOIN DE LA FOI

L'ÉTAT DES ESPRITS (1842)

DIX-SEPTIÈME CONFÉRENCE

LE BESOIN DE LA FOI

L'ÉTAT DES ESPRITS (1842)

Monseigneur,

Chaque année l'enseignement repris et continué dans cette chaire, continué dans toutes les chaires par le sacerdoce catholique, est un fait digne de remarque et qui porte avec soi un caractère spécial.

Ailleurs, sans doute, il y a aussi enseignement après enseignement, il y a même enseignement religieux ; c'est une sorte de continuité gardée par les dissidences à côté de l'unité antique et vraie de l'Église. Mais pour peu qu'on veuille observer et réfléchir, on reconnaît la distance immense qui sépare ces deux faits.

De l'un et de l'autre côté ce sont des hommes qui apparaissent et qui enseignent, il est vrai ; là toutefois les doctrines varient et changent avec les hommes, changent même quand les hommes demeurent. Quelle chaire, par exemple, au sein de la réforme, enseigne aujourd'hui ce qu'enseigna Luther, et consent à garder fidèlement des doctrines héréditaires? N'est-il pas évident, au contraire, autour de nous que, sur la religion, des enseignements de plus d'un genre sont présentés qui, s'affranchissant du joug des traditions, tiennent à honneur de ne rapporter leur mission qu'à eux-mêmes ou tout au plus aux progrès des temps modernes; et se glorifieront bien plutôt d'ouvrir une voie nouvelle d'opinions et de croyances, que de garder intact et inviolable un dépôt de doctrines et de croyances anciennes?

Et de là ce caractère inné, obligé de toute erreur et de toute dissidence religieuse, la variation et le changement. On pose en principe l'individualisme ou la liberté absolue d'examen : c'est le type directement ennemi de l'unité et de la perpétuité.

Quant à nous, ministres de l'enseignement catholique, voici, Messieurs, la différence, elle est totale. Nous nous glorifions, nous, de ne jamais innover, de ne jamais changer ni perfectionner en matière de croyances religieuses. Nous avons des dogmes et des préceptes positifs et transmis; nous les tenons, nous les donnons pour surnaturels et divins. L'unité, l'identité de foi depuis dix-huit cents ans et dans tout l'univers, est le caractère inséparable et glorieux de notre enseignement et de notre Église. On ne saurait lui attribuer sérieusement ni variation ni changement aucun de principes et de dogme dans tout le cours de dix-huit siècles : fait étrange cependant au milieu de l'instabilité perpétuelle des choses, des doctrines et des leçons humaines.

C'est que naître, changer et puis mourir est la condition naturelle de l'homme et des œuvres de l'homme.

Être, et ne pas changer, ne pas mourir, est une condition surnaturelle et divine, un caractère divin. Tel est l'enseignement catholique : les hommes changent comme le temps, la foi demeure et ne change pas.

Aussi ai-je résolu, Messieurs, avec le secours de la prière et de la grâce, de vous parler de la foi, de cette foi qui survit indestructible à toutes les vicissitudes. Nous en établirons d'abord le besoin absolu pour vos cœurs ; nous en considèrerons ensuite la nature, la certitude, l'obscurité, l'objet.

En ce premier moment je voudrais vous faire mieux apprécier et mieux aimer la foi en vous rappelant le besoin que vous avez d'elle. Pour atteindre ce but désirable, je me servirai de la variété même et des dispositions mobiles des esprits de nos jours hors du centre catholique. Je tâcherai de classer les esprits divers hors de la foi, de caractériser le mal, de signaler le remède : tel sera le sujet de cette première conférence sur le besoin de foi. Peut-être aussi saurons-nous mieux juger par là de l'époque où nous sommes sous le rapport religieux et moral [1].

Daigne le Seigneur nous bénir à l'entrée de la carrière, nous bénir tous les jours! Un sentiment de vive confiance remplit mon âme à votre vue; et le Dieu qui est riche en bonté a voulu naguère encourager et fortifier le ministère échu à ma faiblesse.

Il y a bien peu de temps, Messieurs, je portais les immenses besoins de ma pauvre âme au milieu des souvenirs puissants de cette Rome si belle par ses arts, plus belle encore par sa foi. Sur le tombeau des saints apôtres, sur le sol fécondé par les flots du sang martyr, je priais, le dirai-je? je priais ardemment pour vous, je priais pour moi-même, afin qu'il me fût donné de ne point annoncer en vain l'Évangile de la croix. Et quand, humble pèlerin, prosterné aux pieds du Père commun, du grand et glorieux Pontife qui gouverne l'Église, je vénérais son autorité souveraine si bien

[1] Année 1842.

rehaussée par l'éclat de la science et des vertus, j'osai lui demander de nous bénir, vous, Messieurs, et nous tous réunis dans cette enceinte pour la grande œuvre de l'enseignement catholique. Alors sa main ferme et sûre, ou plutôt son cœur de père daigna sceller du signe du salut cette institution bienheureuse de nos Conférences, placée à bon droit sous l'auguste patronage de la Reine des cieux. Pour une dignité que je n'ai pas, que je n'aurai jamais, pour une parole plus sainte que la mienne est réservée le don de vous bénir, de vous transmettre toutes les bénédictions du Siége apostolique. Mais la confiance de mon évêque, qui me permet, simple lévite, d'unir ma parole à sa parole, mon cœur à son cœur, me permet aussi de vous dire qu'on peut vous apporter des enseignements et des vœux avec plus d'autorité, de talent et d'efficacité que je ne saurais le faire; mais qu'on ne le peut pas avec plus de dévouement et plus d'amour pour vos intérêts véritables : car tel est constamment l'unique mobile de tous mes efforts auprès de vous.

Nous allons, Messieurs, considérer l'état des esprits pour en conclure le besoin de foi.

I. P. Pour un observateur attentif et impartial, rien n'est plus utile que d'étudier l'état actuel des esprits en dehors de la foi et d'en classer les tendances diverses; quoique multipliées sous mille formes, plus complétement que jamais, ce me semble, elles échappent à tout principe logique d'ordre et de méthode.

Messieurs, je voudrais d'abord pouvoir le nier, mais je suis obligé de le reconnaître et de l'affirmer: le matérialisme ou, si vous aimez mieux, le sensualisme maîtrise encore bien des intelligences, parce qu'il domine dans bien des cœurs. On s'est plu à redire que la philosophie matérialiste et incrédule du XVIIIe siècle avait fait son temps, que son règne était passé; je le veux bien quant à certaines théories dégoûtantes de cynisme et d'impiété. Oui, sous ce rapport je rends hommage à un drapeau meilleur généralement arboré dans le monde littéraire.

Mais, dites-moi, le mouvement spiritualiste et religieux a-t-il bien pénétré dans les masses, a-t-il bien pénétré toutes les intelligences élevées? Le croyez-vous?

Le prêtre est l'ami véritable des classes populaires; par état il est leur défenseur et leur appui, si les peuples savaient le comprendre; et sans abjurer cette mission, qui m'est chère, pour la remplir même, ne puis-je pas dire en gémissant que les masses d'aujourd'hui sont comme forcément arrachées à leurs instincts naturellement religieux, à leurs rapports avec le prêtre? Le salaire tyrannique de l'industrie solde universellement l'absence hors de nos temples et l'éloignement des instructions chrétiennes, pour ne laisser prendre et suivre que les habitudes et les penchants de l'orgie et du vice : direction trop fidèlement et trop facilement suivie, j'en appelle au jugement de vos consciences. Est-ce qu'on verra jamais ainsi dominer dans un pays l'esprit sur la matière, et les espérances immortelles sur les intérêts et les plaisirs grossiers du temps?

Il me semble, au contraire, qu'un mouvement se fait quelquefois assez rudement sentir dans les masses, qui indique qu'on ne voudrait guère attendre la juste répartition des biens et des maux fixée au jour de l'éternité, mais qu'on se chargerait dès à présent de l'accomplir. N'est-ce pas au moins du matérialisme pratique? N'est-ce pas tout rapporter à la vie d'ici-bas, à ses intérêts, à ses jouissances et aux funestes impressions des sens, en négligeant tout soin de la vie à venir, seule garantie des vertus sur cette terre?

Les sens n'ont pas encore, que je sache, abdiqué parmi nous leur humiliant empire. Même hors des masses populaires et dans tous les rangs de la civilisation, la corruption n'a pas cessé d'exercer de cruels ravages. Nous en parlerons peu, pas assez peut-être; mais les effets n'en sont ni moins réels ni moins déplorables. Le récit de honteux et publics excès vient trop souvent épouvanter et contrister nos cœurs. L'on arrive à organiser, à raisonner la débauche, à la concilier avec je ne sais quelles idées religieuses, à proclamer ouvertement ou dans son cœur la réhabilitation de la chair : profanation sacrilége!

Messieurs, des plaintes amères se font entendre sur le malaise intérieur des sociétés. Pense-t-on bien à la corruption qui les dévore? Non; alors on n'a pas compris les maux véritables.

Le désordre des mœurs ne détruit pas toujours dans les hommes d'étude les croyances spiritualistes et religieuses; je le sais. Mais par l'immoralité pratique un matérialisme pratique peut aussi s'établir à la longue. Le corps pèse sur l'âme et la déprime, comme parlent nos livres saints; l'esprit subit alors un véritable asservissement, il en donne les signes non équivoques. Et ne le voyons-nous pas? Ardente et facile sous les impressions sensibles, la jeunesse cède volontiers au courant qui l'entraîne, elle s'abandonne et s'assimile aux plaisirs qui l'attirent; et le temps vient où, en présence des instances de la charité, du zèle, de l'amitié chrétienne, qui sollicitent un retour, on répond le mot du fatalisme pratique : Je ne puis pas. Le temps vient où l'on vit encore la vie du matérialisme, sans foi, sans espérance autre que les joies de la matière ; car elles absorbent et abaissent étrangement un pauvre cœur.

Je voulais, Messieurs, constater seulement ce triste fait d'esprits qui subissent parmi nous les influences du sensualisme. Vous en convenez, je pense ; l'expérience est sous vos yeux et à vos oreilles : elle est peut-être dans vos cœurs.

Le sensualisme, première part à faire d'obstacles actuels.

Le rationalisme en est une autre ; il forme même la grande part et la grande classe des penseurs manquant de la foi véritable.

Esprits à plaindre sur cette hauteur où ils croient se placer pour régner ; d'autant plus à plaindre qu'ils paraissent assurés et tranquilles, et ne le sont pas. Pour eux, du reste, il n'y a plus qu'un christianisme décharné, sèche spéculation d'école, travail à vide et à l'aventure dans les champs de l'arbitraire.

Chercheurs éternels qui ne trouvent jamais, qui raisonnent perpétuellement pour ne jamais conclure, qui, plaçant leur raison prétendue au dernier sommet des choses, l'encensent et l'honorent, adulateurs prosternés, sans en recueillir toutefois aucune solution fixe, aucune affirmation positive; promeneurs fatigués par les oscillations du doute, jouets abusés de grandes et belles sentences, d'assertions sonores, mais dont l'harmonie est triste comme une sombre nuit.

Voici, Messieurs, la consolation: le jour va luire enfin; la raison triomphante aura bientôt conquis les régions dernières de la vérité, l'humanité s'avance vers une phase nouvelle, la claire manifestation se prépare, la solution va venir... Elle s'est fait bien longtemps attendre!

Et s'il fallait par hasard attendre longtemps encore? Patience; il y aura pour nos neveux la religion de l'avenir : bien obligé.

Messieurs, je n'exagère rien ; je vous en établis juges vous-mêmes. Je n'ai guère fait autre chose qu'aider un peu à la traduction, à l'expression fidèle d'idées quelquefois obscures. Comme moi et plus que moi, vous lisez, vous entendez. Recueillis dans vos consciences, dites, n'ai-je point décrit une position que s'est faite, entre autres, le rationalisme de nos jours? Vous me répondez : Oui.

Mais j'ai besoin de dire que je n'ai voulu ici ni combattre ni blesser. C'est bien véritablement, croyez-le, une vive expression de compassion et de douleur qui s'est échappée de mon âme à la vue de tant d'existences séparées de la foi par le sophisme.

Au reste, le mal de ces existences rationalistes sera mieux caractérisé tout à l'heure avec le mal du sensualisme lui-même : je ne veux en ce moment qu'essayer de fixer les positions et classer par quelques données les nuances diverses d'esprits égarés hors de la vraie foi.

Au rationalisme il faut joindre un penchant qui lui tient de fort près, maladie assez caractéristique de notre époque, et que nous pouvons nommer romantisme religieux.

Je n'entends point désigner ici une simple forme littéraire, un mode nouveau et controversé de concevoir et d'exprimer les œuvres de l'esprit. Je parle de la religion même et des doctrines religieuses; et voici comment, sous ce rapport, je me rends compte de cette tendance laborieuse et maladive à laquelle convient le nom de romantisme religieux.

Un travail religieux s'est révélé de nos jours; nous n'en disconviendrons jamais. La religion s'est comme tout à coup présentée à des esprits auparavant fort étrangers à ses vues non moins qu'à son exercice. Elle trouva des cœurs un peu surpris peut-être de redevenir sensibles à ses beautés. Et comme à un certain âge des nations civilisées, l'imagination et ses trompeuses illusions semblent reprendre un grand empire, les idées religieuses durent parmi nous être soumises à cette influence, et subir en plusieurs des transformations étranges.

On acceptait le nom du christianisme, sa grandeur, sa poésie et même ses bienfaits. On aimait à les célébrer, parfois à les chanter; c'était merveille. Mais après la justice rendue à ce pauvre passé, il fallait, bien entendu, quelque chose de mieux pour la dignité du temps présent. Chacun se mit à l'œuvre : philosophes, historiens, poëtes, romanciers, spéculateurs politiques, tous voulurent faire de la religion; mais surtout en préparer, en disposer une à sa guise. Il ne leur venait pas même en pensée que peut-être ils auraient aussi prudemment agi en prenant la religion toute faite.

On gardait en partie la langue du christianisme, les mots et non les choses; on s'abstenait de discussions et de controverses surannées; on évitait, on dédaignait la lutte. Mais à la suite du guide le plus incertain et le plus bizarre, à la suite de l'imagination et sous ses inspirations fantastiques, on construisait l'édifice aventureux de sa foi, on prenait et on laissait, on travaillait toujours, se confiant aux pensées du matin, si ce n'est même aux songes de la nuit. Et en résultat, rien : tout s'en allait en fumée. Vides chimères, vaines imaginations, tristes labeurs, romans stériles, contradictions permanentes, qu'avez-vous produit? Quelle institution, quelle pensée religieuse avez-vous seulement mise et laissée debout? Vous prétendiez régénérer, améliorer le christianisme; il n'est plus digne de vous. Dieu vous livre à vous-mêmes, à votre sens réprouvé, dont le fruit est la mort de l'intelligence et de la vérité.

Nous assistons, Messieurs, à un singulier mais déplorable spectacle; une grande leçon nous est donnée, sachons en profiter. Il est donc bien vrai : hors des voies traditionnelles et catholiques l'homme inévitablement s'égare et se perd ; il ne trouve rien, ne fonde rien, n'édifie rien, ne satisfait à rien en religion. Voyez autour de vous : où trouve-t-on un système tant soit peu logique, appuyé, cohérent et complet? Montrez-nous une erreur forte et fortement conçue, fortement développée, nommez-la ; il n'y en a pas une seule. Quoi! vous ne savez pas même faire une erreur, et vous voudriez enfanter une religion !

Hélas! il faut plaindre de nobles âmes et de nobles cœurs victimes ainsi de leur imagination en délire.

Tel est le romantisme religieux.

Messieurs, je ne suis pas remonté dans cette

chaire pour vous flatter, mais pour vous dire la vérité, pour vous parler avec toute la liberté apostolique de mon ministère. Je le ferai. Vous m'avez appris déjà que vous étiez dignes d'entendre un tel langage.

Triple tendance donc et triple maladie, qui m'a paru assez justement représenter le travail des esprits en dehors du catholicisme : le sensualisme, le rationalisme et le romantisme religieux.

Mais il faut pénétrer plus avant, et mieux caractériser le mal de ces tendances et de ces états divers.

II. P. Le mal, le grand mal dans le travail moderne des esprits sur la religion, c'est, Messieurs, celui que saint Paul combattait déjà sans détour, avec son énergique langage, lorsque dévoilant le but de son apostolat il écrivait aux Corinthiens : « Nous, nous voulons réduire toute intelligence en captivité sous l'obéissance de Jésus-Christ. » *In captivitatem redigentes omnem intellectum in obsequium Christi*[1].

Cette captivité, cette obéissance de l'intelligence sous le joug de la foi est assurément repoussée de nos jours par un grand nombre d'esprits. Leur

---

[1] II Cor., x, 5.

disposition à cet égard est une maladie aussi vieille que l'homme, mais qui doit, nous en convenons tous, une force nouvelle au libre examen proclamé par la réforme. C'est le vieux mal, le mal originel de l'homme : il ne veut pas se soumettre à Dieu ; il ne veut pas être le captif de Dieu ; il doit l'être. Il ne veut pas voir un maître au-dessus de sa raison et de sa liberté ; il ne veut pas que Dieu lui ait dicté des lois et des croyances ; il aime mieux penser que l'auteur de son être, abdiquant la toute-puissance et la souveraineté absolue, a dû livrer l'intelligence humaine à une indépendance totale, sans avoir même le droit de la soumettre et de la captiver sous le joug de vérités et de lois révélées.

Tel est, au fond de toutes les erreurs, le principe du mal : ne pas vouloir se soumettre à Dieu. Et c'est tout simplement l'orgueil formel, racine de tout désordre et de tout malheur. Aussi l'oracle du Sage, dans nos livres saints, nous en avertit : « Le principe de l'orgueil dans l'homme est de se séparer de Dieu, de se soustraire à son obéissance ; et le principe de tout péché est l'orgueil. » *Initium superbiæ hominis apostatare a Deo... initium omnis peccati est superbia*[1]. Quand donc il

---

[1] Eccles., x, 14, 15.

y a cette indépendance consentie et avouée qui se dégage de tout frein d'autorité divine pour ne suivre que sa pensée libre, faut-il s'étonner des plus tristes résultats? Telle est notre histoire.

Ce fut aussi, Messieurs, le crime de la philosophie païenne : elle ne voulut pas obéir non plus, elle ne voulut pas obéir aux notions pures de Dieu qu'elle trouvait dans le spectacle de la création et dans le témoignage de la conscience ; saint Paul nous l'atteste. Ces prétendus sages s'enivrèrent de leurs propres pensées : *Evanuerunt in cogitationibus suis*. Leur intelligence s'obscurcit, ils devinrent étrangers à cette vie de Dieu qui est la vie de l'esprit véritable : *Alienati a vita Dei*. Ils furent livrés aux passions d'ignominie[1]. Ce fut le règne du sensualisme ; et puisque son règne n'est pas fini, nous avons dû le caractériser avec l'Apôtre comme une flétrissure de l'orgueil. On se voit donc étrangement humilié, avili, parce qu'on n'a pas voulu dépendre et obéir.

Mais il y a, je le sais, des passions qu'on déplore, des penchants qui tyrannisent, que l'on combat et qu'on voudrait dompter. Aussi je ne parle pas de ces cœurs saisis par la tempête ; chez eux ce n'est plus l'orgueil païen, ce n'est

---

[1] Rom., I, 21 et seq. Eph., IV, 18 et seq.

pas la révolte formelle contre Dieu ni la superbe indépendance. Ils ne discourent point, ne dogmatisent point hors de la foi; ils croient et ils gémissent : ils vaincront s'ils savent prier.

Mais dans les langues impures du sensualisme improviser le dogme; quand on porte écrit au front orgueil et volupté, lever un drapeau de religion et de doctrine; prétendre ainsi à la mission de réformer et de perfectionner le christianisme : voilà l'intolérable désordre contre lequel j'ai le droit de protester, et j'ai le droit de lui appliquer encore le mot réprobateur de saint Paul : « L'homme animal ne perçoit point les choses qui sont de Dieu. » *Animalis homo non percipit ea quæ sunt spiritus Dei*[1].

Soyez humbles, devenez chastes, dogmatisez ensuite.

Le mal est dans l'esprit d'orgueil et d'indépendance porté par l'homme jusqu'au sein des choses religieuses et divines. Dieu apparemment n'a pu ni dû parler à l'homme pour le guérir et pour l'instruire; l'homme est trop éclairé, trop sage, trop fort. Que faire alors? N'écouter que soi-même. C'est le rationalisme, triste carrière d'aberration individuelle. On ne daignera pas un

---

[1] I Cor., II. 14.

moment se défier de ses lumières ; pas un moment soupçonner qu'on pourrait bien se tromper et se méprendre. Non, l'heure de l'affranchissement a sonné, il semble qu'on en soit encore à la joie d'une découverte et au triomphe du premier moment, tant l'homme chérit l'indépendance et l'orgueil de sa pensée.

La gloire cependant, la vérité, toute lumière et toute liberté ne peuvent se trouver évidemment pour l'être fini que dans ses rapports établis, gardés avec la Sagesse infinie, avec la Vérité même, avec Dieu. La plaine reçoit l'eau des montagnes ; la terre est éclairée, fécondée par les rayons des cieux ; tout dans la nature est une touchante harmonie, parce que tout est dans une dépendance et une soumission parfaites. L'homme, borné par l'étroit horizon de ses pensées, ne veut pas dépendre de Dieu pour recevoir et croire les leçons de sa sagesse. Alors il s'en va errant dans la profonde région des ténèbres.

Vainement prétendrait-on s'élever à Dieu dans son cœur, lui décerner des hymnes de reconnaissance et d'amour, se nourrir des graves méditations de sa grandeur, de sa bonté ; vainement prétendrait-on marcher à sa lumière même en suivant la raison et la conscience, véritables et seules manifestations divines.

Pure illusion de l'orgueil! Toute erreur et toute folie font de même : est-ce Dieu qui les guide?

Le sauvage, l'athée, le païen, l'illuminé, le fanatique sanguinaire font de même; ils sont seuls à seuls avec leur pensée, leur raison prétendue : est-ce Dieu qui les éclaire et les guide?

Soyons de bonne foi et disons ce qui est : dans cet ordre de penseurs dont je parle, on ne veut consulter que soi, ne s'en rapporter qu'à soi. Il est palpable que c'est même le privilége réclamé le plus ardemment de nos jours, ou plutôt supposé, admis sans contrôle.

Alors on s'établit vis-à-vis du moi : et que se passe-t-il? Qu'entendez-vous? Que lisons-nous de toutes parts?

Nulle doctrine positive et certaine; mais le oui et le non, le vrai et le faux traités, acceptés, confondus dans une égale indifférence.

On est libre.

Nos dogmes chrétiens sont loués, rejetés, tenus pour légitimes, déclarés inutiles presque en même temps.

Au-dessus de toute idée positive, de toute doctrine tranchée, c'est un balancement de vagues et longues périodes flottant comme des nuages entre le soleil et nous. Aussi avec l'apothéose de l'examen et de sa liberté, avec l'apothéose contradictoire de l'humanité et de sa fatalité progressive, nous avons conquis de fait et nous possédons un insaisissable scepticisme.

Il aura cependant certaines formes que vous connaissez.

L'éclectisme qui, au lieu de choisir, confond et mêle tout; aujourd'hui chrétien, demain idéaliste, une autre fois panthéiste, souvent rien. Ne nous étonnons pas. C'est le moi indépendant, le moi absolu, donc le moi tout: sorte de panthéisme individuel, néant de toute doctrine et de toute vérité, dernier terme peut-être et dernier degré de l'erreur.

Et vous ne touchez pas de la main le mal et son principe, et son caractère, et son châtiment : l'homme déclaré indépendant de Dieu!

Le doute a une autre forme, le développement nécessaire de l'humanité. Peu importe, le principe est le même.

Et l'on ne s'élance dans l'avenir, on ne salue la religion future et les grands pas de l'humanité dans la carrière, que parce qu'au présent on ne dépend, on ne veut dépendre de rien de fixe, de rien de positif, de rien de supérieur aux divagations de sa libre pensée.

Il en est encore ainsi de l'hermésianisme des

bords du Rhin, fusion de tous les systèmes, à peu près comme l'éclectisme, et qui comme lui ne voulant faire du christianisme qu'un système purement rationnel, retranche le positif et le surnaturel des dogmes, retranche donc la foi pour servir à l'indépendance de la raison; et pour son honneur prétendu explique tout, n'explique rien et dénature tout, absout et légitime tous les genres d'erreur, ne laisse subsister ni vrai ni faux : comme cette impartialité nouvelle de l'histoire qui ne blâme et ne flétrit rien, ne connaît plus ni crime ni vertu, mais au point de vue élevé de la raison libre et de la fatalité aussi, sape tous les fondements de justice, de vérité et de morale publiques.

C'est que l'intelligence humaine est déclarée indépendante de Dieu.

Tous ces penseurs, tous ces travailleurs d'idées religieuses hors de la foi, ressemblent à des flambeaux tourmentés par le vent et qui s'éteignent dans l'orage.

Ce sont les hommes dont parlait l'apôtre saint Jude, « se repaissant d'eux-mêmes, nuées sans eau, arbres infructueux, flots d'une mer en furie, astres errants auxquels est réservée la tempête des ténèbres éternelles. » *Hi sunt... semetipsos pascentes, nubes sine aqua..., arbores infructuosæ, flu-*

ctus feri maris..., sidera errantia quibus procella tenebrarum servata est in æternum [1].

Tel est le rationalisme sous toutes les formes, et tel est son mal; il fallait bien le caractériser et le décrire. Et c'est le même principe pour toute autre dénomination d'erreur, jusqu'à ce qu'on ait enfin admis pour base fixe et inébranlable la dépendance et la soumission envers Dieu.

Je vous adjure d'y penser, Messieurs, non pas à la légère, mais avec la conscience de la gravité des temps et de vos immenses besoins.

C'est un sujet de religieuse tristesse que la vue d'esprits distingués d'ailleurs, d'âmes généreuses, de jeunes cœurs si bien accessibles aux plus nobles instincts de la foi et de la vertu, qui cependant ne laisseront pas d'accueillir de funestes théories propres à tarir dans sa source toute séve de vie divine et toute vérité catholique.

Nous avons assez parlé du mal, et qu'ai-je besoin de signaler le remède? Vous le nommez tous dans vos consciences.

Le mal est donc ce déréglement d'imagination, cette omnipotence de l'idée, cet empire organisé des sens qui prennent leur source et se résument dans l'orgueil humain.

[1] Jud., 12, 13.

L'orgueil est surtout l'indépendance déclarée de l'homme à l'égard de Dieu même.

Avoir guéri l'homme de cette maladie cruelle, c'est l'avoir soumis pleinement à Dieu : miracle que la foi catholique toute seule peut, Messieurs, accomplir. Pour le sentir, daignez vous rappeler un instant l'application et l'apprentissage de ce remède unique et divin.

L'homme est un enfant d'abord; même au sein de la civilisation et dans la famille chrétienne, l'enfant n'apporte que trop en naissant une nature indocile. L'orgueil fermente et bouillonne déjà dans cette âme. Otez la foi, ôtez l'éducation qu'elle donne à un jeune cœur, et qui fécondant le principe implanté de la grâce, lui laissant son libre cours avec le développement graduel de la raison, apprend à respecter et à chérir l'autorité d'une parole divine, autorité toujours vivante et exprimée dans ses représentants sur cette terre: ôtez donc la foi de l'enfant, qu'avez-vous? La pensée libre aussi et frémissante, une impatiente fierté, les passions indépendantes: c'est-à-dire un jeune rationalisme dont l'apprentissage est bientôt fait. Enseignez à l'enfant, persuadez-lui avec force et douceur qu'il faut croire, qu'il faut obéir parce que Dieu l'ordonne. Racontez-lui simplement la vie du Sauveur et des apôtres, l'établissement miraculeux et divin de l'Église, vous lui montrerez la foi éminemment raisonnable et belle pour son intelligence naïve et pure, que l'Esprit-Saint éclaire et dirige; vous amollirez son cœur; vous préviendrez ou adoucirez des penchants farouches; vous le soumettrez à Dieu; au moins en aurez-vous le moyen impossible à trouver ailleurs, et vous l'aurez par l'autorité même et l'onction puissante et secrète toujours attachée aux enseignements divins.

Non, non, le rationalisme ne sauvera pas l'enfant des fureurs de l'orgueil: la foi est nécessaire.

L'homme est un enfant; l'homme est peuple aussi. Prêchez donc au peuple le rationalisme, le doute ou la religion de l'avenir : hélas! on ne le fait que trop. Le peuple vous comprendra presque autant que vous vous comprenez vous-même, ce n'est pas difficile; assez du moins pour ne mettre d'autres bornes à son indépendance que les barrières opposées par la force. Et le vice passé en habitude, les liens de famille supprimés et comme inconnus, les machinations ténébreuses, les doctrines subversives de tout ordre social, l'émeute dans la taverne et dans la rue donneront la mesure acquise du fruit porté par vos leçons.

Mais voyez ce pauvre missionnaire tant décrié, il réunit autour de sa chaire une population nombreuse et tranquille : il parle, il prie, il apprend à croire et à prier ; les haines s'apaisent, les torts sont réparés, les injures pardonnées, les lois respectées, les familles unies dans le lien sacré de la charité : c'est l'œuvre de la foi qui soumet l'homme intérieur, l'homme extérieur, l'homme tout entier à Dieu. Et je parle d'une expérience répétée encore chaque jour dans l'Église.

L'homme est peuple ; mais le voulez-vous aussi personnifié dans la science et le génie, ce qui est rare cependant? Oh! que la science et le génie ont donc besoin de la foi! Je n'en dirai qu'un mot.

Il faut que Dieu règne ; la raison enflée par la science ou le génie oubliera volontiers les lois de la dépendance qui la soumettent à son auteur. Elle voudra régner seule dans ce haut domaine qu'elle croit s'être fait à elle-même, et facilement elle refusera son obéissance au Seigneur.

Il est juste que Dieu reprenne ses droits et se fasse rendre par l'homme le tribut le plus digne après tout de la majesté divine, l'hommage de l'intelligence, de la science, de la liberté et du génie. Dieu alors révèle, il révèle les mystères ; il oblige à les croire sans les comprendre, sur l'autorité de sa divine parole, afin que la raison humaine fasse en même temps l'aveu de sa totale impuissance et de sa soumission totale.

Dieu règne donc par la foi, et l'homme est soumis; soumis au reste pour régner à son tour, pour vaincre l'erreur et les passions, et entrer ainsi dans la véritable liberté des enfants de Dieu. Oui, Messieurs, et vous le sentez bien, la foi seule, en humiliant et en abaissant l'homme sous le joug de l'autorité divine, la foi seule relève l'homme, car elle le sauve des égarements d'une science qui enfle et des déportements d'un cœur que les passions agitent.

Tel est le remède, la soumission de la foi; il n'y en a pas d'autre pour tous les maux qui désolent l'humanité; la suite de nos Conférences ne tendra qu'à l'établir de plus en plus devant vous.

Mais souffrez qu'en finissant je vous adresse une humble prière avec le prophète : « Si Dieu parlait à vos cœurs, si vous entendiez cette voix intérieure qui purifie, qui éclaire et console, en ce jour n'endurcissez pas vos cœurs. Ne retenez pas au dedans de vous la réponse de mort; ne gardez pas le germe homicide de l'erreur; laissez partir et passer loin de votre âme ces préjugés principes, ces fières préoccupations qui proscrivent et tuent la vérité; gardez les pensées amies de l'homme et qui l'unissent à Dieu en le soumettant au joug divin de la foi, vous vivrez. »

Un vaisseau allait sortir du port, il emmenait

sur de lointains rivages, aux bords habités par une démocratie naissante, les représentants du puritanisme anglican, Cromwell, Hampden et quelques autres. Charles Ier arrête le vaisseau dans le port et retient les farouches puritains. Sa tête tombe sur l'échafaud.

Messieurs, ne l'imitez pas : votre âme est plus qu'un règne à garder, un trône à sauver; et quand lasse, dégoûtée, suivant les desseins de la bonté divine, elle est prête à laisser tomber et sortir d'elle-même les tristes erreurs qui l'oppriment, laissez-les partir et passer bien loin de vous, pour rester et pour vivre au port avec celui qui est la voie, la vérité, la vie; avec l'auteur et le consommateur de la foi, Notre-Seigneur Jésus-Christ.

DIX-HUITIÈME CONFÉRENCE

LA NATURE DE LA FOI

DIX-HUITIÈME CONFÉRENCE

LA NATURE DE LA FOI

Monseigneur,

Élevés que nous sommes au milieu des habitudes et de la langue chrétiennes, nous prononçons un mot, la foi, *fides,* dans un sens que ne semblent guère avoir connu la langue ni la sagesse païennes. Vainement chercherait-on dans les religions antiques, le mosaïsme seul excepté, des données de quelque précision sur ce sujet.

Au sein des nations cependant et parmi les théogonies les plus absurdes, des communications de tout genre avaient été imaginées entre les hommes et les dieux ; les oracles paraissaient être pour la multitude une sorte de révélation continue ; les mystères de quelques sanctuaires fameux semblaient porter avec eux un caractère divin ; certains livres, surtout en Orient, passaient pour inspirés; les traditions altérées des peuples recélaient des traces aujourd'hui reconnues de révélation primitive : la foi n'était pas dans ce chaos. On n'y démêle pas, à proprement parler, une croyance obligée à des dogmes sur l'autorité d'une parole divine, croyance qui seule mérite de porter le nom de foi. Les masses allaient comme on les conduisait, vers des simulacres muets, suivant l'expression remarquable de saint Paul : *Ad simulacra muta prout ducebamini euntes*[1]. Et quant à la philosophie orientale, grecque ou romaine, pour peu qu'on en considère avec attention les doctrines religieuses, on y reconnaît des opinions sans croyances, quelques vérités naturelles, beaucoup d'erreurs, point de dogmes divins : c'est-à-dire le rationalisme et non la foi.

Aussi, lorsque après de longs siècles passés sous le soleil du christianisme, on vient célébrer comme un affranchissement glorieux, comme un progrès conquis, la transformation des croyances en investigations libres de la raison humaine; quand on arbore le drapeau d'un rationalisme souverain, et qu'on dédaigne de marcher désormais sous la direction d'une foi reçue comme divine, ce serait un souvenir salutaire de penser

---

[1] I Cor., xii, 2.

qu'on revient tout simplement à ce qui fut la triste condition de l'esprit humain bien longtemps, hélas! avant l'heure du christianisme. Messieurs, les païens raisonnaient aussi sans croire; quelquefois même, souffrez que je le dise, ils raisonnaient mieux qu'on ne le fait aujourd'hui en dehors de la foi : témoin les plus nobles d'entre leurs génies, qui, pressés par les angoisses généreuses de leur conscience, par les maux bien compris de l'humanité, et par le spectacle des tristes fluctuations de la raison humaine, appelaient à grands cris le bienfait d'une révélation divine; quand ils disaient, presque dans les mêmes termes, quoique en des temps et des lieux si divers : « Il faut que Dieu lui-même vienne instruire les hommes [1]. »

Aux prétentions du rationalisme nous avons tâché, dans une Conférence précédente, d'opposer le besoin même de foi, prouvé par l'état de l'intelligence sans la foi et par la seule considération des maladies de l'esprit en nos jours. Dans cette Conférence, pour mieux apprécier le retour essayé au rationalisme païen, car je n'en connais pas de chrétien, nous allons rétablir l'idée juste et saine de la foi, en préciser exactement la na-

---

[1] Confucius, Platon, etc.

ture, dire bien ce qu'elle est, pour la discerner de ce qu'elle n'est pas.

La matière est importante, délicate, digne de tout votre intérêt par elle-même; mais elle demande la forme sévère d'une exposition didactique; vous me permettrez donc, Messieurs, de l'adopter. J'aurai atteint mon but en vous laissant des notions saines, des idées justes et exactes sur la nature de la foi catholique. J'ose vous demander tout le dévouement et toute la patience d'une heure d'étude sérieuse.

Ne pensez pas, au reste, que je vienne vous apporter ainsi une liturgie de funérailles, comme si j'avais à vous parler à cette heure de ce qui n'est plus pour vous. A Dieu ne plaise! Je sais qu'en rappelant à vos cœurs, par une exposition simple et claire, la nature et la génération intime de la foi dans nos âmes, je ne ferai que redire devant un grand nombre de courages vainqueurs la législation paisible de la victoire. Car, grâces en soient rendues au Seigneur, on sent ici en vous parlant que nos croyances catholiques sont encore esprit et vie, suivant la promesse inviolable du Sauveur.

I. P. La foi en général, Messieurs, est la croyance à une autorité; c'est l'assentiment donné à une doctrine ou à des faits, à cause de l'autorité qui enseigne ou qui atteste.

Nous définissons la foi théologique : le ferme assentiment donné librement aux vérités révélées à cause de l'autorité même de Dieu qui révèle.

Dans la foi on distingue l'acte et la vertu. C'est l'acte que nous venons de définir.

Quant à la vertu de foi, vous savez que l'école dans sa langue nomme les vertus des habitudes ou manières d'être de l'âme, *habitus*. En ce sens on dit que la foi est une habitude surnaturelle, infuse, un don de Dieu qui nous incline à croire.

Mais ici nous nous occupons de la foi intégralement prise, c'est-à-dire de la foi jointe à son acte et à son exercice.

Il faut en exposer la nature suivant la théologie catholique; et, pour le faire avec ordre et clarté, nous avons à considérer le principe, l'objet, le motif, l'organe ou la règle, et les conditions préalables de la foi.

Quel est d'abord le principe de la foi, le principe qui la produit dans nos âmes?

En étudiant le travail de l'esprit humain sur les doctrines religieuses, on reconnaît, Messieurs, qu'il est tourmenté par une impatience continuelle qui cherche à secouer le joug tutélaire de l'action et de l'assistance divines. Il semble si raisonnable et si nécessaire cependant de penser que Dieu agit dans sa créature, dans l'intelligence et la volonté finies, sans altérer néanmoins la liberté qu'il donna; il y a dans la conscience humaine un cri si profond de faiblesse; il y a dans nous, jointe à l'idée de Dieu, l'idée d'une bonté si attentive, si puissante et si douce, qu'on s'étonne de cette vieille lutte d'indépendance et d'orgueil, dans laquelle l'homme abusé dispute à Dieu le droit de lui porter secours, de l'éclairer, de l'instruire par sa parole, de le fortifier, de le sauver par sa grâce.

Le naturalisme sous un nom ou sous un autre reparut en divers temps. Il ne voulait, il ne veut encore aujourd'hui devoir qu'aux forces naturelles, à la raison, à la liberté humaine seules, il ne veut devoir qu'à ce principe la vérité, la vertu, la récompense dernière, quand il l'admet. Tel fut le paganisme philosophique par le fond de ses doctrines.

Tel fut aussi Pélage, qui écarta le surnaturel du cœur de l'homme et de l'économie la plus intime de la rédemption : tels furent les semi-pélagiens, qui prétendaient au moins attribuer à la nature et à la raison un commencement et une racine de foi et de salut. Tels les rationalistes de tous les temps, les sociniens nés de la réforme comme des enfants de leur mère, les philosophes incrédules et tous ceux qui célèbrent leur raison affranchie de la foi surnaturelle et divine.

L'Église catholique enseigna toujours, elle enseigna en présence des païens et de Pélage, elle enseigna dans le concile de Trente et soutient encore contre tous les novateurs épris d'amour pour les forces humaines, que la foi, racine et base de justification et de salut, a pour principe la grâce divine[1]; qu'elle est dans l'âme un don surnaturel de Dieu; que les forces naturelles ne peuvent jamais la produire. Saint Paul l'exprime de la manière la plus claire, écrivant aux Éphésiens : « Vous êtes sauvés par la foi avec la grâce; et cela ne vient pas de vous, car c'est le don de Dieu[2]. » *Gratia salvati estis per fidem; et hoc non ex vobis, Dei enim donum est...*

Saint Augustin durant vingt années et dans plus de trente ouvrages consacra son génie, attacha pour jamais la gloire de son nom au soutien de ce principe.

Ne vous étonnez pas, Messieurs, des efforts de ce grand homme; ne soyez pas surpris des luttes solennelles et des décisions réitérées de l'Église sur ce point.

---

[1] Fides est humanæ salutis initium, fundamentum et radix omnis justificationis. (Trid., sess. 6, cap. VIII, et can. 3.)

[2] Ephes., II, 8.

Il s'agissait réellement, contre Pélage et ses disciples; il s'agit, contre le naturalisme moderne, qui n'est qu'une extension du pélagianisme, en fixant nettement le principe de la foi, de déterminer la notion véritable de l'homme et de son état présent. Ce que la révélation seule nous apprend, ce qu'une fausse philosophie ne veut pas admettre sur l'autorité de la parole divine, c'est ce que l'Église venge et défend contre toutes les attaques : à savoir, que l'homme a été créé pour une fin surnaturelle, et placé dès l'origine dans un état surnaturel; que, déchu par le péché, il a été relevé, réparé, secouru surnaturellement en Jésus-Christ pour atteindre la même fin; que les forces de la nature seules se trouvant hors de proportion avec la fin de l'homme, qui est surnaturelle, et les moyens devant être proportionnés à la fin, la grâce, lumière et force surnaturelles, est nécessaire à l'homme pour remplir sa destination dernière et vraie, qui consiste dans la vision intuitive et surnaturelle de Dieu.

Or la foi, croyance à l'état même révélé et à tous ses dogmes, étant le fondement et comme la première pierre de l'édifice qu'il faut élever pour parvenir à la fin surnaturelle, la foi doit être surnaturelle aussi, donnée de Dieu par conséquent avec la grâce, pour proportionner les puissances de l'homme à la hauteur de sa vocation surhumaine et divine.

Ce point fondamental de l'état surnaturel, qui est l'état présent de l'homme, une fois admis, le reste suivrait de soi-même. On ne veut pas l'admettre; on dédaigne cette croyance de bien haut, et par une bien grande ignorance. De là viennent la plupart des erreurs fondamentales en matière de religion.

Cependant l'Église parle, définit : les dix-huit siècles chrétiens ont combattu pour ce dogme; il constitue l'économie entière du christianisme et de la rédemption. En le reconnaissant on reconnaît la nécessité d'une action divine surnaturelle comme principe de la foi salutaire en nos âmes.

Mais après tout, Messieurs, pourquoi donc cette frayeur ou ce dédain du surnaturel qui semble murer et fermer devant nous tant d'esprits et tant de cœurs? Car au fond, dans notre siècle et pour un grand nombre, tout se réduit à nier le surnaturel. Pourquoi? Ne faudrait-il pas répondre toujours qu'on ne veut pas dépendre? Non, on ne veut pas dépendre d'un joug supérieur à la raison, c'est-à-dire de la foi. Que l'orgueil est donc puissant quoique aveugle, ou plutôt parce qu'il est aveugle!

Mais, direz-vous, qu'est-ce donc que le surnaturel? Messieurs, ce qui est au delà ou au-dessus de la nature, au delà des forces et de la raison naturelles de l'homme; ce que Dieu ne devait pas à la nature et à l'essence de l'homme, ce qu'il y ajoute par surcroît. L'homme est un être borné, fini : au-dessus et au delà de sa nature quel champ immense de réalités possibles ou existantes, jusqu'à l'ange et jusqu'à Dieu!

Quoi, point de surnaturel! Non, il est impossible! Dieu ne peut rien ajouter à son œuvre, rien donner de plus à l'homme, rien au delà ni au-dessus de ses forces naturelles. Dieu ne peut pas! Et qui vous l'a dit, s'il vous plaît? Est-ce que la nature de l'homme est une barrière dressée des mains de Dieu contre Dieu même? Et se comprend-on bien soi-même quand on ne veut pas de surnaturel? A-t-on des idées justes et des notions saines à cet égard?

La notion du fini est proprement d'être ce qui manque d'une réalité ultérieure, ce qui eût pu et ce qui pourrait par conséquent l'avoir, puisqu'on peut concevoir le fini s'augmentant et grandissant toujours. La notion de l'infini est au contraire d'être ce qui ne peut rien avoir de plus, rien posséder ni être de plus qu'il n'est, puisqu'il réalise tout le possible. Dans l'infini, en Dieu, oh! certes, le surnaturel répugne et implique contradiction, parce qu'il s'agit de l'infini même, auquel on ne peut rien ajouter. Dans l'être fini le surnaturel est nécessairement admissible, si Dieu est Dieu et si l'homme n'est pas Dieu. Car alors Dieu peut encore donner à l'homme ce que l'homme n'a point par sa nature; et cela par la même raison qu'il a pu lui donner l'être qu'il n'avait pas, et faire que ce qui n'était pas fût.

Ainsi Dieu, disons-nous, révèle, et Dieu institue la foi et la grâce intérieure, la foi, qui est elle-même une grâce : double institution surnaturelle qui n'en fait qu'une; don libre de Dieu, qu'il a pu accorder s'il a voulu, pour faire connaître à l'homme ce que l'homme ignorait; pour lui imposer le frein, le guide et la barrière d'un enseignement divin dont il a tant besoin ; pour fortifier son cœur, l'émouvoir, l'épurer, le conduire et l'élever jusqu'à cette possession parfaite de l'infini en lui-même, que certainement l'homme par sa nature seule ne pourrait jamais atteindre.

Vous pouvez bien, vous, donner à l'homme ce qu'il n'a pas, si vous l'avez, du savoir et de l'or; souffrez que Dieu vous donne ce qui vaut mieux et ce que vous n'avez pas, ce que vous ne sauriez avoir par vous-même, la foi, l'espérance et l'amour avec la grâce.

Telle est, Messieurs, la doctrine catholique sur le principe générateur de la foi. Ce principe est la grâce divine et surnaturelle ; mais la grâce avec l'homme, comme dit saint Paul : *gratia Dei mecum ;* vous l'avez bien compris : avec l'homme toujours libre, et que Dieu veut sauver en lui donnant la grâce. Cette doctrine, vous le voyez, concilie tout ; elle console et garde la liberté humaine, et lui montre ce flambeau divin allumé au foyer de l'intelligence infinie, dont les rayons descendent fidèlement en nos âmes, les pénètrent d'une vive lumière et d'une douce chaleur, pour leur servir de guide et de force tutélaire dans le séjour ténébreux de cette triste terre, pour les porter ainsi à la vision des cieux. Nous avons parlé du principe de la foi.

II. P. Quel est l'objet de la foi ?

Ici, par objet de la foi nous entendons ce que la foi nous enseigne, ce qu'elle nous propose et nous oblige à croire.

A cette question : Quel est l'objet de la foi ? on répond : Ce qui est révélé, tout ce qui est révélé, uniquement ce qui est révélé de Dieu ; voilà l'objet de la foi, et ce à quoi s'attache inviolablement la ferme adhésion de la croyance du chrétien.

Cette adhésion suppose sans aucun doute la connaissance certaine et infaillible de la vérité révélée comme telle ; mais la révélation connue devient par là même l'objet commandé, imposé de l'acte de foi.

Ce qui est révélé, ce qui est connu certainement comme révélé, telle est la principale notion de l'objet de la foi.

L'objet de la foi, ce n'est donc point la vérité reçue par l'évidence, ou conquise par la démonstration, ou travaillée par la raison, mais bien ce que Dieu a révélé.

Ce n'est pas cette révélation improprement dite qui n'est que la raison humaine, manifestation naturelle faite par Dieu en nous des premières vérités, ou des conséquences que le raisonnement en déduit; mais l'objet de la foi est cette révélation placée au-dessus et en dehors des forces et des opérations de la nature; révélation extérieure à l'homme et surnaturelle, par laquelle il plaît à Dieu de nous dicter et de nous imposer, pour le croire, ce que nous ne comprenons pas, ce que nous ne saurions découvrir ni atteindre par nous-mêmes.

L'objet de la foi est donc surnaturel en soi, comme révélé; et en tant que révélé, il demande l'acte de foi. Il ne peut être en même temps l'évidence ni le raisonnement démonstratif : il y aurait contradiction dans les termes; croire c'est ne pas voir. *Quid est fides?* demandait saint Augustin, et il répondait : *Credere quod non vides;* et saint Paul : *Fides... argumentum non apparentium :* « La foi..., conviction des choses qui ne paraissent pas [1]. »

Distinguons bien toujours, Messieurs, ces deux choses, et n'oublions pas que l'esprit voyageur sur la terre est déjà citoyen des cieux, habite deux régions, deux sphères, comme il parle deux langues : la raison ou la science, langue de l'homme; la foi, langue de Dieu et parole divine.

D'où suit encore l'immuable identité du christianisme et de la foi dans tout le cours des siècles. Il commence au berceau du monde, fixe sa tente sur la terre, s'accroît et se développe, il est vrai; mais s'accroît par une révélation successive, ne change point par le travail de la raison.

Achevé, sanctionné par Jésus-Christ, il s'arrête; et Dieu ne révèle plus, ne doit plus révéler après la rédemption opérée, car elle est le terme des promesses, le sommet de l'édifice et des conseils divins.

La pierre fondamentale est posée, l'édifice couronné, et nul n'en peut bâtir un autre, comme s'exprimait saint Paul. Que la raison travaille, bâtisse ou démolisse ailleurs, soit, les temps changent et bouleversent tout; mais la foi de-

[1] Hebr., xi, 1.

meure; et c'est non-seulement le fait, mais le droit, parce que l'objet de la foi est la révélation divine, souveraine et immuable vérité.

Les mers s'agitent aussi, et semblent vouloir, semblent pouvoir tout ébranler. Un roc y fut posé par la main divine, un nautonier le signala il y a longtemps; des nautoniers sont revenus, le roc était immobile.

Telle est l'immuable identité de la foi, contre laquelle toute hérésie de progrès vient se briser; parce que l'objet de la foi est la parole révélée et divine.

Dieu par sa grâce est le principe, Dieu par sa parole est l'objet de la foi; il en est le motif par son autorité souveraine et infaillible.

III. P. Motif, c'est ce qui meut, ce qui porte à juger ou à faire une chose.

Le motif formel d'un acte de l'entendement est ce qui en détermine surtout la nature et le caractère spécial. Ainsi, de même que la foi qui repose sur une autorité humaine comme motif, est une foi humaine, la raison formelle de croire étant alors le témoignage de l'homme; de même la foi, pour être divine, doit reposer sur l'autorité divine, ou sur le témoignage même de Dieu révélant une vérité à croire par l'homme.

Ce que nous croyons, nous le devons à l'autorité, disait saint Augustin : *Quod credimus, auctoritati*. Point de foi sans un motif d'autorité qui engage, qui oblige à croire ; et point de foi divine sans l'autorité divine.

En effet, la foi comme l'entend le christianisme est la croyance à la parole même de Dieu, c'est croire à Dieu ; et cette croyance à Dieu ne peut avoir pour appui en soi-même, pour motif formel et essentiel que l'autorité même de Dieu ; comme la croyance à un homme, à la parole d'un homme pour un fait qu'il atteste, vient par-dessus tout de l'autorité et de la dignité morale de cet homme, de son droit à une entière confiance.

Ainsi je crois à cause de l'autorité de Dieu, qui a révélé ; tel est, Messieurs, l'acte de foi chrétienne et divine avec son motif formel et constitutif, avec son essence propre.

La raison n'est pas, ne peut pas être le motif de la foi, parce que la foi exclut l'acte de science ou d'intelligence, lequel naît d'un motif pris dans la raison. Croire c'est ne pas voir, et même ne pas comprendre, à proprement parler.

L'autorité même de l'Église n'est pas le motif direct et formel de la foi ; ce n'est pas proprement à l'Église, c'est à Dieu même, à la parole de Dieu que nous croyons ; et pour croire à Dieu, le motif propre, fondamental et vrai est l'autorité même de Dieu, ce témoignage divin, souverain et infaillible que porte avec soi la révélation divine reconnue préalablement certaine.

Ce qu'est l'autorité de l'Église par rapport à l'acte de foi, je le dirai tout à l'heure.

Les motifs de crédibilité, c'est-à-dire cet ensemble de signes évidemment divins qui prouvent la révélation faite, qui montrent que bien certainement Dieu a parlé, a révélé, ne sont point non plus le motif de la foi.

Ils sont la certitude du fait de la révélation : certitude nécessaire à acquérir pour croire raisonnablement. Mais ce fait certain établi, je crois, je crois fermement le dogme révélé à cause de l'autorité de Dieu qui révèle. C'est le motif direct qui détermine et forme en moi l'acte de foi. Je m'appuie invinciblement sur l'autorité du témoignage même divin, pour croire à une parole divine qui m'enseigne ce que je ne puis comprendre.

Et c'est ce que saint Jean Chrysostome exprimait noblement à sa manière, en disant que « par la foi notre esprit a en vue et comme pour appui la dignité même de Dieu. » *Per fidem intendi mentem nostram in dignitatem Dei* [1].

---

[1] Chrysost. *in Gen.*, hom. xxvi.

Que si vous me demandez, Messieurs, pour ne rien laisser en arrière des notions exactes, en quoi consiste cette autorité de Dieu, motif formel de notre foi, je réponds : En deux choses corrélatives dans l'essence même de Dieu : son infaillibilité pour connaître, sa véracité souveraine pour dire et révéler. En d'autres termes, ne pouvoir pas se tromper, ne pouvoir pas tromper, c'est ce qui constitue en Dieu l'autorité évidente de son témoignage et de sa parole sur l'esprit de l'homme.

On peut bien y joindre aussi l'autorité de commandement ou d'empire, comme parlerait l'école, *auctoritas imperii;* parce que Dieu, qui révèle, est un maître qui parle, qui ordonne et impose à toute intelligence créée l'humble et glorieux devoir, l'obligation souveraine de se soumettre et de croire.

Pardonnez, Messieurs, encore une fois cette exposition didactique et presque scolastique; mais elle était nécessaire. On parle souvent de la foi, on la discute, ou même on la défend souvent sans la bien connaître, sans en avoir l'idée juste et précise. Et j'ai sincèrement regretté en plus d'une occasion que des esprits d'ailleurs distingués eussent manqué sur ce point des fondements essentiels d'une théologie véritable.

Un homme fameux a dit il n'y a pas longtemps,

avant de mourir, que la théologie sert beaucoup dans la carrière politique et dans les négociations. Je le crois volontiers. Elle servirait bien encore dans tous les travaux sérieux de l'esprit sur les matières philosophiques et religieuses. Mais qui donc daignera s'occuper d'études théologiques? Nous du moins, Messieurs, pour enseigner et pour instruire dans la sainteté et la justice de la vérité, suivant l'expression de saint Paul.

L'autorité de Dieu est le motif formel de la foi. Mais l'autorité de l'Église qu'est-elle donc par rapport à la foi? Le voici :

IV. P. S'il y a, Messieurs, une chose nécessaire au monde, c'est assurément l'autorité de l'Église. S'il y a un fait constant, pratique, solennel, transmis et exercé en tout temps, impossible d'ailleurs à supposer, c'est bien l'institution divine de cette autorité infaillible, contemporaine de l'institution du christianisme, et ne faisant avec lui qu'une seule et même chose.

Cette autorité tutélaire de l'Église catholique fut souvent le sujet de nos Conférences. Nous n'avons pas à l'établir en ce moment; pas même à la considérer sous le rapport de son indispensable nécessité. Il nous sera permis de compter à cet égard sur vos souvenirs.

L'autorité de l'Église supposée, supposée comme infaillible et souveraine en matière de foi, il faut rechercher quelle est sa place, son action, par rapport à l'acte de foi. Car encore ici on a souvent confondu des notions distinctes, et dénaturé l'économie des croyances chrétiennes. L'erreur nous a combattus à faux en ce point, et le zèle n'a pas toujours été selon la science.

L'ange dans l'état de voie et d'épreuve, le premier homme, les patriarches, les Hébreux fidèles, les apôtres même et les disciples de Jésus-Christ, témoins des merveilles de sa vie, eurent tous avec la grâce, en croyant à la révélation, la foi véritable surnaturelle, divine et salutaire, sans qu'il y eût pour eux encore la proposition ou la définition infaillible de l'Église. La chose est incontestable.

La proposition infaillible de l'Église n'est donc pas proprement essentielle à la foi, elle n'est pas de soi-même un élément constitutif de l'acte de foi, puisque sans cette définition et cette autorité de l'Église la foi peut exister et exista.

L'Église, par l'institution de Jésus-Christ, n'est pas non plus devenue de l'essence de la foi, quoique souverainement nécessaire à sa conservation. La nature de la foi est complète avec son principe, son objet, son motif, sans y comprendre la définition de l'Église. La grâce divine avec la connaissance certainement acquise de quelque dogme révélé, peut produire dans une intelligence éclairée et dans un cœur droit toute la substance de la foi divine : on peut en convenir sans crainte, et, pour être dans le vrai, il faut le dire et le penser ainsi.

Mais il n'en faut pas moins dire que, communément parlant, la proposition de l'Église est nécessaire, et qu'elle a lieu pour amener l'acte de foi. Il faut dire toujours que l'autorité de l'Église est indispensable, absolument indispensable dans l'économie du christianisme, quand il est prouvé d'ailleurs qu'elle est de fait l'institution même divine.

L'Église est établie, elle est nécessaire pour conserver l'unité et la perpétuité de la foi, pour interpréter les Écritures et les arracher à l'arbitraire du sens privé, pour juger les controverses touchant la foi avec une autorité souveraine.

Voilà ce qu'est l'Église; son pouvoir est souverain, infaillible, divin dans la défense et la définition de la foi divine : sans l'autorité de l'Église, il n'y a plus de christianisme.

Mais, pour parler juste, cette autorité de l'Église n'est ni le principe ni le motif de la foi; il en est la règle extérieure et infaillible.

L'hérésie funeste de la réforme touchant l'Église

fut proprement celle-ci : que l'unique raison et l'unique règle de la foi, pour tous et pour chacun, est la révélation intérieure, l'instinct privé et spécial que Dieu donne à l'âme ; nullement et jamais l'autorité de l'Église. Les sociniens et les rationalistes ont nommé règle de toute croyance pour chaque homme la seule raison naturelle; ce qui du reste devait naître comme conséquence nécessaire du principe posé par la réforme.

Par où l'on conçoit l'abîme qui nous sépare du rationalisme.

Pour lui la raison seule et le jugement seul de l'homme décide de sa croyance, de sa religion et de toute doctrine religieuse : chaque point de doctrine est à examiner en lui-même et doit être souverainement jugé par la raison, avec le droit de rejeter ou d'admettre; ce qui est surtout fécond en éléments d'ordre, de vérité et de stabilité, comme on le voit.

Au sein du catholicisme il suffit, mais il est nécessaire, d'acquérir par la connaissance très-simple des faits et des signes évidemment divins, la connaissance certaine de l'institution divine de l'Église et de son autorité. On conçoit que pour tous alors il n'y a plus qu'à écouter l'Église en chaque point particulier du dogme révélé.

Ainsi dans la saine entente de l'économie catholique l'autorité de l'Église n'est pas de l'essence même de la foi; non, elle est quelque chose d'extérieur à la foi; mais elle n'est pas moins souverainement nécessaire. L'autorité de l'Église en exercice n'est point le motif formel, point le principe de la foi; elle en est la proposition, la règle vivante et le juge infaillible; elle est le moyen extérieur ou l'organe dont se sert l'Esprit-Saint pour distribuer et assurer communément à tous le pain de vie des doctrines révélées, et pour les défendre contre les atteintes de l'erreur.

L'Église est la cité bâtie sur la montagne. Au dedans et à l'abri de ses remparts règne la vérité : le cercle fermé par ses barrières est l'enceinte où l'on puise la vie divine; Dieu même y nourrit l'âme et la soutient de toute la force intime de ses grâces. Au dehors s'amoncellent les nuages, grondent les tempêtes, se débattent l'erreur et la mort.

La barrière tutélaire repousse au loin tous les chocs ennemis; l'Église ainsi garde intact le dépôt sacré de vérité, de vie divine.

V. P. Faut-il enfin, Messieurs, dire un mot des conditions préalables de la foi? Car nous en avons exposé le principe, l'objet, le motif, l'organe et la règle commune.

On demande comment la foi est raisonnable en même temps que surnaturelle. A certaines conditions nécessairement requises. Nous les dirons mieux et avec une juste étendue dans la prochaine Conférence, qui traitera de la certitude même dans la foi.

Aujourd'hui contentons-nous de rappeler que l'enseignement unanime des théologiens catholiques se résume dans ces courtes paroles de saint Augustin et de saint Thomas, double flambeau de nos écoles.

Saint Augustin, dans son livre de la *Prédestination des Saints*, chapitre II, écrit : « Qui ne voit qu'il faut penser avant de croire ? Nul ne croit en effet qui n'ait auparavant pensé, jugé qu'il devait croire ! » *Quis enim non videat prius esse cogitare quam credere ? Nullus quippe credit aliquid, nisi prius cogitaverit esse credendum !* C'est bien ce que nous disons encore.

Saint Thomas parlant comme son maître : « La raison ne croirait pas si elle ne voyait qu'elle doit croire, soit à cause de l'évidence des signes divins, soit par quelque autre motif. » *Non enim crederet nisi videret ea esse credenda vel propter evidentiam signorum, vel propter aliquid hujusmodi* [1].

[1] 2a 2æ, q. 1, a. 4, 2um. Et q. 2, a. 9, 3um.

Ainsi, Messieurs, voici bien simplement quelle est notre foi raisonnable, et quelles sont les conditions préalables pour croire.

Jésus-Christ s'annonce comme Dieu ; il le prouve par les prophéties accomplies en sa personne et par ses miracles, confirmation de ses paroles. C'est là ce que nous nommons motifs de crédibilité, préliminaires requis pour croire. Les Juifs pouvaient et devaient juger certainement que Jésus-Christ était Dieu ; ils restaient libres néanmoins de refuser par un crime leur assentiment à l'évidence des miracles et à la grâce intérieure qui est le principe de la foi.

Aujourd'hui l'Évangile et les faits de l'Évangile sont une histoire aussi véridique et aussi sûre certes que l'histoire la plus autorisée. Le fait de la révélation de Jésus-Christ prouvé aux contemporains par les œuvres du Sauveur, est prouvé pour nous comme le fait historique le plus incontestable.

C'est un préliminaire indispensable (nous l'enseignons ainsi) que la raison individuelle perçoive d'abord la vérité du fait de la révélation avec certitude : elle peut, elle doit le faire, il s'agit d'un fait historique. Puis la volonté mue par la grâce détermine l'entendement, éclairé lui-même d'une lumière divine, à croire de foi les dogmes révélés.

Nous croyons ainsi en particulier à l'autorité

infaillible de l'Église, comme dogme révélé et institution divine. Cette autorité une fois admise, par son moyen nous croyons à tous les autres articles de foi, comme je viens de l'exposer.

Nous croyons raisonnablement, puisque les motifs préalables de crédibilité sont évidents et établissent que Dieu a parlé; nous croyons librement, puisque je puis très-bien, en me rendant coupable, refuser mon assentiment à la vérité même révélée.

Ainsi la foi est-elle raisonnable par les conditions de crédibilité reconnues certaines; ainsi est-elle surnaturelle et divine dans son principe qui est la grâce, dans son objet qui est la parole de Dieu, dans son motif qui est l'autorité révélatrice de Dieu; ainsi est-elle immuable, une et toujours assurée par sa règle extérieure et infaillible qui est l'Église.

C'est assez, Messieurs, pour rétablir ou pour donner la notion saine de l'acte de foi catholique: tel était tout mon dessein. Quelques difficultés de détail peuvent s'offrir à vos esprits; elles reviendront pour disparaître aux Conférences suivantes.

Messieurs, la foi, quand on la connaît bien, est si simple, si belle, si raisonnable et si pure, qu'elle est à l'âme fidèle la plus douce jouissance, le bonheur le plus intime et le plus vrai. Au milieu des vicissitudes et des peines multipliées de la vie, on aime à redescendre au fond de son cœur, pour y trouver le don de Dieu, gage sacré de consolation et de paix. On établit volontiers sa demeure au sein de la lumière et de l'onction divine : de là, comme d'un asile assuré, on voit venir et passer les orages; et la prière de la piété reconnaissante s'élève sans cesse au trône du Seigneur, pour le remercier et le bénir de la grâce ineffable qu'il nous fit en nous donnant de croire à sa parole.

Quand on a cessé de croire, quand on n'a plus la foi, parce qu'on se laissa emporter au tourbillon des opinions et des passions humaines, ou qu'on descendit jusqu'au plus bas degré de la pente d'une triste indifférence, Messieurs, encore alors on se souvient ou l'on désire. On se souvient de la foi du jeune âge, si vive peut-être et si heureuse; on désire un repos, un bonheur, une espérance au moins que la foi seule peut donner.

Dans le silence et la solitude de la conscience il y a bien peu d'abri pour une erreur tranquille : il suffirait presque de haïr le trouble et de le fuir pour se réfugier, par une humble et fervente prière, au sein de la paix et de la lumière. Alors un poids immense serait levé; le jeu pénible des illusions et des sophismes s'évanouirait; on trouverait juste, raisonnable et vrai l'acte de foi naïve, et l'on dirait encore : « O mon Dieu, je crois fermement tout ce que vous avez révélé, parce que vous êtes la vérité même. » Messieurs, que je serais heureux si quelque âme agitée, répétant simplement avec moi ce langage élémentaire, oublié peut-être il y a longtemps, se prenait à l'aimer encore, et consentait encore à se laisser remplir des influences bénies de la grâce toujours préparée pour nous guérir et nous sauver.

DIX-NEUVIÈME CONFÉRENCE

LA CERTITUDE DE LA FOI

DIX-NEUVIÈME CONFÉRENCE

LA CERTITUDE DE LA FOI

Monseigneur,

Il est rare que la religion rappelée avec ses véritables caractères, avec ses ineffaçables attraits, ne réveille quelque sentiment d'admiration et d'amour, même en des cœurs qui s'endormirent, il y a longtemps, du sommeil de l'indifférence, dans ceux aussi qu'emporte la fougue des passions ou que saisit le torrent précipité des opinions humaines.

L'âme, avec sa nature et sa destination, a reçu du Créateur un besoin religieux si intime, il est si vrai qu'elle est naturellement chrétienne, que sur elle les beautés de la foi et les magnificences du christianisme ne sauraient jamais perdre entièrement leur ascendant et leur empire.

A certaines époques de la vie, soit au milieu de l'assemblée religieuse du temple, soit dans l'isolement du chagrin, soit peut-être dans les libres communications d'une pieuse amitié, des souvenirs, des impressions involontaires reportent la pensée vers Dieu, et s'expriment par des désirs, quelquefois par des regrets. Fut-il jamais un seul homme duquel on puisse dire que l'émotion religieuse lui ait été totalement inconnue?

Mais pour un grand nombre ce ne fut guère qu'une chaleur passagère que ressentit leur cœur, et qui s'évanouit aussitôt au souffle agité du vent du dehors, ou bien au contact glacé des choses de la terre. Pour d'autres, en trop grand nombre aussi, une sorte d'état consenti de doute et de suspension négative est le résultat et le fruit de ce passage de quelque influence chrétienne dans la conscience.

On n'oppose pas à la foi un non absolu, on n'entreprend point de la démontrer fausse; on ne l'admet pas non plus. On pourra louer, non pas croire; et sans solution, sans doctrine fixe, il semble qu'on prétende s'asseoir dans un milieu tout incertain et tout mobile: on accepte le doute.

On ne va pas plus loin : Je doute, est l'état convenu avec soi-même, avec les autres.

Messieurs, ce n'est pas vivre, c'est mourir. Le

doute est une mort pour l'intelligence, dont la vie est la lumière même de la vérité; car douter, c'est se balancer dans les ténèbres.

Malaise pénible pour l'âme, travail rongeur des sociétés; cette suspension de la foi émousse l'énergie, use les ressorts du bien et tue l'élan généreux du vrai. Aussi quelle mollesse et quelle confusion d'idées et de doctrines autour de nous!

J'ai pensé, Messieurs, qu'auprès du lit d'un malade, discuter sur son mal, en faire ressortir la gravité, en caractériser les causes, n'était pas le plus utile; qu'il vaut mieux offrir le remède. Je viens vous exposer aujourd'hui la certitude de la foi, et l'offrir à ceux qui doutent.

Pour eux je demande en ce moment la grâce accordée autrefois à la femme de Thyatire, suivant le livre des Actes : « Le Seigneur ouvrait son cœur pour la rendre attentive et docile aux paroles de l'Apôtre[1]; » cet apôtre, il est vrai, était saint Paul.

Nous allons donc reprendre les éléments constitutifs de l'acte de foi, tels que la Conférence précédente les précisa; nous pénètrerons ensemble dans leur force intime pour en faire ressortir l'inévitable certitude.

Je crois pouvoir me réduire à ces trois points :

[1] Act., XVI, 14.

Dans la certitude de la foi il faut considérer sa préparation, sa consommation ou son acte, sa garantie; préparation, consommation, garantie de certitude dans la foi; tel sera le sujet de cette Conférence.

I. P. J'aime, Messieurs, cette philosophie noble, calme et pure, qui, appuyée sur un sentiment profond de religion et s'élevant bien au-dessus des petites complications du sophisme, place en Dieu même le principe nécessaire de la certitude pour l'homme; et il faut bien qu'il en soit ainsi.

Dieu est l'intelligence et la vérité infinies; il est le bien souverain et parfait qui aime à se répandre et, pour ainsi parler, à s'épancher dans son image et dans ses œuvres, comme un fleuve abondant de lumière et de vie.

Dieu par sa nature est la cause universelle, immense, partout présente: il donne l'être et le mouvement à tout ce qui existe; il est présent au plus intime de l'âme humaine, dans laquelle il se plut surtout à graver les traits de sa ressemblance divine. Il y vit, il y parle et agit comme auteur de cette raison de l'homme, qu'il créa pour être honoré par elle: et il la dota de l'impérieux besoin, de la glorieuse faculté de connaître.

Comme l'œil cherche à voir, l'esprit cherche à

savoir. Comme l'œil voit, l'esprit affirme ; et de même que Dieu se contredirait lui-même, si, créant l'œil organisé pour voir, il lui refusait ensuite tous les effets de la lumière ; ainsi ferait-il si à l'esprit, qu'il crée pour connaître, il refusait l'affirmation ou la connaissance certaine de la vérité.

Que si cependant le triste pouvoir de se tromper se conçoit comme l'apanage direct et comme le défaut de la créature, imparfaite et bornée qu'elle est : ne pouvoir jamais rien connaître, rien affirmer sûrement, ne serait plus un défaut, ce serait la négation de la raison ; ce serait l'œil qui ne pourrait plus rien discerner ni voir.

Être infaillible et être certain sont deux choses parfaitement distinctes ; je puis connaître certainement la vérité comme je puis faire certainement un acte de vertu ; je ne suis pas plus infaillible qu'impeccable. La nature intellectuelle de l'homme, participation bornée de l'intelligence divine, porte donc en elle-même un principe de certitude.

Tel fut l'enseignement constant des plus beaux génies dont la philosophie s'honore.

Saint Thomas écrivit dans son traité *Du Vrai* : « Savoir quelque chose avec certitude, est l'effet de cette lumière intérieure de la raison que Dieu a mise dans notre âme, et par laquelle il parle en nous.... » *Quod aliquid per certitudinem sciatur, est ex lumine rationis divinitus interius indito, quo in nobis loquitur Deus*[1].

Mais l'homme peut se tromper, et se tromper souvent; nous le savons assez.

C'est que trop souvent par l'abus de sa liberté il ne veut pas s'arrêter devant la limite de ses forces : il précipite ses jugements, dépasse les bornes mises à son intelligence, et prononce témérairement sur ce qu'il ignore. Trop souvent aussi il laisse les déréglements de son cœur égarer son esprit. Et telle fut bien la cause de la première erreur commise dans le monde, le péché.

C'est la doctrine des deux sages que j'aime à citer; et l'un d'eux, saint Augustin, a dit : « Les péchés trompent les esprits qui cherchent ainsi le vrai en abandonnant et en négligeant la vérité, » c'est-à-dire Dieu même. *Peccata animos fallunt cum verum quærant relicta et neglecta veritate*[2].

Nous convenons donc volontiers, Messieurs, et nous enseignons que sans ce principe intérieur et naturel de certitude en l'homme, il serait impossible de trouver pour la foi un lieu raisonnable dans notre intelligence; et nous maintenons que la foi doit être raisonnable et libre en même temps que surnaturelle : car enfin, pour qu'il soit possible

---

[1] S. Th., *De Ver.*, q. 11, a. 1.
[2] S. Aug., *de Vera Religione*, n. 67.

de croire, il faut bien que la raison voie qu'elle doit croire. C'est encore le mot de saint Thomas : *Non enim crederet, nisi videret ea esse credenda*[1].

Mais aussi nous professons hautement que la raison simple et droite placée en face du christianisme et de la proposition de l'Église, peut et doit croire avec certitude.

Voici donc pour la raison la préparation à la certitude de la foi.

J'appelle préparation à la foi l'évidence préalable de crédibilité, ou la certitude des faits qui prouvent que la foi catholique est véritablement révélée de Dieu.

Ces faits, base du christianisme, sont présentés, racontés, rappelés partout. Ce sont en particulier les miracles de Jésus-Christ et des apôtres. Si ces miracles sont certains, réellement historiques, tels qu'on les raconte, alors ils sont évidemment des faits divins accomplis : car la toute-puissance divine a pu seule en être l'auteur. Leur simple énoncé, la seule lecture de l'Évangile et des monuments montrent littéralement dans ces prodiges l'action surnaturelle de Dieu. Et comme ils s'opérèrent directement et manifestement en confirmation d'une doctrine donnée pour révélée et divine, alors cette

---

[1] S. Thom., 2ª 2æ, quæst. 1, a. 4, ad. 2.

doctrine est telle. Ce sera Dieu se manifestant, s'attestant lui-même, et prouvant la vérité de sa parole par ses œuvres. Dieu aura donc parlé, si les miracles de Jésus-Christ et des apôtres sont réels, certains et historiques.

Toute la question est là dans son énergique et divine simplicité.

Mille fois débattue, mille fois résolue, cette question, Messieurs, n'est pas de nos jours attaquée franchement; elle est plutôt tournée, éludée, ou supposée sans force, quand c'est l'erreur même qui est sans vigueur.

Cependant tout est là : les miracles sont vrais, il faut croire; ils sont faux, ne croyez pas. Mais ils sont vrais ou faux; et c'est la plus grave des questions au ciel, sur la terre et dans les enfers. Il faut donc l'examiner et non pas s'enfuir.

Ces miracles sont racontés au paganisme du premier et du second siècle; racontés comme des faits réels et historiques, scellés du sang de leurs historiens et de leurs témoins, qui demeurent inébranlables sous le coup d'atroces persécutions.

Les monuments et les écrits païens, Celse, Porphyre, Julien et les autres ne nient pas ces faits miraculeux, ils les attribuent à la magie. Non, non, les païens ne nièrent jamais ni l'existence historique de Jésus-Christ, ni les faits historiques et même miraculeux de Jésus-Christ. Lisez encore et Tacite, et Porphyre, et Julien, et les rabbins anciens. Non, non, ils ne travestissaient pas ces faits en mythes symboliques; ils n'osaient pas alors. C'était donc l'histoire réelle et vraie.

Les monuments chrétiens des premiers siècles, nombreux, authentiques, livres sacrés ou livres privés, tous racontent l'histoire des miracles; ces miracles sont l'appui de la foi en Grèce, en Asie, à Rome et dans le monde entier; saint Paul l'écrivait déjà dans ces termes.

Ou il faut fermer tous les livres et ne plus apprendre à lire, ne plus tenir aucun compte des monuments ni des témoignages; ou bien il faut avouer que dès les premiers siècles du christianisme les miracles de Jésus-Christ et de ses apôtres, suivant les Évangiles et le livre des Actes, et même sans les Évangiles et sans le livre des Actes des apôtres, ont toujours été l'histoire, l'histoire réelle.

Dans tous les auteurs contemporains, saint Clément pape, Hermas, saint Ignace, saint Polycarpe, saint Irénée, saint Justin, Athénagore, Tertullien, saint Cyprien, et puis dans toute la suite des annales du martyre et du génie, toujours ces miracles ont été l'histoire, et l'histoire qui n'était pas même attaquée ni révoquée directement en doute par les plus ardents ennemis de la foi.

Cette histoire, en tant que récit de faits divins constatés, a converti le monde, établi le christianisme sur les ruines de la philosophie et de l'idolâtrie, c'est-à-dire sans aucun appui humain, contre tous les appuis humains. Elle est donc l'histoire assurée de faits réellement divins, ou il n'y a aucune histoire.

Telle est, Messieurs, la preuve ordinaire, mais c'est la preuve vraie et absolue.

On l'élude, on la dédaigne, on ne l'envisage pas de front, jamais on ne la détruit.

Quelques-uns semblent craindre de l'affirmer, bien qu'ils la croient : esprits trembleurs.

Mais qu'avec la plus inconcevable présomption une jeune imagination se dresse comme un trépied de nouvelle Sibylle, et comptant pour rien ce qui la précéda, dicte solennellement ses rêves à sa plume : que de sa pleine autorité elle établisse dans l'Évangile une partie mythologique et une partie historique ; brise toutes les certitudes et toutes les pierres des monuments ; travestisse le christianisme en scène fantastique et symbolique ; après dix-huit cents ans (c'est un peu tard!) qu'on lise, qu'on traduise ce triste rêve, et qu'on le loue sans l'approuver : remarquez bien, sans le condamner non plus; que ce soit un élément encore pour tout brouiller et tout confondre, pour mêler le oui et le non, le vrai et le faux, le bien et le mal : c'est le propre de ce temps, Messieurs, et le triomphe du délire. C'est le malheur d'un temps où la vérité ne peut qu'avec peine demeurer à l'état réel et positif.

Mais elle demeure cependant la vérité dans les esprits sincères et attentifs, dans les cœurs généreux, qui, faisant effort pour secouer cette sorte de torpeur atmosphérique dont ils sont environnés, fixent avec fermeté la vue sur les conditions lumineuses de l'histoire la plus incontestable; les reconnaissent forcément alors dans leur énergique simplicité pour les faits natifs et divins du christianisme, et croient ainsi que Dieu a parlé, que Jésus-Christ a révélé et prouvé sa révélation divine par ses œuvres divines, comme ils croient que César a fait la guerre et qu'il sut la décrire ; ce qui n'est pas encore la foi, mais ce qui est la préparation à la foi par la certitude historique.

Je ne voulais dire, je ne vous devais, Messieurs, que ce peu de mots sur l'introduction à la foi par les faits certains pour la raison; et c'est ce que j'ai nommé, sans qu'il soit besoin d'en chercher d'autre, une préparation absolue à la certitude de la foi, absolue pour tout homme d'esprit, de science et d'étude, comme pour tout homme sans étude. Savez-vous lire? ou même savez-vous écouter sans pouvoir lire? Vous croirez alors une histoire certaine, avec la grâce d'ailleurs que Dieu a promise à tous et qui ne manque jamais, avec la grâce qu'attire la prière.

Nous avons, Messieurs, quant à nous, la franchise de convenir que Dieu prend part, qu'il veille aux intérêts de l'homme, surtout aux intérêts du salut et de la foi; et si nous pensons que Dieu, exigeant de l'homme une foi libre et raisonnable, lui doit des motifs propres à convaincre la raison du fait d'une révélation divine, nous pensons aussi qu'avec les motifs extérieurs suffisants et certains, Dieu ne cesse pas d'envoyer à l'âme le guide intérieur et secret de la grâce. Heureuse l'âme docile à cet instinct divin! elle n'est plus alors cette flamme qu'on déprime, et qui, emprisonnée dans un airain grossier, tend à descendre et à s'abaisser vers la terre : elle est ce feu actif et libre élevé par delà les entraves grossières, et montant vers les hauteurs des cieux.

Préparation à la certitude de la foi : c'était surtout, Messieurs, faire sa part à la raison; nous venons de l'assigner. Parlons maintenant de la consommation ou de l'acte de certitude dans la foi même.

II. P. Nous avons, Messieurs, à considérer l'acte même de certitude consommée dans la foi, car nous n'avons vu encore que sa préparation, ce que l'école appelle les préambules de la foi, *præambula ad fidem.*

Cette certitude de la foi en elle-même s'applique ou à l'objet, ou au sujet, ou au motif de la foi. L'objet, ce qui est cru; le sujet, celui qui croit; le motif, ce qui détermine formellement à croire.

La certitude de l'objet de la foi, ou sa certitude objective est l'existence même, la réalité de ce qui est proposé à croire. La Trinité existe, voilà un objet certain de la foi. Or cette certitude de l'objet de la foi, sa réalité, son existence vraie sont une certitude souveraine, infaillible et divine, car c'est la certitude attachée à une parole sortie de la bouche de Dieu même, c'est-à-dire à la vérité même par essence.

Posé le fait préparatoire et admis de la révélation opérée; posé le fait d'une doctrine, d'une langue parlée par Dieu même, il est évident que nulle fausseté ne peut se trouver dans un énoncé divin objet de la foi. Cet objet existe donc réellement; il y a la certitude objective la plus parfaite; nulle crainte d'erreur et nul doute ne sont ici possibles.

Mais c'est principalement, Messieurs, dans le

motif déterminant d'autorité que la certitude divine de l'acte de foi se retrouve. On le conçoit assez, le motif pour croire est l'appui et le soutien au moyen duquel on saisit et l'on possède la vérité; c'est le bâton qui supporte le vieillard, la main qui conduit l'enfant, la lampe qui luit dans les ténèbres pour guider nos pas dans la vraie route et nous mener au lieu du repos. Et c'est bien plus que tout cela.

Le motif formel de la foi et sa certitude ne sont point, nous l'avons déjà dit, le jugement évident de crédibilité porté par la raison sur les faits divins qui établissent que Dieu a parlé. C'était là un préliminaire exigé, ce fut la préparation nécessaire et certaine. Maintenant le fait est avéré, Dieu a parlé, il a révélé. L'homme est conduit dans l'intérieur du temple; la raison cède avec respect à la foi, et sans se retirer obéit désormais pour croire.

Le chrétien habite alors le monde surnaturel et la région supérieure. Dieu lui apparaît daignant lui parler et l'instruire. Car sa parole est un fait certain établi à l'avance. Cette parole est ainsi rendue présente, elle vit et retentit dans tous les siècles et pour toutes les intelligences. A l'expression de sa parole divine, Dieu vient joindre l'inséparable appui de ses perfections infinies. Ici son autorité souveraine apparaît au premier rang, et sa toute-puissance de véracité et d'infaillibilité demeure inhérente à sa révélation. Dieu parle, comment ne pas croire à sa parole? Il est la vérité même, l'autorité même infaillible par essence. De cette évidence d'autorité divine attachée essentiellement à la parole divine, naît la certitude la plus inviolable et la plus inébranlable du motif de la foi.

La foi est donc certaine dans son motif propre, de toute la certitude de la véracité divine elle-même, ce qui est supérieur à toute autre certitude.

Tel est, Messieurs, l'acte de foi bien compris, et telle en est la certitude divine, quant à son objet et à son motif.

Maintenant dans l'âme elle-même, sujet de la foi, quelle est la certitude de l'acte de croire? quelle est la certitude subjective de l'acte de foi?

Le fait est certain, Dieu a révélé. L'objet est certain, c'est la vérité révélée. Le motif est certain, c'est l'autorité divine.

Au plus intime de l'âme se trouve la grâce comme principe intérieur de certitude subjective dans la foi : car cet acte de foi si simple et si sublime est un acte en soi supérieur à toutes les forces et à toutes les exigences de la nature, un acte supérieur à tous les efforts transcendants du génie, bien qu'il soit accessible aux plus simples intelligences : c'est l'acte surnaturel.

Il a son principe dans le don de Dieu même, dans la grâce surnaturelle : illustration divine, énergie divine qui éclaire, élève, échauffe, meut et porte au sein des vérités célestes et infaillibles l'intelligence de l'enfant, de l'ignorant comme du savant : beauté inappréciable de l'âme, et qui fait sa dignité, son honneur véritable par son alliance avec l'intelligence infinie, en attendant que la claire vision et l'intuition éternelle viennent remplacer les ombres et les énigmes.

Mais constamment la certitude subjective de l'acte de foi, la certitude dans l'âme qui croit, cette lumière intérieure qui nous fait affirmer une vérité de foi avec une inébranlable fermeté, est l'illustration divine elle-même. C'est comme un acte divin dans l'homme. Et il le faut nécessairement ainsi pour l'acte de foi.

Si c'était une certitude humaine et une adhésion purement humaine de la volonté et de la raison, ce ne serait plus la foi, la foi surnaturelle et divine dans son essence même. L'élément humain n'est point ici l'élément constitutif : autrement la foi se retirerait et ferait place au naturalisme. L'élément divin et surnaturel constitue donc essentiellement l'adhésion subjective, ou la certitude dans le sujet de la foi dans l'homme, quand il en formule l'acte.

C'est donc à la grâce encore, oui, à la grâce de Dieu, mais à ce don préparé pour tous les hommes, à ce don promis à tous, qu'il faut recourir. C'est elle, c'est son assistance divine qui est le repos, le complément, la couronne comme la racine et l'élément même constitutif de l'acte de foi, en supposant toujours le jugement préalable et certain de la raison sur le fait même de l'existence de la révélation, en joignant aussi à l'action de la grâce la coopération toujours libre de l'homme.

Seuls, recueillis au dedans de vous-mêmes, méditez, Messieurs, dans la prière ces augustes caractères de la foi intérieure du chrétien et de sa certitude. Dieu certain dans sa parole, Dieu certain dans son autorité, Dieu certain dans la lumière divine de sa grâce : voilà votre croyance et la source toute surnaturelle de son infaillibilité absolue.

On se repose alors dans le calme de la vérité; du sommet de la montagne on voit passer l'orage; et l'on sent bien que c'est Dieu qui donne à la conscience, à l'âme tout entière sa paix, sa lumière et sa douce joie.

Disons, Messieurs, toute la vérité, car vous l'aimez entière.

On se place trop souvent dans l'illusion et dans

le faux, relativement aux démonstrations qu'on exige et dont on prétend avoir besoin pour croire.

Sans doute et nous le maintenons, il faut des convictions préalables certaines dans la raison, quant au fait même de la révélation.

Mais l'âme est ainsi créée de Dieu, ainsi disposée par sa nature à l'admission du vrai ; l'âme est ainsi prévenue, éclairée, soutenue par la grâce, que pour une intention droite et pure l'exposition doit suffire. Il doit suffire d'exposer, de montrer la vérité, quelquefois par des paraboles simples et frappantes, suivant l'exemple sacré du Sauveur, quelquefois par un enseignement direct, fondé, mais simple encore.

Oui, alors, si nous voulions être nous-mêmes et nous seuls ; si, nous affranchissant de tout précédent funeste, de tout engagement d'opinion ou de passion contracté avec nous-mêmes ou avec d'autres ; si, dis-je, alors nous nous abandonnions à la direction divine de notre âme en écoutant la leçon de la foi, oh! oui, l'intelligence irait au-devant de la vérité, la lumière s'unirait à la lumière, la raison à la foi, la nature à la grâce, la conscience au devoir, et notre intime besoin trouverait sa satisfaction véritable.

Rarement, bien rarement, Messieurs, j'en atteste l'expérience, les raisonnements et les discussions ont vaincu et ramené des cœurs égarés. On raisonne, on discute, et l'on discute encore. L'exposition vive et simple rencontrant dans l'âme une docilité sincère à l'action de la grâce, rencontrant la prière qui veut sortir de peine et d'angoisse : voilà le principe de cette victoire sainte qui a renversé toutes les barrières et triomphé de tous les obstacles.

Fasse le Ciel que ce soit là votre partage !

Cependant, Messieurs, je ne prétends point abdiquer ainsi ma tâche ; l'énoncé n'est point complet encore. La certitude de la foi avec sa préparation et sa consommation doit avoir sa garantie.

Mais je n'en dis que peu de mots.

III. P. La garantie de la foi, c'est, Messieurs, la digue mise au torrent ; ce sont les bords respectés d'un grand fleuve ; c'est le foyer embrasé que l'on maîtrise. Le cours des eaux ou de la flamme est ainsi régulier, paisible, utile et assuré pour tous.

Sans garantie et sans régulateur, la foi exagérée ou faussement transfigurée par l'ivresse d'un illuminisme fanatique qui vit et s'alimente de prétendues inspirations, la foi deviendrait alors semblable à la fureur du torrent débordé, ou bien à la flamme indomptée d'un affreux incendie. On ne l'a vu que trop : les montagnes de l'Écosse, la jeune vieillesse du nouveau monde le redisent encore à nos souvenirs.

Sans garantie et sans règle fixe, la foi livrée au travail inquiet d'un naturalisme rationaliste ou d'un prétendu progrès, la foi périrait comme l'eau qu'on répand, comme le feu qu'on étouffe et qui s'éteint.

Devant l'un et l'autre excès apparaît le pouvoir de l'Église, pouvoir modérateur et sauveur.

A tous les âges, à toutes les positions, à tous les besoins, à toutes les intelligences, l'Église dit comme son maître : « Je suis la voie, la vérité ; celui qui vient après moi ne marche point dans les ténèbres[1]. » L'Église est la garantie assurée de la foi pour tous.

L'enfant baptisé porte en lui-même la foi infuse, le don et la grâce de la foi que lui conféra le saint baptême : nous le croyons ainsi.

L'enfant naît à la raison avec l'âge. Il écoute l'Église qui l'enseigne ; la grâce ne l'abandonne pas ; la grâce dispose, dirige, éclaire sa jeune âme. Par degrés, la raison unie à la grâce perçoit les faits naïfs et divins du Sauveur, ces faits qui sont l'histoire et qui fondèrent l'Église. Au temps venu,

---

[1] Joann., xiv, 6 ; viii, 12.

l'enfant croit ainsi à l'Église établie de Dieu, par elle à tout le reste. Il croit d'une foi raisonnable et fort simple, d'une foi surnaturelle et divine dont le principe vivant en lui produit alors tout son acte et son effet, sans interruption, sans examen ni doute suspensif d'un seul instant. Car vous ne trouvez pas nécessaire, je pense, pour que l'arbre porte ses fruits, d'interrompre et de briser le cours de la séve intime qui le vivifie. Il en est ainsi de l'enfant catholique grandissant dans la foi avec l'âge par la grâce unie à sa raison. Et l'Église, suffisamment connue, est à jamais sa garantie.

A l'enfant élevé suivant les leçons de la réforme ou de la philosophie, si l'on est conséquent et logique, il faut dire : Raisonne, juge, choisis et détermine toi-même tous les points de la foi : enseignement absurde et impossible. Voilà pour l'enfant.

A l'adulte infidèle ou incroyant, à l'adulte qui doute et qui souffre, le rationalisme dira : Compose ton symbole; le progrès dira : Attends; l'Église : Crois et suis-moi.

Et à l'instant, tandis que le sophisme errant se balance dans les nuages de vagues et arbitraires spéculations, l'Église, découvrant son front et sa couronne, montre les faits qui sont ses titres; les faits qu'elle atteste, elle société innombrable, avec l'universalité des temps, avec l'universalité des lieux; les faits avérés, éclatants, qui marquèrent d'un sceau divin son berceau, berceau en même temps du christianisme. La plus grande, la plus solennelle, la plus pure autorité humaine qui fut jamais, l'Église, déjà sous ce rapport seul, commande le respect de la confiance. Puis sa vie, sa durée, quand tout passa; l'histoire de dix-huit siècles vivante et présente en elle par ses institutions, sa langue, ses rites et son symbole tout historiques; cette vie pratique et continue de l'Église catholique, attentivement considérée, prouve assurément l'origine et l'institution divine de son autorité par les mains du Sauveur, comme le ruisseau continu prouve sa source.

Et désormais la barrière est bâtie, la garantie posée, on écoute l'Église; à sa parole infaillible on mesure les paroles qui doivent exprimer nos croyances, et l'on entend venir fidèlement, au-devant des flots tumultueux de nos pensées, cette voix tutélaire répétant toujours : Vous viendrez jusqu'ici. Ainsi, Messieurs, tout est sauvé; l'évidence des faits évangéliques prépare, la grâce prépare aussi et consomme, l'Église garantit la certitude de la foi. Voilà ce que j'avais à vous dire.

Le Christ allait mourir, déjà il souffre et endure l'agonie la plus cruelle. Le calice amer des ingratitudes et de l'indifférence des hommes lui est présenté ; il a devant ses yeux leur inconcevable insouciance à l'égard de la foi léguée à la terre par son amour. Il frémit à cette vue, il semble repousser la coupe d'amertume, et conjure son Père de l'éloigner.

L'Église, divine et douloureuse personnification du Sauveur, souffre, désolée de voir les enfants qu'elle a nourris du pain de ses doctrines oublier avec dédain ses enseignements sacrés, et laisser tomber comme une nourriture inutile et vaine la parole révélée.

Mais lorsque prosternés aussi dans les supplications et les douleurs, nous revenons à la pensée chérie des leçons et des exemples du maître, nous trouvons qu'une voie nous fut tracée.

En faisant l'humble aveu de sa misère profonde, le cœur de l'homme va aisément rencontrer le souvenir de la bonté divine. Dans le sein de Dieu même se dépose aisément le cri intime des incertitudes, des doutes et des cruelles déceptions de l'âme. Car c'est le recours d'un enfant malheureux à son père.

Il s'établit ainsi entre une providence attentive et l'athlète qui se débat dans la vie une communication douce et puissante, canal assuré des influences et des grâces divines : c'est la prière.

La prière, langue du faible, c'est-à-dire la nôtre, remède et secours dans nos besoins et dans nos maux; la prière, aliment et vie de la foi.

Même l'antiquité infidèle en vit célébrer la mission céleste par les plus beaux chants du génie.

Au sein du christianisme, loi surtout de prière, des sophismes bizarres la combattirent, l'indifférence glacée l'abandonna.

Ce fut peut-être l'erreur, et c'est la plaie de toutes la plus funeste à l'humanité.

Sans la prière qu'est-ce donc qu'une âme? La terre aride et sans eau, le rameau arraché de la tige, l'esprit et le cœur égarés loin de Celui qui est appelé le Père des lumières et le Dieu de toute consolation.

L'essor des plus généreux sentiments, l'amour du vrai, tombe alors destitué d'énergie pour se produire et d'appui pour se soutenir; il faut, pour échapper au malaise intérieur qui travaille, s'abandonner à l'agitation et à l'étourdissement des intérêts, des plaisirs et des folles opinions d'un monde abusé.

Vivre de la foi par la prière, attirer la vie de la foi par la prière, c'est, Messieurs, se préparer pour la tempête un port tranquille, pour les épreuves un soutien inébranlable, dans les chagrins une infaillible espérance, dans les passions la vic-

LA CERTITUDE DE LA FOI

toire, dans les doutes une vive lumière. Déjà sur la terre c'est la conversation du ciel; elle charme et répare les maux du triste passage, et conduit enfin au terme dans la bienheureuse et éternelle demeure.

FIN DU PREMIER VOLUME

TABLE

Préface de l'éditeur. v

LA LUTTE RELIGIEUSE

Première Conférence. — L'état des esprits (1837). 5
Deuxième Conférence. — La lutte païenne, ou l'erreur avant Jésus-Christ. 35
Troisième Conférence.— La lutte mosaïque, ou la vérité avant Jésus-Christ. 65
Quatrième Conférence. — La lutte évangélique, ou l'établissement du christianisme. 93
Cinquième Conférence. — La lutte philosophique, ou le sophisme et le martyre. 119
Sixième Conférence.— La lutte hérétique, ou l'hérésie et l'unité. 147
Septième Conférence. — L'esprit de la lutte. 177
Huitième Conférence. — La conciliation, ou la notion vraie du christianisme. 201

LES VÉRITÉS GÉNÉRALES

Neuvième Conférence. — La notion de Dieu. 227
Dixième Conférence. — Le naturalisme et l'action divine. . 255
Onzième Conférence. — Le fatalisme. 283
Douzième Conférence. — La liberté de l'homme. 315
Treizième Conférence. — Le lien religieux. 343

LA RAISON ET LA FOI

QUATORZIÈME CONFÉRENCE. — Les droits de la raison.	369
QUINZIÈME CONFÉRENCE. — Les devoirs de la raison.	399
SEIZIÈME CONFÉRENCE. — La philosophie et l'autorité.	429
DIX-SEPTIÈME CONFÉRENCE. — Le besoin de la foi. — L'état des esprits (1842).	457
DIX-HUITIÈME CONFÉRENCE. — La nature de la foi.	487
DIX-NEUVIÈME CONFÉRENCE. — La certitude de la foi.	517

Tours. — Impr. Mame.